HISTOIRE DU DROIT ROMAIN AU MOYEN AGE,

PAR F. C. DE SAVIGNY,

TRADUITE DE L'ALLEMAND ET PRÉCÉDÉE

D'UNE NOTICE SUR LA VIE ET LES ÉCRITS DE L'AUTEUR,

PAR

M. CHARLES GUENOUX,

DOCTEUR EN DROIT

TOME DEUXIÈME.

PARIS.

CHARLES HINGRAY, ÉDITEUR, 10, RUE DE SEINE.

AUGUSTE DURAND, 3, RUE DES GRÈS.

HISTOIRE

DU

DROIT ROMAIN

AU MOYEN-AGE.

TOME II.

HISTOIRE

DU

DROIT ROMAIN

AU MOYEN-AGE.

CHAPITRE VII.

DROIT ROMAIN DANS LE ROYAUME DE BOURGOGNE.

1. On a vu (*a*) que, conformément au principe des droits personnels, le droit romain se conserva en Bourgogne. Sur la connaissance et l'application de ce droit, nous possédons deux sortes de monuments, le recueil des lois bourguignonnes, et le code particulier des Romains, connu sous le nom de Papien.

I. RECUEIL DES LOIS BOURGUIGNONNES.

Nous ne connaissons d'autres lois bourguignonnes qu'un recueil divisé en chapitres, et auquel sont joints deux suppléments. Il paraît certain que ce recueil fut composé avant la conquête des Francs (534); tout le reste se réduit à des conjectures. La préface parle de la seconde année du règne de Gon-

(*a*) Vol. I. § 34.

debaud; c'est l'année 467 ou 468 (*b*), s'il s'agit ici de l'époque où Gondebaud partageait le commandement avec ses frères. On trouve deux de ces lois rendues sous le consulat d'Avienus et une sous le consulat d'Agapetus (*c*). Or le consulat d'Avienus est de 501 ou 502 (*d*), celui d'Agapetus de 517. On ne saurait donc faire remonter plus haut la rédaction de notre recueil, et je montrerai bientôt que cette rédaction ne peut être antérieure à l'an 506.

Le préambule ne se compose pas, comme on le croit généralement, d'une seule préface, mais de deux préfaces distinctes. C'est dans la seconde que se trouve la mention du règne de Gondebaud, mais le manuscrit de Lindenbrog porte, au lieu de Gondebaud, Sigismond son fils (*e*). Or, le jour du mois (IV. kal. April.) est le même où fut rendue la loi de 517, et l'année 517 est précisément la seconde du règne de Sigismond (*f*). D'après toutes ces circonstances, voici ce qui paraît le plus vraisemblable (*g*).

Gondebaud fit un recueil de lois où se trouvaient la première des préfaces du recueil que nous possédons et la plupart des lois composant ce recueil. Sigismond ajouta de nouvelles lois

(*b*) J. Müller Schweizergeschichte Buch 1. Au commencement du huitième chapitre.

(*c*) Tit. 42. « Data Ambariaco in colloquio sub die III. Non. Sept. Abieno VC. Cons. » — Tit. 45. « Data sub die V. kal. Junias Lugduni Abieno VC. Cons. » — Tit. 52. « Data sub die IV. kal. Aprilis Agapito Consule. »

(*d*) Avienus l'aîné fut consul en 501, son frère en 502.

(*e*) Première préface : « Vir glorioss. *Gundebaldus* Rex Burg. Cum de parentum... statuta perscribi. » — Seconde préface : « In Dei nom. anno secundo regni domini nostri glor. Gundebaldi (Lindenbr. *Sigismundi*) Regis. Liber Constitutionum de *præteritis et præsentibus* atque in perpetuum conservandis *legibus*, editus sub die IV. kal. April. Lugduni. Amore Justitiæ » etc.

(*f*) Gondebaud mourut vers 515. Conf. les observations sur Spon, Hist. de Genève, Tom. 1. Genève, 1730, 4, p. 25. (L'auteur des notes est *Gautier*. Voyez J. Müller Schweizergeschichte B. 1. Cap. 8. note 2).

(*g*) Ces résultats se trouvent indiqués pour la plupart dans Canciani T. IV. p. 3. 12, 13.

à celles de son père ; et c'est alors que dans la deuxième année de son règne (517) fut composé le recueil que nous possédons et auquel se rapporte la seconde préface signée de trente-deux comtes. La suscription porte textuellement que le recueil se compose de lois anciennes et de lois nouvelles (*h*). Les deux appendices devraient alors être attribués à Sigismond ou à Godemar, le dernier des rois bourguignons. Ici l'histoire de Müller ne mérite aucune confiance (*i*). Suivant lui, Gondebaud ayant voulu assimiler les Romains aux Bourguignons, ceux-ci, irrités d'un pareil despotisme (de concert avec les Romains) ! le contraignirent de retirer ses nouvelles lois, et alors fut rédigé à Ambieu le recueil que nous possédons (*k*).

2. Certaines dispositions de ces lois présentent des traces non équivoques d'imitation du droit romain. On reconnaît aisément les passages empruntés aux sources, quoique les rédacteurs n'aient respecté ni les textes, ni le sens, et même plusieurs expressions prouvent que le rédacteur avait devant les yeux le

(*h*) Voyez plus haut note *c*.

(*i*) J. Müller Schweizergeschichte B. 1, Cap. 8. p. 109, 110 (ed. de 1786) et : Allgemeine Geschichte B. 2. (Tüb. 1810) p. 22.

(*k*) L'unique source où ait puisé J. Müller est de son propre aveu (note 30) un fragment anonyme que Gautier (dans *Spon* l. c. p. 25 : voyez préf., p. X) a publié d'après les papiers de J. Godefroy : « Immunitates sibi ab « ipso ereptas ; publicum Gentis atque Ordinum consilium Genevæ habitum « est, in quo novæ leges ab illo Rege latæ abrogatæ sunt, populique illi duo « cum Rege reconciliati. » D'abord on ignore quel est l'auteur du fragment et le degré de confiance qu'il mérite ; ensuite ce fragment isolé ne nous apprend pas de quelles lois et de quel roi il est ici question. Gautier, qui pouvait connaître le véritable sens de ce fragment, l'interprète d'une manière bien différente : Suivant lui, Gondebaud aurait aboli les lois cruelles de ses prédécesseurs contre les Romains, et apaisé le ressentiment de ces derniers contre les Bourguignons. Enfin, comme l'a remarqué Montesquieu (XXVIII, 1), les Bourguignons donnèrent aux Romains des lois douces et impartiales. Or, cette remarque s'applique surtout aux lois postérieures, c'est-à-dire à celles insérées dans le recueil que nous possédons (Par exemple : Tit. 10. § 1. Tit. 12. § 5. Tit. 38, etc. conf. Gregor. Turon. II, 33). Nous ne connaissons donc aucun privilége accordé aux Romains, qui ait été révoqué en partie par les lois qui nous sont parvenues.

Breviarium des Visigoths et son commentaire. Ces passages ne sauraient donc être antérieurs à l'an 506, circonstance qui vient confirmer l'opinion précédemment émise sur la date de ce recueil.

Je vais indiquer les passages tirés du droit romain. La femme mariée en secondes noces ne conserve que l'usufruit des biens donnés en faveur du premier mariage; la nue propriété appartient aux enfants. L'esprit de cette loi est emprunté au code Théodosien, le texte au commentaire visigoth (*a*). — Le titre du divorce (Tit. 34) se compose de parties diverses tout-à-fait contradictoires. Ainsi, le paragraphe 2 (sans doute d'après l'ancien droit bourguignon) permet au mari de répudier sa femme et le soumet à une simple amende. Les paragraphes 3 et 4 n'autorisent la répudiation que si la femme est coupable d'adultère, d'empoisonnement ou de violation des tombeaux : hors ces trois cas, le mari doit abandonner tous ses biens à sa femme et à ses enfants. La rédaction des paragraphes 3 et 4 est empruntée au commentaire visigoth, les dispositions elles-mêmes sont tirées du code Théodosien, mais singulièrement modifié. Ainsi l'on a confondu celles relatives au mari, et celles relatives à la femme (*b*). — Les affranchis ne doivent pas être remis en

(*a*) L. Burg. Tit. 24. § 1. qui reproduit la L. 2. C. Th. de secundis nupt. (III, 8). On lit dans la loi Bourguignonne : « dum advivit usufructu possideat; » et dans le commentaire Visigoth : « dum advixerit..... in usufructu possideat. »

(*b*) L. Burg. Tit. 34. § 3, 4. tirée de la L. 1. C. Th. de repud. (III, 16). Le code Théodosien autorise la répudiation lorsque l'homme est coupable de meurtre, d'empoisonnement, de violation des tombeaux ; lorsque la femme est coupable d'adultère, d'enpoisonnement, de maquerellage. La loi Bourguignonne, qui défend généralement le divorce à la femme sous peine de mort (§ 1), ne peut donc parler que du divorce fait par le mari pour les délits de la femme ; ce sont l'adultère, l'empoisonnement et la violation des tombeaux : dans le code Théodosien, cette dernière disposition ne concerne que le mari. Le code Théodosien porte : « mœcha, medicamentaria, sepulchrorum dissolutor » ; le commentaire : « adultera, malefica, sepulchri violator, » et ce sont les expressions mêmes du commentaire que reproduit le texte de la loi Bourguignonne : « adulteram, maleficam, vel sepulchrorum violatricem. »

esclavage pour une légère offense envers leur patron. Cette règle contredit formellement une constitution de Constantin qui dès lors paraît avoir été suivie autrefois chez les Bourguignons (*c*). — Les donations et les testaments doivent se faire en présence de cinq ou de sept témoins, formalité établie dans le code Théodosien pour les testaments et les codicilles (*d*). — La nécessité de l'*inscription* dans les procès criminels (*e*) est d'origine romaine; cependant je ne saurais indiquer le passage de droit romain qui a servi de type à la loi bourguignonne. — Quant aux passages tirés du premier appendice, j'y reviendrai à l'occasion du Papien.

Conformément aux règles que déjà nous avons reconnues (*f*), ces lois ne régissaient que les Bourguignons. Si le principe se trouve quelquefois exprimé formellement, cette répétition est purement accidentelle (*g*). Néanmoins on voit des passages qui établissent des peines ou des obligations pour les Romains (*h*), d'autres qui soumettent les Bourguignons au droit romain, ou leur en permettent l'usage (*i*).

Après la conquête du royaume de Bourgogne par les Francs, le droit bourguignon continua de subsister comme droit personnel. On peut citer le témoignage de Marculfe et un capitu-

(*c*) L. Burg. Tit. 40. « Si quis Burgundio mancipium juris sui libertate donaverit, et si cum *sub occasione levis offensæ* in servitium crediderit revocandum, hanc sibi manumissor licentiam *præsenti lege noverit denegatam*, », etc. L. 1. C. Th. de libertis (IV, 11). « Libertis ingratis.... si.... *levis offensæ contraxerint culpam*, a patronis rursus sub imperia ditionemque mittantur. »

(*d*) L. Burg. Tit. 43. § 1. L. 1. C. Th. de testamentis (IV, 4). Cette alternative de cinq ou de sept témoins se retrouve souvent; voyez L. Burg. Tit. 88. § 2, et Addit. I. Tit. 12. Son origine se rattache aux différentes règles établies par le droit prétorien et par le droit civil pour la confection des testaments. Voyez Savigny, Eichhorn et Goeschen Zeitschr. für geschichtl. Rechtswiss. Vol. 1. p. 83.

(*e*) L. Burg. Tit. 77. § 1.

(*f*) Vol. Ier. chap. III.

(*g*) L. Burg. Tit. 14. § 1. Tit. 24. § 1. Tit. 40. § 1.

(*h*) L. Burg. Tit. 9, 13. Addit. I. Tit. 9. — Voyez vol. Ier. § 47.

(*i*) Voyez vol. Ier. § 46. *h. l.*

laire de Charlemagne où ce droit est reconnu (*k*). Il subsistait encore au temps d'Agobardus († 840) et d'Hincmar (882) (*l*). Agobardus observe que ce droit est presque abandonné (*m*); il se plaint de la multiplicité des droits personnels, et de certaines dispositions spéciales du droit bourguignon; enfin il conseille à Louis-le-Débonnaire de l'abolir et d'imposer le droit franc aux derniers sectateurs du droit bourguignon.

II. LOIS ROMAINES. (LE PAPIEN.)

3. Vers le milieu du seizième siècle, Cujas publia un petit ouvrage (*a*) connu depuis sous le nom de *Papiani liber Responsorum* ou *Papiani Responsum.* Les éditions de cet ouvrage qui méritent d'être nommées sont : 1° celle de Cujas, de 1566; 2° celle de Cujas, de 1586 (*b*); 3° celle donnée par Schulting dans son recueil; 4° celle d'Amaduzzi (*c*); 5° celle publiée par Biener dans le Jus civile antejust, Berolini, 1815. Les trois premières éditions n'ont pas été faites d'après un seul manuscrit. Amaduzzi en a consulté deux nouveaux, et Biener un troisième jusqu'alors inconnu.

Une édition bien supérieure aux précédentes est celle intitulée : Lex Romana Burgundionum ed. Aug. Frid. Barkow.

(*k*) Voyez vol. Ier. § 35. *b. c.*

(*l*) Agobardi epsist. ad Lud. Pium, dans Bouquet, T. VI. p. 356. Hincmar. de divortio Lotharii et Tetbergæ Interrog. 5. T. I. opp. p. 598, et dans opusc. Num. 16. T. II. opp. p. 234 : « sciant se in die judicii nec Romanis, nec Salicicis, nec *Gundobadis*, sed divinis et Apostolis legibus judicandos. »

(*m*) l. c. « cujus legis homines sunt perpauci. »

(*a*) A la suite du Codex Theodosianus, Lugd. 1566. fol.

(*b*) A la suite du Codex Theodosianus, Paris, 1586. fol.

(*c*) Dans : Leges Novellæ V. Anecdotæ Impp. Theodosii jun. et Valentiniani III.... ac tandem Lex Romana s. Responsum Papiani..... opera et studio Joh. Christ. Amadutii. Romæ, 1767. fol.

(*d*) L'édition de 1586 diffère si peu de l'édition de 1566 qu'on serait tenté de croire qu'elles ont été faites d'après un seul et même manuscrit, cependant il n'en est pas ainsi. D'abord on trouve des lignes entières ajoutées

Gryphiswaldiræ, 1826, 8 (*e*). Le texte est en grande partie conforme à celui de Biener, et l'éditeur n'a pu consulter aucun nouveau manuscrit; mais il a conféré toutes les éditions précédentes, et il en donne un apparat critique complet. Ce qui fait surtout le mérite de cette publication, c'est une préface étendue et un commentaire, où le Papien se trouve pour la première fois expliqué et ramené aux sources; travail d'autant plus recommandable que les tentatives faites jusqu'ici avaient été moins heureuses (*f*).

Les seuls manuscrits du Papien que l'on connaisse jusqu'à présent sont :

A Celui d'Ottobon, le meilleur et le plus complet de tous. Amaduzzi en fit présent au cardinal Garampi après l'avoir publié, et il se trouve aujourd'hui à la bibliothèque du Vatican (*g*). On trouve à la suite de ce manuscrit les Novelles de Théodose II, etc.

B Celui du Vatican, dont la seconde moitié a été perdue (*h*). Il fait suite à un manuscrit du Breviarium.

dans l'édition de 1586, Tit. 33 et 38 (32 et 37, éd. de Schulting), additions qui ne peuvent être de simples conjectures, et l'on y voit en outre plusieurs variantes isolées. Barkow præf. p. XXVII. L'édition de Genève (in-4°, 1586) est en quelque sorte, et aussi pour le Papien, une contrefaçon de l'édition de 1566. L'édition de Lyon (in-4°, 1593) n'est pas même une réimpression, ce sont des exemplaires de l'édition de Genève auxquels on a ajouté un nouveau titre et de nouvelles feuilles. Le Papien est celui de l'édition de Genève.

(*e*) L'auteur avait déjà publié à Berlin en 1817 une dissertation académique, comme spécimen de ce travail.

(*f*) Telles que les notes de Schulting, et surtout celles d'Amaduzzi.

(*g*) Amaduzzi (præf. p. XVIII) place ce manuscrit au neuvième ou dixième siècle. Marini (papiri, p. 226) donne aux caractères du manuscrit le nom de litera Beneventana, et le place au onzième ou au douzième siècle. Marini trouve le fac simile donné par Amaduzzi, p. XIX, beaucoup plus fidèle que celui de Zirardini Impp. Theod..... Novellæ Leges, p. 34. — Sur l'histoire assez obscure de ce manuscrit Cf. Zeitschrift f. gesch, Rechtswiss. II, 281. Blume Iter Ital. II, 234, 235, III, 71, et surtout Haubold opusc. II. præf. p. CXV. Hænel a vu ce manuscrit au Vatican et l'a consulté.

(*h*) C'est le N° 379 (suivant un autre ordre, 410, 1022) du fonds de la

C Celui de la bibliothèque de Paris, faisant également suite à un manuscrit du Breviarium, et dont le commencement, jusqu'au milieu du septième titre, n'existe plus (*i*).

D Un manuscrit du Vatican fort incomplet et dont les leçons ont été publiées par moi en 1823 (*k*).

4. Il s'agit maintenant de déterminer l'origine de ce recueil, le pays et l'époque où il fut composé. La seconde préface des lois bourguignonnes de l'an 517 (§ 1) annonçait aux sujets romains un code particulier (*a*). Ce Code est le Papien, dont la rédaction se place par conséquent entre l'an 517 et la chute du royaume de Bourgogne. On ne saurait douter que le Papien ne soit ce Code composé pour les Romains Bourguignons, car tous les titres de ce recueil correspondent parfaitement à ceux de la loi bourguignonne, sans que l'on connaisse aucune source de droit romain où le même ordre eût été déjà suivi. Cette preuve

reine Christine. Ce manuscrit va jusqu'à la fin du titre de donationibus (Tit. 23 dans Schulting, 22 dans Amaduzzi). Amaduzzi præf. p. LII, LXXI et p. 134, 214.

(*i*). C'est le N° 4412 de la bibliothèque de Paris. Amaduzzi a consulté les deux premiers de ces manuscrits; Biener (Jus civile Antejustin.) a donné des extraits du troisième. Le manuscrit de Cujas diffère de ceux dont je viens de parler, car il est moins complet que le premier, plus complet que les deux derniers, et l'ordre des matières n'est pas le même. Amaduzzi, p. LII, LXXI, se trompe en comptant parmi les manuscrits de Papien (a) Cod. Paris, N°. 4403, dont je parlerai bientôt (b), un manuscrit de Paris N° 1097 et (c) un manuscrit de Sirmond. Quant à ces deux derniers manuscrits on se fonde sur un passage de Sirmond. Quæstio triplex (opp. T. IV. Ven. 1728. fol. p. 265, 266). « post Caji et Pauli, Gregoriani et Hermogeniani *Papianique excerpta ;* » mais cette énumération montre qu'il s'agit ici d'un manuscrit du Breviarium finissant par le fragment de Papinien. Au reste, d'après un manuscrit de Paris (Ms. Dupuy. N°. 550), la lettre de Sirmond porte *Papipinianique* excerpta.

(*k*) Cf. Barkow præf. p. XXI. — L'édition de Barkow donne toutes les leçons de ce manuscrit, leçons qui ne se trouvent pas dans l'édition de Biener.

(*a*) L. Burg. prologus : « Inter Romanos..... Romanis legibus præcipimus judicari : qui formam et expositionem legum conscriptam, qualiter judicent, se noverint accepturos, ut per ignorantiam se nullus excuset.»

décisive ressortira encore mieux du tableau comparatif des deux lois (*b*).

LEX BURGUNDIONUM. (Ed. Canciani.)	PAPIANI RESPONSA. (Ed. Amadutii.)
Tit.	Tit.
1. De libertate donandi patribus attributa, et muneribus regiis.	1. De patris vel matris donatione et munificentia dominorum.
2. De homicidiis....	2. De homicidis tam ingenuis quam servis.
3. De libertatibus servorum nostrorum.	3. De libertatibus.
4. De sollicitationibus et furtis.	4. De sollicitationibus et furtis.
5. De his qui flagello, fuste, calce, vel pugno percutiunt.	5. De injuriis aut cædibus admissis.
6. De fugitivis.	6. De fugitivis inquirendis vel discutiendis.
7. De servis et originariis qui vocantur in crimine. 8. De objectione criminum quæ ingenuis intenduntur.	7. De objectionibus criminum vel inscriptionibus ingenuorum sive servorum.
9. De inlatis violentiis.	8. De violentiis.
10. De interfectione servorum.	deest (vid. tit. 2).
11. De inflictis vulneribus.	deest (vid. tit. 5).
12. De raptu puellarum.	9. De raptu virginum et viduarum.
13.	deest.
14. De successionibus et sanctimonialibus.	10. De successionibus diversis.
15. De commotione litium.	11. De commotione litium.
16. De inquirendis animalibus.	12. De inquirendis animalibus et rebus.
17.	deest.
18. De his quæ casu contigerint.	13. De damnis animalium vel si quid per ea casu evenerit.

(*b*) Un tableau semblable se trouve déjà dans Heineccii antiqu. German. T. I. p. 310-319. J'ai tâché de rendre le mien plus complet et de rectifier l'ordre des titres, à l'aide du manuscrit d'Ottobon.

Tit.	Tit.
19. De ablatis pignoribus et fidejussoribus.	14. De ablatis pignoribus et fidejussoribus.
20. De fugitivorum furtis.	15. De fugitivorum furtis.
21. 22.	desunt.
23. De damnis quæ ab animalibus inferuntur.	deest (vid. Tit. 13.)
24. De mulieribus Burgundiis ad secundas vel tertias nuptias transeuntibus.	16. De mulieribus ad secundas aut tertias nuptias transeuntibus.
25. 26.	desunt.
27. De inruptis sepibus, et clausis itineribus, furtis etiam et violentiis.	17. De clausis itineribus et aliis servitutibus.
28.	deest.
29. De superventoribus et effractoribus.	18. De superventoribus et effractoribus.
30. De corruptis mulieribus.	19. De corruptis mulieribus.
31.	deest.
32. De eo qui hominem inlicite et sine caussa ligaverit.	20. De his qui hominem inlicite aut sine caussa ligaverint.
33.	deest.
34. De divortiis.	21. De divortiis.
35—42.	desunt.
43. De donationibus.	22. De donationibus.
44. De adulteriis puellarum et viduarum.	25. De adulteriis.
45. De his qui objecta sibi negaverint, et præbendum obtulerint jusjurandum.	23. De sacramentis.
46.	deest.
47. De condemnatione latronum, uxorum quoque suarum et viduarum.	24. De latronibus convictis.
48—50.	desunt.
51. De his qui debitas filiis substantiæ suæ portiones non tradiderint.	26. De his quæ debitas filiis de maternis bonis non tradiderint portiones.

Tit.	Tit.
52. De mulieribus desponsatis quæ ad aliorum consortium libidine instigante transierint.	27. De puellis vel mulieribus desponsatis.
53. De hereditatibus filiorum, qui post patris obitum matre superstite intestati moriuntur.	28. De luctuosis hereditatibus.
54 - 72.	desunt.
73. De caballis quibus ossa aut scandala ad caudam ligata fuerint.	29. De caballis, quibus os aut scindula ad caudam ligata fuerit.
74, 75.	desunt.
76. De Wittiscalcis.	30. De apparitoribus.
77, 78	desunt.
79. De prescriptione temporum.	31. De præscriptione temporum.
80. De testibus falsa referentibus et calumniatoribus.	32. De falsariis, et falsis testibus.
81. De interpellationibus apud judices futuris.	33. De interpellationibus et appellatione.
82. De fidejussoribus.	deest. (vid. Tit. 14.)
83. De his qui apud alios res suas agnoscunt.	34. De rebus agnitis.
84. De venditione terrarum.	35. De venditionibus.
85. De pupillis.	36. De tutelis.
86.	deest.
87. De minorum contractibus.	deest. (vid. Tit. 36.)
88. De libertatibus.	deest. (vid. Tit. 3.)
89.	deest.
Desunt.	37 - 47.

5. Ce parallèle établit une conformité d'autant plus frappante, que ni les expressions employées dans ces rubriques, ni l'ordre des matières ne se présentaient naturellement. Plusieurs titres sont même assez bizarres; par exemple : L. Burg. T. 15, 19, 29, 32, 73. Quelquefois aussi on trouve sous un titre à peu près le même des matières très-dissemblables, ce qui prouve que le rédacteur, à défaut de conformité réelle, en a

cherché une apparente. (Voy. L. Burg. T. 51.) Néanmoins l'ordre des titres est presque toujours suivi, et si l'on voit certaines parties de la loi bourguignonne omises dans le Papien, c'est qu'elles n'ont aucun rapport avec le droit romain, ou sont la répétition évidente d'un titre précédent. Le Papien renferme onze titres originaux, qui sont, non pas intercalés dans les lacunes dont j'ai parlé, mais rejetés à la fin comme une addition particulière. L'ordre des titres a été dérangé une seule fois, sans doute par une légère inadvertance du rédacteur ; le vingt-cinquième titre du Papien devrait être placé deux titres plus haut.

6. Une seconde preuve non moins décisive de l'origine du Papien se trouve au titre 2, qui traite de la composition due par le meurtrier. Après avoir analysé le droit romain, le rédacteur ajoute :

LEX BURGUNDIONUM.	PAPIANI RESPONSA. Tit. 2.
	Et quia de pretio occisorum nil evidenter Lex Romana constituit. Domnus noster (*a*) statuit observandum, ut.... homicida secundum servi qualitatem infra scripta domino ejus pretia cogatur exsolvere; hoc est pro actore C. solidi.
Tit. 50, § 2. Si alterius fuerit actor occisus, centum solidi in compositione criminis numerentur.	

(*a*) C'est ici que l'on ajoute : « Theodericus Rex Francorum, » mots qui ne se trouvent dans aucun manuscrit du Papien, mais dans un extrait de ce passage imprimé par Sichard long-temps avant la publication du Papien, à la suite d'une Novelle de Valentinien, fol. 96 (cf. Nov. Valentiniani, Tit. 3. p. 108. ed. Ritter). Sous la foi de Sichard, cette leçon a passé pour une variante du Papien, et même, pour l'honneur du nom de

Tit. 10, § 1. Si quis servum... occiderit lectum ministerialem... LV. (al. LX) solid. inferat.	pro ministeriale LX. solidi.
Tit. 10, § 2. Si... aratorem aut porcarium occiderit, XXX. sol. solvat.	pro aratore aut porcario XXX.
Tit. 10, § 3. Si aurificem lectum occiderit, CL. sol. solvat. § 4. Qui fabrum argentarium occiderit, C. sol. solvat.	pro aurifice electo C. solidi.
Tit. 10, § 5. Qui fabrum ferrarium occiderit, L. sol. inferat.	pro fabro ferrario solidi L.
Tit. 10, § 6. Qui carpentarium occiderit, XL. sol. solvat.	pro carpentario XL. inferantur. Hoc ex præcepto Domni Regis convenit observari.

Les différences entre les deux textes sont si légères qu'on peut les attribuer aux variantes des manuscrits, et leur rapport est évident, car les autres lois germaniques nous offrent sur la composition des règles toutes différentes (*b*). On ne saurait douter non plus que la loi bourguignonne n'ait servi de type au Papien, car ce droit est d'origine germanique, et le rédacteur du Papien s'appuie sur les décrets du *Roi*.

Enfin, divers titres du Papien se trouvent presque mot pour mot dans le premier appendice de la loi bourgui-

Théodoric, le passage a été copié dans les éditions de Cassiodore après l'Ed. Theoderici. Voyez l'édition de Cassiodore de Pithou, Paris, 1579 (1589), fol. p. 34. et les contrefaçons de Genève, 1609, 8, 1650, 1656, 4, et s. l. 1637, 4 ; mais Pithou fait observer que le passage s'applique au Théodoric Franc, non au Théodoric Ostrogoth, et il suit le texte non de Sichard, mais de Cujas où ne se trouve pas l'addition de « Theodericus Rex Francorum. » Au reste, l'extrait qu'on lit dans Sichard n'est rien moins qu'une copie fidèle du Papien ; alors ne peut-on pas supposer que le Franc, copiste du Breviarium, et qui vivait sous un Théodoric, parmi les nombreuses interpolations qu'il s'est permises, ait ajouté le nom de son souverain à ces mots Domnus noster.

(*b*) L. Salica reform. Tit. 37 ; L. Ripuar. T. 8. Ainsi se trouve confirmé ce que j'ai dit dans la note précédente sur le droit franc et le roi Théodoric.

gnonne (*c*). Mais ici, où il s'agit du droit romain, où l'on cite la *lex Theodosii*, le Papien a servi de type à la loi bourguignonne dont le texte est bien moins complet et bien moins explicite (*d*).

7. Lorsqu'on examine sans prévention toutes ces circonstances jointes à la promesse du roi bourguignon de donner un code à ses sujets romains (§ 4.), on ne peut douter que le Papien ne soit le code annoncé. Plusieurs passages témoignent de son origine et de son objet (*a*); aucun préambule émané du roi ne sanctionne, il est vrai, l'autorité de ce recueil (*b*), mais la même objection s'élèverait contre le Breviarium visigoth dont le caractère obligatoire n'est pas contesté. Les seuls actes de promulgation du Breviarium sont les rescrits adressés à chaque comte, et que l'on voit encore dans un petit nombre de manuscrits. Or, de semblables rescrits peuvent avoir été envoyés par le roi aux divers comtes chargés d'appliquer le Papien.

(*c*) Papian. Tit. 17, dans L. Burg. Addit. 1, Tit. 1; et Papian, Tit. 44 dans L. Burg. Addit. 1, Tit. 19.

(*d*) Par exemple : Papian. Tit. 17 : « secundum legem Theodosiani libri quarti sub titulo de Ædificiis privatis, et publicis. » L. Burg. Addit. 1, Tit. 1, § 7 : « secundum legem Theodosii. » Ici le Papien a pu servir de type à la loi bourguignonne, mais non la loi bourguignonne au Papien.

(*a*) Par exemple : le titre II cité § 6, dont j'ai montré le rapport avec la loi bourguignonne. Mais les dispositions des deux recueils diffèrent quelquefois, celles, par exemple, sur le meurtre d'un homme libre. Aussi, je ne pense pas que ces mots *præceptum Domni Regis* impliquent l'existence d'une loi bourguignonne antérieure. Ce passage crée pour les Romains une loi nouvelle empruntée en partie au droit bourguignon, comme l'indique le commencement du titre cité § 6. La promulgation de cette loi nouvelle résultait de son insertion dans notre recueil, dont le caractère obligatoire et officiel est ainsi constaté. — On lit aussi, Tit. 30 : « a præceptione Domni Regis. »

(*b*) Tel est le motif que donne Biener de orig. leg. Germ. P. 1, p. 296, où il prétend que le Papien, œuvre d'un particulier, dispensa le roi d'accomplir sa promesse. Mais outre les raisons déjà alléguées, un travail de ce genre, à une époque aussi stérile, ne se présume pas aisément, et l'explication que j'ai donnée semble bien plus naturelle.

Tout ce que je viens de dire se résume ainsi :

A Recueil de lois bourguignonnes rédigé en 517 (§ 1.), et où le roi Sigismond promet un code à ses sujets romains.

B Code des Romains (le Papien), dont la rédaction se place entre 517 et 534, époque de la chute du royaume de Bourgogne.

C Deux appendices au recueil des lois bourguignonnes, dont la rédaction se place également entre 517 et 534. Le premier de ces appendices est en partie tiré du Papien.

La seule objection sérieuse contre mon opinion sur l'origine du Papien se trouve dans ces mots : « Domnus noster *Theo-* « *dericus Rex Francorum*. » Or on sait que ces mots ne se lisent dans aucun des manuscrits du Papien, mais dans un extrait étranger à ce recueil, et tellement corrompu, que cette addition irréfléchie, « Theodericus Rex Francorum, » doit être considérée comme une interpolation (*c*).

Cujas a le mérite d'avoir le premier découvert l'origine du Papien ; mais ses indications fugitives peuvent quelquefois échapper au lecteur (*d*). Lindenbrog est entré dans de plus grands détails (*e*), et Heineccius a justifié par de nouvelles preuves cette opinion généralement adoptée (*f*). Amaduzzi, qui traite le sujet fort au long, montre peu de jugement quand il attribue ce recueil au roi Franc Théodoric Ier. Ses arguments sont d'une incroyable faiblesse. Si, par exemple, on lui oppose que le Papien suit l'ordonnance de la loi bourguignonne, il répond que c'est là un rapport éloigné, produit dans les lois de différents peuples, par la similitude du sujet ;

(*c*) Voyez plus haut, § 6, *a*.

(*d*) L'édition de Paris de 1586 a pour titre : « Burgundionis Ic. qui Papiani Responsorum titulum præfert liber ; » et on lit au commencement du Papien cette note marginale : « Videantur antiquæ Burgundionum leges. » J'ajouterai, d'après la remarque de Biener, que les lois bourguignonnes ont fourni plusieurs corrections à l'édition de Paris de 1586.

(*e*) Dans deux passages de la préface de son « Codex Legum antiquarum » imprimé pour la première fois en 1607.

(*f*) Heineccii antiqu. German. P. I, p. 308, seq.

que d'ailleurs le Papien renferme certaines règles contraires au droit bourguignon, d'autres spéciales au droit romain, etc. Quant à la mention du roi Franc Théodoric, qui n'existe que dans le Breviarium de Sichard, Amaduzzi cite comme autorités nouvelles toutes les éditions récentes et tous les auteurs qui se fondent uniquement sur l'autorité même de Sichard (*g*).

8. L'origine du Papien une fois reconnue, il reste à déterminer son auteur et son titre. S'il fallait en croire les diverses éditions, l'auteur se serait appelé *Papianus*. Mais la singularité de ce titre *Liber Responsorum*, employé très-mal à propos pour un ouvrage de ce genre, rend également suspect le nom de *Papianus*; car l'un et l'autre ne nous sont connus que sous la foi des éditeurs. En effet, le meilleur de tous les manuscrits, celui d'Ottobon, est seulement intitulé, au commencement et à la fin: *Lex Romana*, sans nom d'auteur (*a*). Le titre de *Papiani Liber Responsorum* ne se trouve pas dans le manuscrit de Paris, ni au commencement, qui, du reste, n'existe plus, ni à la fin, où, suivant l'usage, on aurait pu le répéter. On verra bientôt qu'il en est de même dans le manuscrit du Vatican. Ainsi donc le nom de l'auteur et le titre de l'ouvrage ne nous sont révélés que par la première édition de 1566. Comment alors était intitulé le manuscrit que possédait Cujas? D'après l'examen de plusieurs manuscrits du Breviarium, je crois pouvoir résoudre la question.

Tous les manuscrit complets de ce recueil se terminent par un petit fragment du *Papiniani lib.* 1. *Responsorum* (*b*), fragment dont l'authenticité n'est pas douteuse. Or, les manuscrits du Breviarium portent ordinairement *Papianus* au lieu de *Papinianus* (*c*). Cujas trouvant un manuscrit complet du

(*g*) Amaduzzi. l. c. præf. p. LXV. — Præf. p. LXVIII, p. 213. — Præf. p. LIX, LXV, p. 141.

(*a*) Amaduzzi. l. c. præf. p. XX, XLIX et p. 294.

(*b*) Schulting, p. 810.

(*c*) Voyez sur ce sujet Pithœus ad Coll. LL. Rom. et Mos. Tit. 2, § 3,

Breviarium, à la suite duquel venait le Papien, sans interruption et sans nouveau titre, prit ce recueil pour le supplément du véritable *Papinianus lib.* 1. *Responsorum*, dont le texte, par un hasard singulier, se compose de quelques lignes. Le nom de *Papianus*, qu'il lisait dans le manuscrit, lui parut être celui d'un jurisconsulte inconnu, auteur de tout le recueil, car la chronologie ne permettait pas de l'attribuer au célèbre Papinien (*d*). Aussi le passage de Papinien forme le premier titre de l'édition de 1566.

Plus tard, Cujas reconnut son erreur et la répara tacitement. Il restitua à Papinien son passage, et conserva au recueil le titre de Papien ; seulement le second titre de l'édition de 1566 devint le premier dans l'édition de 1586. Mais la rectification fut incomplète, et Cujas peu conséquent, car rien ne justifiait le titre de *Papiani liber responsorum* (*e*), sinon la méprise que je viens de signaler. En effet, ces mots : « *liber responsorum* » ne conviennent nullement à notre recueil, mais bien au fragment de Papinien, tel qu'il existe dans plusieurs manuscrits, d'où il est passé dans notre recueil. Je citerai ensuite le manuscrit du Vatican, dont l'ordonnance est précisément celle que j'attribue au manuscrit de Cujas. On y lit, à la fin du Breviarium, le fragment de Papinien, avec cette rubrique : « Incipiunt capitula Papiani libri responsorum ; » notre recueil vient immédiatement après et sans aucune distinction, ce qui explique facilement l'erreur dont je viens de

Conradi Parerga, p. 101, et surtout les exemples cités par Zirardini Impp.... Novellæ, p. 37-48, à la note. Je pourrais citer également plusieurs manuscrits que j'ai consultés.

(*d*) On se convaincra que telle était l'opinion de Cujas en lisant sa préface du Cod. Theod. Lugd. 1566, fol. « Papiani, non Papiniani illius omnium qui sunt, qui erunt, quique fuerunt Jurisperitissimi, sed paulo inferioris œvi, quo Theodericus Italiæ imperabat, Papiani nec incauti nec inelegantis Jurisconsulti. »

(*e*) Dans l'édition de 1586, on lit au verso du fol. 14 : Papinianus lib. 1, responsorum, » et l'on ne trouve que p. 138 le titre de notre ouvrage : « Papiani liber responsorum. »

parler. Ici, comme dans le manuscrit de Cujas, la répétition de la rubrique Tit. 1. marque seule le véritable commencement du recueil (*f*).

L'erreur de Cujas semble d'autant plus probable, que nous la voyons reproduite à une époque où il était bien plus facile de l'éviter. Les savants auteurs du Nouveau Traité de diplomatique décrivent avec détail un manuscrit de la bibliothèque de Paris contenant « treize titres du corps Grégorien, deux « titres de celui d'Hermogénien, *douze titres du corps de* « *Papien*, et deux autres qui recommencent sans inscription « de livre (*g*). » D'après cela, on pourrait croire qu'ils ont réellement découvert les douze premiers titres de Papien; mais, trompés comme Cujas, ils ont attribué à Papien un recueil qui lui est étranger, sauf le fragment déjà connu; et ils sont encore moins excusables, car ils ont parcouru la table des matières sans regarder seulement le texte (*h*). En effet, au lieu des titres de Papien, ils eussent trouvé des extraits de Paul et du code Théodosien, extraits qu'on ne trouve pas ailleurs, et dont Cujas a enrichi ses éditions. Ainsi donc, s'ils avaient exa-

(*f*) Voyez sur le manuscrit du Vatican, Amaduzzi l. c. præf. p. LII, p. 134. Zirardini l. c. p. 38 à la note.

(*g*) Nouveau traité de dipl. T. III. (Paris, 1757, 4.) p. 77, note, qui a induit en erreur Amaduzzi l. c. præf. p. LXXI, et Zirardini l. c. p. 45, not. Ce manuscrit que j'ai consulté moi-même existe à la bibliothèque de Paris, sous le n° 4403.

(*h*) La table des matières est ainsi conçue : « expli. herm. *inc. ex corp. papiani.* 1, de pactis inter vir. et uxor. expl. institutio greg. lib. 1.

« I. De postolando Tit. XII. — II. De pactis constit. VIII. — III. Imp. severus et antoninus.... — IV. greg. lib. III, Tit. XII.... —V. Greg. lib. III. Tit. XVIII..... — VI. Lib. IV. de intest. hered. — VII. de hereditate..... — VIII. de fam. hercisc. — IX. de re judic. — X. de int. hered. — XI. Theod. lib. III. de re judic. — XII. de sententiis et periculo recitandis. — I. de div. rescriptis. — II. de off. rect. provinc. — Explic. felyciter. » Mais le texte offre des lacunes. On n'y trouve pas le fragment de Papinien, les trois premiers titres marqués I, II et III, ni les deux derniers marqués I et II. Ainsi donc le texte où manque le fragment de Papien ou Papinien n'aurait pu tromper personne.

miné le texte, ils se fussent convaincus qu'il n'a aucun rapport avec les éditions imprimées de Papien.

Ceux qui attribuent notre recueil à Papien invoquent surtout un document de Prüm. (a. 804.) Mais dans ce document, le mot « *Papiani* » ne désigne aucun ouvrage spécial de Papinien, il s'applique d'une manière générale au Breviarium, seul recueil que le rédacteur du document pût avoir en vue, et où se trouve effectivement un fragment de Papinien (*i*).

Déjà plusieurs auteurs avaient reconnu combien le titre de Papien est inexact; mais, pour expliquer la méprise, ils supposaient que le passage authentique de Papinien faisait partie de notre recueil, et que le titre particulier de ce fragment était devenu le titre général du recueil (*k*). Cette supposition fausse discréditait l'explication et empêchait de triompher la vérité contenue dans le résultat.

9. L'édition de 1566, où le fragment de Papinien forme le titre premier, a quarante-sept titres; celle de 1586, où le fragment est retranché, n'en a que quarante-six. Amaduzzi compte quarante-huit titres, en ayant découvert deux nouveaux dans un manuscrit, le 26e et le 48e. Le titre 26 est certainement authentique; on le trouve indiqué dans la table du manuscrit du Vatican : pour cette partie, le texte n'existe plus. Mais le titre 48 (de colonis migrantibus) n'appartient pas à notre recueil, c'est l'addition d'un copiste. En effet, ce titre remarquable se lit mot pour mot dans le commentaire du Breviarium visigoth (*a*), et il n'existe ni dans le texte, ni dans la table d'aucun manuscrit autre que celui d'Ottobon. Enfin, on reconnaît à des signes non équivoques que le titre précédent est le der-

(*i*) Voyez vol. Ier, § 96. *c*. — Ce document mal interprété a servi d'argument à Amaduzzi l. c. præf. p. LII, LXX et p. 217.

(*k*) F. C. Conradi Parerga p. 96-105. Bach hist. juris. Lib. 3. C. 4. Sect. 2, § 16. Biener de orig. leg. Germ. P. 1, p. 298. — Conradi dans sa préface (p. XXVIII) a rencontré la véritable explication, mais il a laissé le choix au lecteur, entre celle-ci et sa première opinion.

(*a*) Int. Tit. Cod. Th. de inquilinis et colonis (V, 10).

nier du recueil (*b*). Ainsi donc, le Papien se compose de quarante-sept titres, et probablement nous l'avons complet (*c*). — Quant à l'ordre des titres, le 11e dans les éditions de Cujas (de luctuosis hereditatibus) est le 28e dans l'édition d'Amaduzzi, changement justifié par les manuscrits d'Ottobon et du Vatican, et par l'ordre suivi dans les lois bourguignonnes.

10. Il s'agit maintenant de déterminer à quelles sources a puisé l'auteur inconnu de notre recueil. Suivant plusieurs auteurs, il n'aurait fait usage que du Breviarium visigoth (*a*). Sans doute il connaissait le Breviarium, car le Breviarium a été achevé en 506, le Papien est de 517 (§ 7.); et les lois bourguignonnes antérieures ont également puisé au Breviarium (§ 2.); enfin quelques passages semblent copiés, non d'après le texte, mais d'après le commentaire visigoth (*b*).

(*b*) Amaduzzi p. 231, not. 2.

(*c*) Amaduzzi, p. 238, not. 14.

(*a*) J. Gothofred. prolog. Cod. Th. Cap. 5, § 9. Schulting. præfat. jurisp. Antejust. p. 3.

(*b*) Papiani respons. Tit. 7 : « ita ut aut caput aut facultatem suam obliget. » Int. L. 14. C. Th. de accus. (IX, 1.) « ut... aut pœna capitis sui, aut facultatum amissione compenset. » (Texte : « aut dispendium facultatum est aut pœna dominorum. ») — Papian. Tit. 13 : « Si animal cujuscumque damnum intulerit, aut æstimationem damni dominus solvat, aut animal cedat. » Int. Pauli, I, 15, § 1. « Si alienum animal cuicunque damnum intulerit.... dominus ejus aut æstimationem damni reddat, aut ipsum animal tradat. » (Texte : Si quadrupes pauperiem fecerit, damnumve dederit.... in dominum actio datur, ut aut damni æstimationem subeat, aut quadrupede cedat. ») — Ainsi, le commentaire de Paulus I, 19, § 1, étend à toutes les dénégations frauduleuses la peine du *duplum* prononcée par la loi Aquilia en cas de *damnum injuria datum*. La même erreur se retrouve dans le Papien Tit. 14 in fin.— Enfin, Papian. Tit. 21, dit en parlant de la femme : « aut adulteram..... aut veneficam, aut conciliatricem ; » en parlant du mari : « homicidam..... aut sepulcrorum violatorem, aut veneficum. » On lit aussi dans Int. L. C. Theod. de repud. (III, 16) : « adulteram, aut maleficam, aut conciliatricem ; » pour le mari : « homicidam, aut maleficum, aut sepulchri violatorem. » (Texte : « mœcham, vel medicamentariam, vel conciliatricem, » et « homicidam, vel medicamentarium, vel sepulchrorum dissolutorem. ») Cf. Barkow, præf. p. XLIV.

Néanmoins le Breviarium n'est pas le seul type du Papien. Pour une grande partie de son travail, l'auteur a puisé directement aux sources de l'ancien droit, et il nous a conservé plusieurs passages dont nous n'avons aucune autre trace (*c*). Tel est surtout l'intérêt de ce recueil, qui en lui-même est fort pauvre et accuse le profond abaissement de la science du droit (*d*). A peine, en effet, peut-on reconnaître dans le Papien les textes que nous possédons, d'où l'on juge combien il serait difficile de restituer d'après ce recueil les textes qui nous manquent. Ce travail, entrepris sérieusement, donnerait sans doute des résultats inespérés. Notre recueil devrait être traité par la critique comme un manuscrit fort corrompu, mais original d'un auteur ancien; car il faut rejeter le préjugé moderne qui, s'attachant aux sources pures, ne voit dans tout ce qui s'en éloigne que l'incapacité et l'ignorance du rédacteur.

11. Afin de citer un exemple des renseignements originaux que contient notre recueil, je rappellerai ce principe avancé par Niebuhr, et si conforme à l'esprit des institutions romaines (*a*), que tout champ *limité* était considéré comme réellement indivisible, principe qui nous explique pourquoi, dans le droit pratique des Romains, il est si souvent question d'un partage purement idéal. Le titre 17 du Papien, relatif au partage des terres, porte : « Agri quoque communis *nullis* « *terminis limitati* exæquationem inter consortes nullo tem- « pore denegandam. Silvarum, montium et pascui jus, ut « unicuique pro rata possessionis suppetit, esse commune. »

(*c*) Voici en général les sources dont l'auteur du Papien s'est servi : les lois bourguignonnes, le Code Théodosien original, les Novelles de ce Code, les institutes de Gaius, les Sententiæ de Paul, les Codes Grégorien et Hermogénien; enfin, le Breviarium Visigoth. Pour la plupart de ces ouvrages, il avait sous les yeux un assez grand nombre de textes qui sont aujourd'hui perdus. Barkow. præf. p. XXXIX-LIV.

(*d*) Barkow. præf. p. LV.

(*a*) Niebuhr Rœmische Geschichte, Th. 2, p. 708. 2e ed.

Exæquatio signifie partage en nature (*b*). Le titre 17 doit donc se traduire ainsi : « Tout co-propriétaire d'un champ « indivis peut en tout temps, et sans craindre la prescription, « demander le partage en nature, pourvu qu'il ne s'agisse pas « de champs limités. » Ce passage confirme donc pleinement les inductions de Niebuhr.

Tel est sans doute le sens du texte de l'ancien jurisconsulte, que l'auteur avait sous les yeux et dont il faisait l'extrait dans son ouvrage (*c*). Mais ce n'est pas là ce qu'entendait le rédacteur bourguignon, car de son temps, il ne devait plus exister aucune trace de l'ancienne limitation. Voici probablement les règles d'ailleurs très-remarquables posées dans ce passage. On se rappelle que les Romains devaient abandonner aux Bourguignons les deux tiers des terres cultivées, et que les forêts restaient en commun (*d*). L'auteur dit à ce sujet : Le partage des terres cultivées peut toujours être demandé; le tiers resté en commun comprend non-seulement les bois, mais encore les montagnes et les pâturages (c'est-à-dire les prairies tant des montagnes que des vallées) (*e*).

12. Il est facile d'expliquer comment notre recueil perdit son autorité pratique : le Breviarium visigoth, composé dans le même but, avait dû, par son immense supériorité, faire oublier le recueil bourguignon. Mais dans l'origine, le Papien obtint faveur, d'abord comme émanant du souverain, puis à

(*b*) Ducange, T. III, p. 195.

(*c*) Dans les Pandectes *ager limitatus* a conservé son ancienne signification technique. L. 1, § 9. D. de fluminibus (XLIII, 12.) L. 16, D. de adquir. rer. dom. (XLI, 1.)

(*d*) Voyez vol. I, § 88.

(*e*) Cette heureuse interprétation se trouve dans Barkow, p. 58. On ne peut objecter que le texte parle des biens fonds en général, et non des terres partagées après la conquête; car ce sont précisément celles dont il est question, comme le prouve l'opposition entre les terres cultivées et les bois, ainsi que l'emploi du mot *consortes*. Les Bourguignons, comme les autres peuples germaniques, appelaient *sors* la propriété immobilière résultat du partage. Voyez vol. I, § 88.

cause de ses rapports avec le droit bourguignon. Quelques années après la chute du royaume de Bourgogne, ces raisons de préférence n'existant plus, le Breviarium l'emporta probablement sur le Papien même dans ces provinces, quoique le voisinage de l'Italie pût faciliter l'introduction du droit Justinien.

CHAPITRE VIII.

DROIT ROMAIN DANS LE ROYAUME DES VISIGOTHS.

13. Chez les Visigoths, comme chez les Bourguignons, il n'existe presque d'autre trace certaine de la connaissance et de l'application du droit romain, que les lois du vainqueur, et le code particulier du vaincu. Mais je dois suivre un ordre contraire à celui du chapitre précédent, car le Code des Romains est de beaucoup antérieur au recueil visigoth.

I. CODE DES ROMAINS. (LE BREVIARIUM) (*a*).

L'unique source que nous possédions sur l'origine de ce recueil est le *Commonitorium* qui lui sert de préambule, et dont je vais donner fidèlement le texte, car toute la difficulté consiste à le bien interpréter (*b*).

(*a*) On trouve des détails sur le Breviarium dans J. Gothofred. proleg. Cod. Theod. Cap. 5-7. Biener progr. hist. Legum Wisigothicarum spec. 1. Lips. 1783. 4. Cap. 4, 5. (et, en abrégé, dans le Comm. de orig. jur. Germ. P. I, § 78, 79.) Le mémoire de Bouchaud (Mémoires de l'Institut, sciences morales et polit., T. IV, Paris, an II, p. 76-112) est très-faible.

(*b*) Voici les divers recueils où se trouve le Breviarium : (1) Summæ legum, par Pet. Ægidius s. l. 1517. f. (2.) Cod. Theod. Paris, 1550. 8 (par Tilius.) (3) Cod. Theod. Lugd. 1566. f. (par Cujas), et les contrefaçons de 1586, 1593, 4. (4.) Cod. Theod. Paris, 1586. f. (5.) Les deux éditions du Code Théodosien, par Godefroy. (6.) Jus civile Antejustin. Berolini, 1815, 8, p. 277. Trois manuscrits différents paraissent avoir servi de base aux trois premières éditions, notamment à la troisième, le manuscrit de Ranconnet,

ALARICI REGIS EXEMPLAR AUCTORITATIS.

« In hoc corpore continentur leges sive species juris de « Theodosiano et diversis libris electæ, et sicut præceptum « est explanatæ, anno XXII. regnante domino Alarico Rege, « ordinante viro inlustri Goiarico Comite. Exemplar Auctori- « tatis. Commonitorium Timotheo V. S. Comiti (*c*).

« Utilitates populi nostri propitia divinitate tractantes hoc « quoque, quod in legibus videbatur (*d*) iniquum, meliori « deliberatione corrigimus, ut omnis (*e*) legum Romanarum « et antiqui juris obscuritas, adhibitis sacerdotibus ac nobili- « bus viris (*f*), in lucem intelligentiæ melioris deducta res- « plendeat, et nihil habeatur (*g*) ambiguum, unde se diu- « turna aut diversa jurgantium impugnet objectio. Quibus « omnibus enucleatis atque in unum librum prudentium (*h*)

(conf. Cujas. præf. ad Paulum. Paris, 1558, 4, et Schulting, p. 189.) Les mêmes manuscrits, mieux étudiés, ont servi pour la quatrième édition. Godefroy n'en a pas connu de nouveau. Les manuscrits que Sichard a consultés ne renfermaient pas le commonitorium, car il manque dans son édition du code Théodosien. (Basil. 1528 f.) Ce commonitorium se trouve fréquemment dans les manuscrits, quelquefois abrégé, et d'ordinaire tout-à-fait défiguré ; Hänel l'a trouvé dans vingt-quatre manuscrits. (Cf. Haubold opuscula vol. 2, præf. p. XCIX. -- CXXXV.) — J'ai suivi l'édition de Ritter (prolegom. p. CCXXIII.) — Je donne en outre les variantes de trois manuscrits qui m'ont été communiquées par Blume, l'un de la bibliothèque ambrosienne à Milan (Amb.), l'autre de Saint-Paul en Carinthie (Pa.) et le troisième d'Ottobon. (Ottob.)

(*c*) Edd. 1566, 1586. — ed. 1517. « In Christi nomine incipit præfatio legum Romanarum. Autoritas Alarici Regis. » — L'éd. de 1550 ne donne pas l'intitulé. — Amb. *Auctoritas Alarici regis* (rel. desunt.) — Pa. *Auctoritas Salarici regis feliciter.* (rel. desunt.)

(*d*) Edd. 1517, 1550, 1566. — *In jure habebatur,* ed. 1586. — Amb. *in jure habeatur.*

(*e*) Ed. 1550, *omnes.* — sic Amb.

(*f*) Le mot *viris* manque dans l'édition de 1517.

(*g*) Amb. *et nuper habebatur.*

(*h*) Ed. 1517, *prudentius.*

« electione collectis, hæc (*i*) quæ excerpta sunt, vel clariori « interpretatione composita, venerabilium Episcoporum vel « electorum provincialium nostrorum roboravit (*k*) adsensus. « Et ideo subscriptum librum, qui in tabulis habetur collec- « tus, Gojarico (*l*) comiti pro distringendis negotiis nostra « jussit clementia destinari, ut juxta ejus seriem universa (*m*) « causarum sopiatur intentio : nec aliud cuilibet (*n*) aut de « legibus (*o*) aut de jure liceat in disceptationem propo- « nere (*p*), nisi quod directi libri et subscripti (*q*) viri spec- « tabilis Aniani manu, sicut jussimus, ordo complectitur. « Providere ergo te convenit, ut in foro tuo nulla alia lex « neque juris formula proferri vel recipi præsumatur. Quod si « factum fortasse constiterit, aut ad periculum capitis tui, aut « ad dispendium tuarum noveris facultatum. Hanc vero præ- « ceptionem directis libris jussimus cohærere (*r*), ut universos « ordinationis nostræ et disciplina teneat et pœna constringat.

« Anianus vir spectabilis ex præceptione D. N. gloriosiss. (*s*) « Alarici Regis hunc codicem de Theodosiani legibus at- « que sententiis (*t*) juris vel diversis libris electum Aduris « anno **XXII**. eo regnante, edidi atque subscripsi (*u*). Reco-

(*i*) Ed. 1517, *nec*.

(*k*) Ed. 1517, *roboraverit*.

(*l*) Ed. 1517, *qui in thesauris habetur oblatum Goiarici*. Ed. 1566. 1586 en marge *qui in thesauris nostris habetur oblatum tibi pro* ; l'éd. de 1586 ajoute : *discutiendis*. — Amb. *Ideo secundum subscriptum librum qui in thesauris nostris habetur ablatos librum tibi pro discutiendis*, etc. — Pa. *Eoarico*.

(*m*) Ed. 1517, *universarum*.

(*n*) Ed. 1517, *cuicunque*.

(*o*) Amb. *aut legibus*.

(*p*) Ed. 1517, *disceptatione præponere*.

(*q*) Ed. 1517, *infrascripti*.

(*r*) Ed. 1517, *adhærere*.

(*s*) Ms. Paris. 4676. ed. 1517, ex præceptione *gloriosi* Alar. ; ed. 1550, ex præc. Alar.

(*t*) Ed. 1517, *speciebus*; Ms. P. 4696, *species*.

(*u*) La suite manque dans les ed. de 1517, 1550.

« gnovimus. Dat. sub die IV. Non. Feb. anno XXII. Alarici « Regis Tolosæ (*v*). Et iterum anno XX. regnante Karolo « Rege Francorum et Longobardorum et patricio Roma- « norum. »

14. Examinons ce que ce préambule nous apprend sur l'histoire de notre recueil. Le roi Alaric II (dont le règne commence en 484 et finit en 507) nomma une commission de jurisconsultes romains, qui, la vingt-deuxième année de son règne (506), terminèrent leur travail à Aire en Gascogne (*a*). Ce recueil, soumis à une assemblée d'évêques et de nobles laïques romains, fut confirmé par leur approbation (*b*). Ania-

(*v*) Ms. dans *Sirmond* opp. T. IV, p. 266. *Anianus.... regis Alarici ordinante viro magnifico et illustri Goiarico comite hunc codicem legum secundum authenticum subscriptum vel in thesauris editum subscripsi et edidi sub die III. Non. Febr. a. XXII. regnante dom. nostro Alarico rege.* La même leçon se retrouve presque dans J. Gothofr. proleg. C. Theod. Cap. 5, § 6, 8. — Dans Ottobon avec quelques variantes : Anianus vir *scolasticus....* codicem legum *juris* sec. auth. *scriptum* aut in thes. *traditum* subscr. et *dedi IV. Nonas*, etc.

(*a*) Commonit. « Quibus omnibus enucleatis atque in unum librum *prudentium electione* collectis, » et dans la suscription : ex præceptione.... Alarici Regis hunc Codicem de Theodos. legibus..... *electum Aduris anno XXII eo regnante*, edidi atque subscripsi. » On a coutume de construire ensemble « Aduris edidi ; » et pour lever la contradiction que présenterait la suite : « Dat..... anno XXII. Alarici Regis, *Tolosæ*, » on construit *Rex Tolosæ ;* ainsi, la souscription d'Anianus aurait été faite à Aire et le roi appelé *Rex Tolosæ*. Mais, en l'absence de témoignages précis, on ne saurait admettre que Théodoric ait pris le titre de roi de Toulouse. Je pense plutôt que la commission des jurisconsultes s'assembla à Aire, et ces mots *datum... Tolosæ* se rapporteraient à la promulgation du roi, non à la souscription d'Anianus qui n'est pas datée. Les copistes ont souvent confondu ces diverses mentions, néanmoins la date est à sa véritable place dans le manuscrit de Paris, N° 4404. Il n'est pas douteux que l'année 506 ne soit la vingt-deuxième du règne de Théodoric. Godefroy lui-même le reconnaît, et si (c. 5, § 3.) il l'appelle la vingtième, c'est une pure inadvertance, qui, au reste, a égaré Ducange lui-même, T. IV, p. 155.

(*b*) « Adhibitis sacerdotibus ac nobilibus viris ; » et plus loin excerpta.... venerabilium Episcoporum vel electorum *provincialium* nostrorum roboravit adsensus. « Biener, passim, p. 12, 16. contre le texte même du res-

nus, référendaire du roi, en certifiant de sa main les copies qu'il adressait à chaque comte, leur donna le sceau de l'autorité publique (*c*). Ces copies étaient accompagnées d'un rescrit (le *commonitorium*) (*d*) qui exposait l'origine du recueil et en prescrivait l'usage exclusif sous les peines les plus sévères. Ainsi s'explique la rareté des manuscrits où se trouvent le *commonitorium* et la suscription d'Anianus. Dans les copies tirées d'après ces exemplaires officiels, on négligea ces deux pièces comme inutiles, car les copies émanées d'Anianus, et signées de sa main, avaient seules force obligatoire. Ainsi s'expliquent également les rôles des divers personnages dont les noms nous ont été conservés. On ignore ceux des jurisconsultes chargés de la rédaction.

Anianus, qui certifie les exemplaires officiels, ne peut être que le référendaire (*e*), et les auteurs qui l'ont cru rédacteur du recueil se sont évidemment trompés (*f*). Thimoteus est un

crit, applique cette mention aux seigneurs Goths. Mais il a reconnu les véritables auteurs du recueil, p. 14.

(*c*) Suivant l'usage attesté par les documents de Marini, le mot *Recognovimus* est seul de la main du référendaire ; tout le reste, et même le nom de celui-ci, est de la main des copistes.

(*d*) Commonitorium a le sens d'ordonnance ou rescrit dans L. Visigoth. L. 7. T. 5. L. 3. Conf. J. Gothofred. l. c. C. 5, § 3.

(*e*) J. Gothofredus, l. c. C. 5, § 8, ibique Ritter. — Salmasius ad Vopiscum in vita Carini, p. m. 805.

(*f*) La véritable qualité d'Anianus a été reconnue par Sirmond. quæstio triplex (opp. T. IV. Ven. 1728, p. 265), et J. Gothofred. l. c. C. 5, § 9. L'erreur se trouve dans Cujas, præf. ad Paulum (Paris, 1558, 4.), et même dans Sigebertus Gemblacensis de eccles. script. C. 70. « Anianus... volumen unum de legibus Theodosii Imp. *edidit.* » Ces auteurs ont été trompés par ces mots : « Anianus.... hunc Codicem.... *edidi* atque subscripsi. » Mais, comme l'atteste Marini, *edere* est précisément le mot sacramentel employé par l'exceptor ou le référendaire pour certifier la copie authentique d'un acte municipal ou d'un rescrit du roi. De même on lit, à la fin de la loi Lombarde de Rotharis : « Si aliqua fuerit intentio, nulla alia exemplaria credatur aut suscipiatur, nisi quod per manus Anscaldi Notarii nostri scriptum, *aut recognitum*, seu requisitum fuerit, qui per nostram jussionem scripsit. » Seulement, la chancellerie du roi Lombard paraît bien moins

des comtes auxquels furent adressés les exemplaires officiels, et le rescrit où se trouve son nom s'est conservé par hasard dans un manuscrit, celui de Ranconnet. Goiaric paraît être le *comes Palatii* sous la direction duquel travaillèrent les jurisconsultes, et qui, après que le recueil eut reçu la sanction royale, fut chargé de le publier et de le promulguer. C'est ce que semble indiquer ces mots de l'intitulé (*Ordinante* v. i. Goiarico.), et ce passage du texte (subscriptum librum... Goiarico... destinari, etc.) (*g*). On voit d'après cela combien est erronée l'opinion qui attribue la rédaction à Anianus ou à Goiaric, car une pareille tâche aurait peu convenu à un Goth, quand même il en eût été capable. Nous ne savons pas que notre recueil ait jamais eu de nom particulier; on l'appelle tantôt *Lex Romana* (*h*), tantôt *Lex Theodosii*, parce que la partie la plus importante et le commencement du recueil sont tirés du code Théodosien. Les noms de *Breviarium* ou *Breviarium Alaricianum* ne datent que du seizième siècle (*i*).

15. Ce recueil devait comprendre les deux sortes de sour-

compliquée que celle du roi Visigoth. — Il y eut dans la suite sous les empereurs romains des officiers spécialement chargés de certifier les copies des décrets impériaux, les *Constitutionarii*. Cf. Gesta Senatus et Const. ad Constitutionarios (ed. Wenck, p. 7-8.)

(*g*) Sirmond prétend que le commonitorium doit se placer en tête du Breviarium, et la souscription d'Anianus à la fin. Il cite son manuscrit et celui de la bibliothèque de Paris, num. 1097; (le manuscrit apparemment cité par Godefroy, Cap. 5, § 8. Le manuscrit et son numéro actuel me sont également inconnus.) Au reste, le certificat du référendaire peut bien avoir précédé le Breviarium. C'est la place qu'il occupe dans le manuscrit de Paris, N° 4696, où le commonitorium est rejeté à la fin.—Je reviendrai ch. IX, sur ces mots : « Regnante Karolo Rege Francorum. »

(*h*) Voyez vol. 1er, § 37.

(*i*) Je les trouve pour la première fois dans Contius, prætermissa in Codice Paris, 1566 f. Lib. 3, Tit. 12 : Hæc tota constitutio... videtur inserta jam olim ex *Breviario Alarici*; puis dans une remarque des correcteurs Romains du décret c. 21. C. 2. q. 9. Un moine qui, au seizième siècle, fit un extrait de notre recueil. (Voyez plus bas, § 20 *f*.), emploie aussi le mot Breviarium, mais il l'applique à son extrait même, et non pas à l'original.

ces seules en vigueur depuis long-temps (*a*), les constitutions (*leges*) et les écrits des jurisconsultes (*jus*) (*b*). L'on doit remarquer que les codes Grégorien et Hermogénien, œuvres de jurisconsultes, non émanés de l'autorité souveraine, sont considérés comme *jus* et non comme *leges* (*c*). En effet, on les voit confondus avec Gaius, Paul et Papinien, tandis que les deux *leges* véritables, le code Théodosien et les Novelles, occupent une place distincte. Ici, à la différence du Code des Romains-Bourguignons et des Pandectes, les sources n'ont pas été confondues, puis rangées par ordre de matières; chacune d'elles forme un tout séparé et indépendant. Voici dans quel ordre elles sont placées.

I. Le code Théodosien, 16 livres.
II. Les Novelles de :
Théodose,
Valentinien,
Marcien,
Majorien,
Sévère.
III. Les Institutes de Gaius.
IV. Paul (receptæ sententiæ), 5 livres.
V. Le code Grégorien, 13 titres.
VI. Le code Hermogénien, 2 titres.
VII. Papinien (lib. 1. Responsorum, ou plutôt un seul fragment fort court.)

(*a*) Vol. I, § 3.

(*b*) Commonitorium dans l'intitulé : *leges* sive species *juris* ; dans le texte : *legum* Rom. et antiqui *juris* obscuritas ; plus loin : aut de *legibus* aut de *jure* ; plus loin : nulla alia *lex* neque *juris formula*, et enfin dans a souscription : de Theodosiani *legibus* atque sententiis *juris*. Le passage suivant est surtout remarquable, Int. L. C. Th. de dotibus (III, 13.) quia hoc *lex* ista evidenter ostendit, in *jure*, hoc est in Pauli Sententiis.... requirendum. » Int. Cod. Greg. II, 2, 1. « *Jure* et *legibus* continetur. »

(*c*) Int. L. un. C. Th. de resp. prud. (I, 4.) « Hæc *lex* ostendit, quorum *Juris* conditorum sententiæ valeant... Sed ex his omnibus *Juris Consulto*-

16. Ce n'est pas là un ordre purement accidentel, et qui n'existe que dans quelques manuscrits, mais bien le plan de l'ouvrage original, et en un sens, nous le possédons complet. Cette opinion, qui contredit la plupart des auteurs (*a*), demande à être justifiée et précisée avec exactitude.

D'abord, un texte formel nous indique les jurisconsultes qui seuls ont été mis à contribution pour ce recueil. Mais maintenant, le Breviarium n'a-t-il jamais contenu des fragments tirés des mêmes ouvrages, ou des autres ouvrages de ces mêmes jurisconsultes (*b*)? La supposition paraît peu vraisemblable. En effet, nous possédons une foule de manuscrits d'une époque très-rapprochée de la rédaction du Breviarium, et de celle où il était la loi vivante d'un grand royaume. Les copistes pouvaient bien alors omettre certains passages, soit par négligence, soit qu'ils leur parussent inutiles à côté du commentaire, ou la répétition d'un texte précédent; mais on ne conçoit pas qu'ils eussent voulu retrancher des passages importants et étendus. D'un autre côté, le Breviarium était appliqué trop souvent, pour supposer dans les manuscrits ces oublis involontaires si communs aux copistes de cette époque, et dont les manuscrits des auteurs anciens nous offrent tant d'exemples.

Les nombreux manuscrits du Breviarium et ceux qui ont servi pour l'édition de Sichard confirment merveilleusement mon opinion. Ils présentent, surtout pour le texte, des omissions nombreuses et fort diverses; quant à l'ensemble du recueil et à l'ordonnance des matières, ils s'accordent tous, sauf

ribus, ex *Gregoriano*, *Hermogeniano*, Gajo, Papiano et Paulo, quæ necessaria causis præsentium temporum videbantur, elegimus. »

(*a*) Zirardini, l. c., p. 16, not. E. Hugo civilist. Magazin, V. 2, p. 258, 259, 3e édition. — Autrefois on croyait que les fragments d'Ulpien faisaient partie du Breviarium, c'est une erreur relevée depuis long-temps. Hugo Rechtsgeschichte, 11e édit. p. 897.

(*b*) Voyez plus haut, § 15, *c*. Quant aux *Leges* proprement dites, le fait n'est pas douteux, car outre le code Théodosien et les Novelles, il n'existait pas d'autre monument du même genre.

de légères différences souvent expliquées par la perte visible de feuilles entières. On peut encore invoquer les tables de plusieurs manuscrits écrits soigneusement et bien conservés, car ces tables sont absolument conformes à l'énumération des matières que je viens de présenter. Or, si des parties entières eussent été perdues, il s'en serait conservé des traces dans ces tables, où leur indication se serait faite en peu de lignes et sans peine pour les copistes. — Une table de tous les titres du Breviarium se trouve dans un manuscrit de Lyon à la suite du code Théodosien, et cette table offre absolument le même ordre de matières que l'édition de Sichard (*bb*). — Enfin la mention qui termine le recueil dans plusieurs manuscrits (*c*) a aussi son importance, car elle indique une copie fidèle et complète.

Cependant, l'opinion contraire est spécieuse. Le commentaire du code Théodosien renvoie aux *responsis* de Paul, dont nous n'avons aucun fragment (*d*); le commentaire du code Grégorien renvoie à une Novelle encore inconnue (*e*). Peut-être, a-t-on dit, ces lois suivies dans la pratique ne faisaient pas partie du Breviarium (*f*). Mais l'argument tombe devant le commonitorium qui prescrit, sous des peines très-sévères, l'usage exclusif du nouveau recueil. Voici une explication qui paraît plus satisfaisante. Nous avons vu qu'Alaric partagea le travail entre divers jurisconsultes : dans l'absence d'une règle

(*bb*) Zeitschrift f. Geschichtl. Rechtswiss. B. 8. Hft. 3.

(*c*) « Explicit liber juriticus ex diversorum sententiis elucidatus. » Ms. Paris. N. 4404. Ces mots se retrouvent dans mon manuscrit et dans celui décrit par F. C. Conradi (parerga, p. 101 et p. XXVIII præf.)

(*d*) Int. L. 2. C. Th. de dotibus (III, 13.) « De retentionibus.... in jure, hoc est in Pauli sententiis sub titulo de dotibus requirendum, *aut certe in Pauli responsis sub titulo de re uxoria*. » Nous n'avons plus le passage des sentences dont il est ici question. Au reste mon manuscrit s'accorde avec ce texte imprimé du commentaire.

(*e*) Int. Cod. Gregor. II, 2, 1. « Quod similiter juxta novellam legem et de dote servabitur. » Voyez la note de Schulting.

(*f*) Biener de orig. j. Germ. P. 1, p. 284.

sûre pour garantir l'unité de l'exécution, chacun put compter que ses collègues extrairaient certains ouvrages qui n'entrèrent jamais dans le plan du Breviarium, ou plus tard s'en trouvèrent exclus. J'ajouterai que ces passages renvoient à des sources d'une autre nature (*g*), et il est probable que les sources étaient, suivant leur espèce, assignées à différents membres de la commission.

L'extrême brièveté du fragment emprunté à Papinien rend la perte d'une partie de cet extrait fort probable ; mais combien de circonstances aujourd'hui inconnues pourraient expliquer le fait. Les rédacteurs furent-ils interrompus ou pressés vers la fin de leur travail ? Crurent-ils leur tâche accomplie, et n'insérèrent-ils ce fragment que pour la forme, et par respect pour le nom de Papinien ? Au reste, si nous en jugeons d'après les Pandectes, Papinien devait être peu compris dans ces siècles d'ignorance. — Je pense donc, sauf les précédentes restrictions, que l'édition de Sichard reproduit le Breviarium complet dans ses parties principales et tel qu'il fut composé, mais aussi que l'on peut retrouver dans les manuscrits des fragments du Breviarium nouveaux et authentiques, de même que l'édition de Sichard a déjà été complétée par plusieurs autres éditeurs.

17. Quant à la manière dont les sources sont mises en œuvre, les rédacteurs du Breviarium nous avertissent qu'ils ont voulu abréger et expliquer les textes, mais sans y rien changer (*a*). Fidèles à ce principe, ils ont reproduit en entier le petit nombre de constitutions maintenues. Pour s'en convaincre, il suffit de comparer le Breviarium au code Théodosien. Quelquefois aussi le commentaire porte que certaines parties des textes ayant cessé d'être en vigueur, n'ont pas été

(*g*) Ainsi un passage du code Théodosien (*lex*) renvoie à Paul (*Jus*), et un passage du code Grégorien (*Jus*) renvoie à une Novelle (*lex*.)

(*a*) Voyez le commonitorium, la remarque au commencement de Paul (Schulting, p. 186.) et Int. L. un C. Th. de resp. prud. (1. 4.)

interprétées (*b*) : or, l'insertion de ces parties ne s'explique que par le principe rigoureux de ne rien changer aux textes admis dans le recueil.

Néanmoins on trouve plusieurs exceptions à ce principe : ainsi un passage du code Théodosien est plus complet dans un autre recueil (*c*), et quelquefois le commentaire nous avertit que le texte a été abrégé (*d*). La pluralité des rédacteurs explique aisément cette légère déviation du principe, et même une autre beaucoup plus importante. Les institutes de Gaius sont refondues en entier, et les changements jugés nécessaires insérés dans le texte même, ce qui rendait tout commentaire superflu. Le jurisconsulte chargé de Gaius crut sans doute cette méthode préférable, et peut-être en comparant son œuvre au travail servile de ses collègues dut-il éprouver un léger mouvement d'orgueil.

18. Toutes les parties du Breviarium, excepté les institutes de Gaius, sont accompagnées d'un commentaire (*a*), qui,

(*b*) Int. L. 7. C. Th. de test. (IV, 4.) « Extrema pars legis istius ideo non habetur scripta (dans le commentaire) vel exposita, quia Novella lege calcatur. » Int. L. un C. Th. de act. certo temp. fin. (IV, 14.) « Hæc lex, licet in reliquis rebus fuerit abrogata propter hoc tamen ut poneretur oportuit, quia de tricennio loquitur, » etc. Int. Nov. Valent. T. 10. « Reliquum vero hujus legis ideo interpretatum non est, quia hoc in usu provinciæ istæ non habent. » Voyez aussi Int. Nov. Majoriani, T. I.

(*c*) L. 6. C. Th. ad L. J. de adult. (IX, 7.) comparée avec Collat. L. Rom. et Mos. T. 5, § 3, où le passage du code Théodosien se trouve rapporté textuellement. Au reste, il est singulier que ce passage appartenant au neuvième livre du code Théodosien, dont nous avons un manuscrit original, y soit aussi incomplet que dans le Breviarium.

(*d*) Int. L. 3, C. Th. de apost. (XVI, 7.) (dans Godefroy, note *g*.) : «Reliqua pars de Manichæis ideo facta non est, quia in Novellis evidentior invenitur. » et cette partie du texte manque effectivement. Voyez encore Int. Nov. Majoriani, Tit. 2.

(*a*) Voyez sur ce sujet J. Gothofred. proleg. C. Theod. Cap. 6. — Dans le manuscrit de la bibliothèque ambrosienne, l'index même est accompagné d'un commentaire. (Blume.) — Dans certains manuscrits, on trouve aussi quelques petits fragments de commentaire sur Gaius. Röver ad frag. vet. Ic. de juris spec. p. 35.

ainsi qu'on peut le voir par le commonitorium, entrait dans le premier plan du recueil, et a pour auteurs les jurisconsultes mêmes chargés de l'exécution (*b*). Ce commentaire était donc complément, partie intégrante du Breviarium ; et quant aux explications différentes des mêmes textes, dont je parlerai bientôt, ce sont des additions postérieures que l'on a confondues avec le commentaire original (*c*). Les textes y sont tantôt expliqués ou paraphrasés, tantôt étendus ou modifiés, soit d'après des coutumes locales, soit d'après des lois nouvelles, ou éclaircis par le rapprochement d'autres passages (*d*). Lorsqu'une loi ne présente aucun doute, le commentaire est muet ou porte seulement : « ista lex interpretatione non eget, » mention que les copistes négligent souvent de transcrire. Ainsi donc le Breviarium ne fut pas composé par des Goths, ni dans le but d'introduire des principes du droit goth parmi les Romains (*e*), quoique la nouvelle constitution politique ait dû nécessairement modifier les lois anciennes.

Les auteurs modernes ont trop déprécié ce commentaire, en attribuant à la barbarie ou à l'ignorance tout ce qui s'éloigne des textes originaux. Ordinairement, les violations des textes

(*b*) Int. L. 7. C. Theod. de legit. hered. (V, 1.) « Similis est hæc lex superiori, sed quia evidentior est, *et istam inserimus.* » Bouchaud, p. 106-108, attribue le commentaire aux Francs, parce qu'il fait mention du Papien, (C. Th. I, 4.) et que ce recueil Bourguignon n'a pu être réuni au Breviarium que par les Francs !

(*c*) Zirardini, l. c., p. 12. not. p. 19. not. p. 526.

(*d*) Ainsi, quoique Gaius n'ait pas de commentaire, on voit sur un passage (I, 6.) : « hic de Pauli sententiis addendum. » (c'est-à-dire Paulus III, 8.) — Int. L. 3. C. Th. de leg. her. (V. 1.) « hic *de jure* addendum quid sit fiducia. » Ici le *jus* est Paulus II, 13. — Int. L. 2. C. Th. de inoff. dot (II, 21.) » hic *de jure* addendum quid sit lex Papia. » — Int. L. 2. C. Th. de revoc. donat. (VIII, 13.) « hic *de jure* requirendum de revocandis donationibus. » On ne trouve rien dans Paul de relatif aux deux derniers passages, mais le rédacteur pouvait présumer que ses collègues n'oublieraient pas ces objets.

(*e*) Biener, progr. cit. p. 19, prétend que telle fut surtout l'intention d'Alaric.

répondent aux changements du droit; et malgré le mépris qu'on a pour les rédacteurs du Breviarium, l'ensemble de leur travail n'accuse pas des esprits incultes et grossiers. Godefroy lui-même, qui en parle avec plus de ménagement, paraît encore trop sévère (*f*). Sans doute, ils sont malheureux dans leurs expositions historiques, témoin ce qu'ils disent sur la loi Papia et la loi Aquilia (*g*); mais j'ai déjà montré (*h*) combien, lorsqu'il s'agit de la constitution politique, le Breviarium est instructif et digne de foi.

19. Ce recueil a pour nous une valeur inappréciable, à cause des sources si importantes dont il est l'unique dépositaire, telles que Paul et les cinq premiers livres du code Théodosien. J'ai déjà examiné, à propos du commentaire, le mérite propre du Breviarium. Il me reste à parler du choix des textes, choix bien pauvre, si l'on se reporte aux immenses trésors qui existaient alors pour la science. En présence de tant de jurisconsultes, les rédacteurs du Breviarium n'ont cité Papinien que pour la forme; ils n'ont pas même nommé Ulpien. Nous connaissons maintenant toute la valeur du Gaius original, et peut-être le livre de Paul n'est-il pas moins défiguré. Ainsi, les rédacteurs du Breviarium, parmi tant d'écrits supérieurs, n'en ont choisi que deux, et nous savons, du moins à l'égard de Gaius, qu'ils en ont omis la meilleure partie.

20. Les additions postérieures faites à notre recueil offrent aussi beaucoup d'intérêt. Parmi les nombreux manuscrits du Breviarium, on n'en pourrait pas citer deux entièrement semblables; mais les dissemblances sont de plusieurs genres. Souvent les copistes, jugeant un passage inutile, omettent le texte et le commentaire, ou bien ils ne donnent que le commentaire, comme seul nécessaire dans la pratique. Ces omis-

(*f*) Voyez note *a*.

(*g*) Int. L. 2. C. Th. de inoff. dot. (II, 21.) Int. Pauli. I, 19, § 1.

(*h*) Vol. Ier, § 90 et suivants.

sions varient suivant les manuscrits, sans autre règle que le caprice du copiste. Parfois aussi on trouve, soit une interprétation nouvelle ajoutée (§ 18) ou substituée à l'ancien commentaire, soit une glose qui l'explique. Deux manuscrits de Paris contiennent de semblables gloses, où sont cités Festus, Nonius Marcellus, Isidore, et même les Topiques de Cicéron (*a*). Mais il existe certains travaux indépendants qui méritent toute notre attention. Ici encore règne la plus grande diversité, car les uns sont des compositions entièrement nouvelles, les autres un abrégé, un simple extrait du Breviarium. Voici ceux connus jusqu'à présent.

A. *Summæ legum*, recueil imprimé en 1517, et dont on a plusieurs manuscrits (*b*). Ce n'est, en général, que le com-

(*a*) Cod. Ms. Paris, No 4409 et No 4413. — Ainsi, à propos de la Novelle de Marcien, on cite Festus s. v. forum, p. m. 290, à propos du Tit. C. Theod. de decur. (XII, 1.), le passage de Nonius sur la curie (Cap. I, § 278.) Ces remarques sont accompagnées du signe N. M.

(*b*) Cette édition, fort rare, est in-folio, imprimée non à Louvain mais à Anvers, et est intitulée : «Summæ sive argumenta legum diversorum Imperatorum, ex corpore Divi Theodosii, Novellis Divi Valentiniani Aug. Martiani, Majoriani, Severi, preterea Caii et Julii Pauli sententiis nunc primum diligentissime excusa Cæsarei Juris studiosis utilitatem allatura non mediocrem, ex vetustissimo archetypo. Cum gratia et privilegio. A Cæsare Max. Aug. et Carolo Aus. Hispaniarum rege. » On lit à la fin : « Apud Theodoricum Martinum Alustensem. Anno MDXVII. » La dédicace nous apprend le nom de l'éditeur Petrus Ægidius. Ce volume a cinquante feuilles. J'ai cité (§ 13.) les différentes leçons qu'il renferme sur le texte du commonitorium. Les institutes de Gaius sont la seule pièce de ce recueil dont Meerman ait donné plusieurs éditions nouvelles. Kämmerer (Beiträge zur Geschichte und Theorie des Röm. Rechts vol. 1, p. 227-235.) fait une description détaillée de cette édition. — Meerman parle de deux manuscrits de la bibliothèque de Leyde (Thesaurus, T. VII, p. 673. conf. Catal. Bibl. Lugd. Bat. p. 329. 385.) Le manuscrit de Paris, Num. 4696, semble avoir servi de base à l'édition d'Ægidius. Hänel en a découvert douze autres manuscrits. Ceux qui en consulteraient de nouveaux et voudraient les comparer à celui-ci peuvent se servir des réimpressions de Gaius ; mais, pour faciliter leurs recherches, je vais en citer le commencement : « Prolatæ leges Principum sine die et consule, non valebunt. Leges nescire nulli liceat, aut quæ sunt statuta contemnere. Leges non præterita damnant, sed futura con-

mentaire abrégé. Quant aux *sententiæ receptæ*, le texte confondu avec le commentaire forme un nouvel ouvrage où le sens de Paul a plus d'une fois disparu (*c*). Les inscriptions et les souscriptions des lois des empereurs manquent partout. Le fragment de Papinien ne s'y trouve pas. On voit une disposition du droit Justinien substituée par hasard à celle du texte original (*d*). Mais l'omission de tous les passages relatifs à la constitution politique ne saurait être accidentelle, et prouve que le recueil fut écrit à une époque et dans un pays où cette constitution n'avait plus aucun empire.

B Extrait d'un manuscrit de Wolfenbuttel. D'après le fragment qui en a été publié, on voit que cet ouvrage diffère entièrement de celui qui précède (*e*).

C Extrait précédé d'une préface originale et composé par un moine d'après l'ordre de son abbé (*f*).

D Le Breviarium lombard, composé vers l'an 509. J'ai déjà

stituunt. » Le second fragment du second titre est ainsi conçu : « Quod consors meruerit, a consorte vindicandum. »

(*c*) En voici un exemple curieux. Paulus II, 20, § 1. « Qui uxorem habet, concubinam habere non licet : concubina igitur ab uxore terra vel pavimento solo derelicto separatur. »

(*d*) Cod. Gregor. lib. 13. Tit. 1. « de paterna potestate. Si pater res filiorum aliunde adquisitas alienavit, filii a patre pro hoc pretium consequantur. » Le texte original dit précisément le contraire, car il reconnaît la libre propriété du père, maintient les aliénations qu'il aurait faites et n'admet pas même la revendication moyennant le remboursement du prix.

(*e*) F. C. Conradi parerga. p. XXVIII, præf. et p. 100, 101. Voici le commencement de cet extrait tel qu'il est rapporté par Conradi : « I. Legem sine die et console nihil valere. II. Legis ignorare nulli permissum. III. Legem in futuris. » Il est précédé de la loi Salique publiée par Eccard. Le manuscrit avait été envoyé à Paris ; il est maintenant restitué à la bibliothèque de Wolfenbuttel. Spangenberg en a fait une description fort exacte. Voyez Zeitschrift für geschichtliche Rechtswissenschaft, v. 5. p. 280-310.

(*f*) La préface est imprimée dans J. Gothof. proleg. C. Theod. p. CCXXIV. L'extrait et la préface se trouvent aussi dans le Cod. Ms. Paris. N°. 4419. L'auteur dit en parlant de son travail, « de hoc breviario nostro. » (Voyez plus haut § 14. *i*.). — On connaît encore deux manuscrits de cet ouvrage, l'un à la bibliothèque de Paris N. 4403, l'autre dans une bibliothèque privée en Angleterre.

montré son importance pour l'histoire de la constitution politique (g). Je donnerai de nouveaux détails dans le chapitre sur le royaume des Lombards.

E Extrait inédit. Son auteur, Guillaume de Malmesbury († 1142), ayant composé en Angleterre un abrégé de l'histoire de Haimo Floriacensis, et l'ayant continuée jusqu'à son temps, y ajouta comme appendice un extrait du droit romain, que l'on peut considérer comme tiré en partie du Breviarium (*h*). Voici les textes dont l'auteur s'est servi : 1° le code Théodosien, en général d'après le Breviarium ; seulement le premier livre manque, et le seizième a été complété à l'aide du code Théodosien original ; 2° les Novelles beaucoup plus complètes que dans le Breviarium, et l'un des manuscrits les plus importants de ces Novelles ; 3° Gaius et Paul entièrement recomposés et semblables à la somme d'Ægidius ; c'est à cause de cette dernière pièce que le recueil trouve ici sa place. Les autres parties du Breviarium manquent tout-à-fait (*i*).

De ces ouvrages nous savons que les deux derniers ont été faits en Italie et en Angleterre ; les autres furent probablement

(*g*) Voyez Vol. Ier. § 123 et suivants.

(*h*) C'est le manuscrit n. 3362 de la bibliothèque de Bodley à Oxford ; on a cru par erreur qu'il en existait plusieurs autres. Voyez Selden (autrefois possesseur du manuscrit) ad Fletam C. 7. § 2. et uxor Ebraica lib. 3. C. 12. Haubold opusc. vol. II. præf. p. CXXXV. et surtout Car. Witte de Guil. Malmesburiensis cod. L. Rom. Wisig. diss. Vratislav. 1831, 8. Voici ce qu'on y lit sur l'origine de cet extrait : Nunc quidquid de Principibus Italiæ [et Romæ potuimus invenire, curavimus non omittere. Cungruum videtur leges Romanorum apponere. Non eas quas Justinianus fecit. Esset enim hoc ingentis operis et laboris. Sed eas quas Theodosius minor.... collegit. » Vient alors l'énumération des Novelles et enfin : « sed quoniam quædam sunt in legibus Imperatorum obscura, ad plenum intellectum apposuimus libros institutionum Gaji et Pauli Jurisconsultorum. » Voyez les variantes de ce texte dans Witte, p. 21.

(*i*) Jusqu'ici on a regardé à tort Guilielmus Malmesb. comme auteur de cet extrait, il le trouva dans un manuscrit, et le mit en appendice à son histoire. Hänel Leipziger Liter. Zeit. 1828. N. 42. p. 332. note 12.

rédigés dans l'empire Franc, où le Breviarium régna longtemps, et sur un vaste territoire. Parmi les gloses ci-dessus énumérées, il en est deux où une expression particulière au droit franc vient confirmer encore l'origine que je leur attribue (*k*).

21. Je vais maintenant apprécier le caractère des manuscrits de notre recueil (j'ai déjà parlé de ses recompositions). Hänel, qui seul a étudié profondément ce sujet, les divise en deux classes :

I. Ceux qui donnent le Breviarium textuellement ;

II. Ceux qui sans refaire le texte en omettent une partie. Parmi ces derniers il en est où les omissions sont systématiques, d'autres où elles sont arbitraires. Hänel compte dix-neuf manuscrits de la première classe, vingt-six de la seconde, dont vingt-un sont abrégés systématiquement et cinq arbitrairement. Les omissions systématiques consistent en ce que pour les passages du Code et des Novelles auxquels est joint un commentaire, on ne trouve que l'inscription et la souscription du passage, puis le commentaire sans le texte. Le texte n'est conservé qu'à défaut de commentaire. Gaius n'a subi aucun changement, Paul surtout est copié avec une exactitude scrupuleuse (*a*).

22. La seule édition séparée et complète du Breviarium est celle de Sichard (*a*). Plus tard, le Breviarium fut inséré en entier ou par parties dans plusieurs recueils de sources diverses (*b*).

(*k*) Ms. Paris. N°. 4409 (Voyez plus haut, § 20. *a*.) Glossa Int. L. 8. C. Th. de contr. emt. (III, 1). « Verbi gratia si in *mallo* non fuerit vilis persona » etc.

(*a*) Ces renseignements m'ont été communiqués par Hänel.

(*a*) Codicis Theodosiani Libri XVI. quibus sunt ipsorum Principum autoritate adjectæ Novellæ.... excud. Basileæ Henr. Petrus, mense Martio anno MDXXVIII. fol. min., d'après trois manuscrits différents.

(*b*) Il existe dans les deux éditions de Cujas du code Théodosien Lugd. 1566. f. Paris. 1586. f. et dans les contrefaçons Aurel. 1586, 4. Lugd. 1593, 4 ; le code Théodosien et les Novelles se trouvent dans les éditions de Marville et de Ritter ; les autres parties seulement dans Schulting.

Une nouvelle édition serait fort à désirer, et voilà le plan que je proposerais : d'abord, comparer un grand nombre de manuscrits, moins pour y trouver de nouvelles leçons, car la correction des textes n'est guère espérable, que pour déterminer ces modifications et ces retranchements volontaires dont j'ai parlé précédemment. Cet examen donnerait lieu à une classification nouvelle, et rectifierait sans doute ce que j'ai avancé sur le caractère des manuscrits de Paris. On pourrait imprimer sur deux colonnes, dont l'une contiendrait le Breviarium original (texte et commentaire), l'autre les recompositions systématiques dont il a été l'objet; ainsi, les *summæ Legum* de 1517, le recueil lombard, etc., et même l'extrait de Guillaume de Malmesbury, etc., si après un examen plus attentif l'on venait à y reconnaître une recomposition de quelque valeur. Les nouvelles interprétations de divers passages, les gloses, etc., seraient mises en notes. Il est inutile de dire combien un pareil rapprochement jetterait de lumières sur l'histoire et l'ensemble des recompositions du Breviarium. Mais on devrait se borner à reproduire les modifications successives qu'il a subies, sans vouloir remonter aux sources pures de l'ancien droit. Si on prétendait à la fois refaire les textes originaux, la poursuite de deux buts aussi différents offrirait les mêmes disparates que les grands recueils du seizième siècle (*c*), où aucun de ces buts ne se trouve complètement atteint. Aussi, le Breviarium ne figure-t-il pas dans la dernière édition qu'on a faite des ancienne sources originales du droit (*d*).

23. Les immenses recherches dont le Breviarium Visigoth vient d'être l'objet nous permettent d'espérer les plus heureux résultats. Pendant plusieurs années, Hänel a voyagé en Allemagne, en Suisse, en Italie, en France, en Espagne et en Angleterre, consacrant son zèle infatigable aux sources du droit romain, surtout au code Théodosien et au Breviarium Visi-

(*c*) Voyez plus haut, § 22. *b*.

(*d*) Jus civile antejustinianeum ed. Hugo, Berolini, 1815.

goth. Indépendamment de la correction des textes, de semblables travaux doivent singulièrement enrichir l'histoire et la littérature de cette partie du droit, et fourniront sans doute des rectifications et des compléments pour ce chapitre. Quelques renseignements obtenus dans ce voyage ont déjà été publiés (*a*).

En parlant des lois des Visigoths, je dirai quel fut plus tard le sort du droit romain dans leur empire.

II. LOIS DES VISIGOTHS.

24. Les lois des Visigoths ont été imprimées; elles forment un Code complet divisé en douze livres, et par ordre de matières. Les recherches faites par plusieurs auteurs permettent d'en retracer l'origine avec quelque précision (*a*). Eurich († 482) est le premier roi sous lequel le droit goth ait été mis en

(*a*) Haubold progr. Prætermissa ad breviarium Alaricianum Lips. 1822, réimprimé dans ses Opusc. Vol. 2. p. 897-932. additions à la préface de ce volume p. LXXXIV-CLXVII.

(*a*) Voyez Frankenau sacra themidis Hispanæ arcana (conf. Rühs, p. 14). Canciani Vol. IV. p. 47. sq. Chr. G. Biener (voir les ouvrages cités § 13. note *a*.) F. Rühs über die Gesetze der Westgothen. Greiswald, 1801, 8. Legrand d'Aussy sur l'ancienne législation de la France, comprenant la loi Salique, la loi des Visigoths, la loi des Bourguignons (Mémoires de l'Institut, sciences morales et polit. T. III. Paris, an IX, p. 382-466). Legrand d'Aussy s'est moins occupé de l'histoire de ces différentes lois que de leurs dispositions. Ses raisonnements sont peu profonds et son point de vue tout moderne. La plupart de ses recherches historiques s'appliquent à la loi Salique. Arevali Isidoriana, Cap. 92. (in Opp. Isidori ed. Arevalo Rom. 1797. sq. 4. T. II. p. 219. seq.) La nouvelle édition du Fuero Juzgo de 1815 (voyez note *h*) et un excellent article sur les lois des Visigoths, que M. Guisot a publié dans la Revue française, (novembre, 1828, N. IV, p. 202-244). L'auteur combat une proposition avancée par moi dans mon premier volume, mais s'il eût consulté le présent chapitre, il eût reconnu que mon opinion s'accorde parfaitement avec la sienne. Enfin Carl Türk Forschungen auf dem Gebiete der Geschichte. Erstes Heft. über das Westgothische Gesetzbuch. (c'est un travail savant et profond).

écrit (*b*). Au reste, on ignore si lui-même ou un de ses successeurs fit rédiger un véritable Code avant le milieu du septième siècle (*c*). Le recueil imprimé que nous possédons renferme deux sortes de fragments. Une partie contient les lois de divers souverains nommés individuellement depuis Gundemar († 612) jusqu'à Egica († 700) (*d*); l'autre partie porte le titre général de *Antiqua*. Les lois de la première classe sont émanées pour la plupart de Chindaswinde († 652) ou de son fils Receswinde († 672), qui partageait le trône avec lui. Notre recueil fut certainement rédigé sous leur règne (649—652). C'est ce que prouvent plusieurs de leurs lois où il est représenté comme un travail achevé (*e*), d'autres, qui renvoient à certains passages, dont le livre et le titre sont précisément les mêmes que dans notre recueil (*f*). On doit donc considérer comme des addi-

(*b*) Isidori chron. Gothorum ad a. 504. (c'est-à-dire 566, suivant la chronologie ordinaire).

(*c*) Isidore (passim ad a. 608, c.-à-d. 570) parle d'une révision des lois faite sous le règne de Levigild. La suscription du code Espagnol (Fuero Juzgo) semble attribuer notre recueil au roi Sisenand († 636), fait qu'il est impossible d'admettre. Le fameux système relatif aux lois de Théodoric s'appuie uniquement sur le passage suivant, où l'on parle du préfet Seronatus : « exultans Gothis insultans Romanis,..... leges Theodosianas calcans, *Theodoricianasque proponens*, etc. » (Sidonii Apollinaris epist. II, 1). Ici les mots *leges Theodoricianæ* désignent évidemment le droit Goth imposé aux Romains. Loin de s'appliquer à un roi ou à un code particulier, cette expression comprend d'une manière générale tous les rois Visigoths dont plusieurs, à cette époque, s'appelèrent Théodoric, et l'on doit y voir non pas une locution usuelle, mais une puérile antithèse sur les *leges Theodosianæ*. L'opinion de Canciani, p. 49, est dénuée de fondement. Suivant lui les *leges Theodoricianæ* désigneraient un Breviarium Romain antérieur à celui d'Alaric, et que le vainqueur aurait substitué violemment au code Théodosien. Les Romains de ce temps-là avaient peu de goût pour de pareilles subtilités, encore moins les rois Visigoths. (Voyez sur ce passage Türk p. 36).

(*d*) Biener de orig. j. Germ. P. 1. § 36. a indiqué ces passages. — Voyez sur ces indications Türk p. 43 et sq.

(*e*) L. Visigoth. Lib. 2. T. 1. L. 1, 5, 9, 10, 12, 13. Lib. 5. T. 4. L. 22.

(*f*) L. Visigoth. Lib. 2. T. 3. L. 4. « illius legis..... quæ continetur in Lib. VI. Tit. 1. era secunda. » — Lib. 6. T. 2. L. 5 « legis illius...... quæ

tions isolées, de simples intercalations, le petit nombre de lois qu'il renferme, postérieures au règne de Chindaswinde et de Receswinde.

Sous le titre de *Antiqua* sont rangés tous les fragments qui n'émanent d'aucun roi connu, et qui ont leur origine, soit dans les anciennes coutumes nationales, soit dans le droit romain, soit dans le droit des autres tribus germaniques. Je reviendrai bientôt sur les emprunts de ce dernier genre. Indépendamment du texte latin, on se servait dans la pratique d'une traduction faite par les Goths en leur propre langue (*g*), traduction qui n'est pas parvenue jusqu'à nous. Mais nous possédons une traduction fort libre en espagnol moderne, et qui certainement ne remonte pas au-delà du onzième siècle (*h*). Au reste, ce re-

in hoc libro sexto sub titulo secundo era prima..... statuit, etc. » La première de ces lois, et sans doute aussi la seconde, fut rendue par Chindaswinde.

(*g*) L. Visigoth. L. 2. T. 1. L. 10. (de Receswinde) : « Nullus..... præter hunc librum, qui nuper est editus, *atque secundum seriem hujus amodo translatum*, librum alium legum pro quocunque negotio in judicio offerre pertentet. »

(*h*) « Forus antiquus Gothorum Regum Hispaniæ, olim liber Judicum, hodie Fuero Juzgo nuncupatus..... auct. Alfoco a Villadiego. » Madriti, 1600. f. Ce recueil que je n'ai jamais vu est décrit avec détails dans un programme de Ritter (de foro antiquo Gothorum, Viteb. 1770, 4) et dans le volume 4 de Canciani qui en donne le texte latin. On ne conçoit pas comment Ritter, p. 11, a pris pour l'ancien texte Visigoth cette traduction espagnole, qui, suivant un manuscrit de Cordoue, paraît avoir été faite vers le milieu du treizième siècle par ordre de Ferdinand III. Arevalus l. c. p. 224, 225. Les opinions des auteurs espagnols sur le Fuero Juzgo ont été recueillies par Frankenau, p. 4 et sq. conf. Arevalus, l. c. p. 220. sq. — Il existe une nouvelle recomposition de ce code intitulée : Fuero Juzgo en Latin y Castellano cotejado con los mas antiguos y preciosos codices por la Real academia Espannola. Madrid por Ibarra 1815. — La préface parle de l'origine de ce recueil qui, depuis 1784, est le sujet des travaux philologiques de l'Académie des Sciences. Un très-grand nombre de manuscrits ont été consultés pour le texte espagnol, neuf pour le texte latin. On cite cinq éditions du texte latin publiées par Pithou, Schott, Lindenbrog, Canciani et « en Italia » par Giorgioqui (qui est sans doute l'Allemand Georgisch). Outre l'édition originale du texte espagnol de 1600, on cite une réimpression faite en 1792.

cueil continua de régir les provinces incorporées plus tard à l'empire franc (*i*), et l'Espagne tout entière, même après la chute de la domination des Visigoths (*k*).

25. Ce Code a un caractère particulier qui le distingue des autres codes germaniques. Là seulement les rédacteurs visent à l'originalité, à l'éloquence et même à la philosophie. Seuls ils ont voulu tracer des règles exclusives, car les cas non prévus doivent être portés devant le roi, appelé ainsi à compléter la loi (*a*). La participation des évêques romains et une imitation maladroite du code Théodosien s'y reconnaissent aisément, partout aussi un flux de mots inutiles se joint au vague et à la pauvreté du sens (*b*). La vigilance royale emploie des moyens fort singuliers pour multiplier ce recueil : les copies ne doivent jamais coûter plus de douze solidi, sous peine de cent coups de fouet pour l'acheteur et pour le vendeur (*c*).

— Vient ensuite une dissertation de Lardizabal sur l'histoire du Code Visigoth, et enfin les textes latin et espagnol avec des variantes et un glossaire pour les deux langues. (Voyez sur cette édition remarquable Türk p. 7. sq.).

(*i*) Voyez plusieurs passages des Capitulaires cités vol. I. § 35. *i*. § 100. *a*. On trouve, dans la relation d'un placitum tenu à Narbonne en 862, le code Visigoth cité par livres et par titres, Vaissette Tom. 1. preuves, p. 115. Voyez aussi trois documents dans Vaissette, T. 2, preuves, p. 85, et Gallia christ. T. 1. app. Instr. p. 3, 4. Au reste, ces divers documents, excepté les capitulaires, ne parlent que de la Septimanie qui, jusqu'au huitième siècle, fut soumise aux rois Visigoths, et non des provinces conquises antérieurement.

(*k*) Voyez pour les auteurs et pour les documents Canciani T. IV. p. 48. Biener de orig. j. Germ. P. 1. § 39. Arevalus, l. c. p. 219.

(*a*) L. Visigoth. L. 2. T. 1. L. 12.

(*b*) Montesquieu XXVIII, 1. les juge en ces termes : « Les lois des Visigoths, celles de Recessuinde, de Chindasuinde et d'Egiga, sont puériles, gauches, idiotes; elles n'atteignent point le but; pleines de rhétorique et vides de sens; frivoles dans le fond et gigantesques dans le style. Gibbon, Ch. 38 (T. VI, p. 379.), a combattu cette critique. Tout en condamnant le style des lois et la superstition des rédacteurs, il trouve dans ce recueil plus de méthode et de clarté que dans les autres codes Germaniques.

(*c*) L. Visigoth. L. 5. T. 4. L. 22 (Chindaswinde).

Considérées dans leurs rapports avec le droit romain, ces lois en contiennent divers fragments, et l'abolissent d'une manière générale.

Quant aux fragments tirés du droit romain, il faut examiner d'abord si les rédacteurs ont suivi la législation de Justinien, comme le prétendent plusieurs auteurs modernes, ou le Breviarium d'Alaric II. A l'égard de certains fragments, leur origine n'est pas douteuse, car ils n'existent que dans le Breviarium, mais il en est d'autres qui se trouvent aussi dans le code Justinien (*d*). Cependant je pense qu'en général le Breviarium fut seul consulté ; en effet, pourquoi les rédacteurs se seraient-ils inquiétés des divers codes de droit romain suivis par les nations étrangères, quand le Breviarium espagnol remplissait complètement leur but. J'ajouterai que le savant Isidore ne cite nulle part les recueils de Justinien, quand il avait tant d'occasions d'en parler ; d'où l'on peut conclure que jusqu'alors ces recueils étaient inconnus en Espagne, ou du moins fort négligés. Dans sa chronique, Isidore ne s'occupe ni du Breviarium ni du droit Justinien. Il a consacré aux législateurs un chapitre de ses *Origines*, et il s'arrête à Théodose II (*e*). Enfin, dans son Traité des Hommes Illustres, Justinien figure, il est vrai, mais comme théologien, non comme législateur (*f*). Isidore mourut en 636, quelques années avant la composition

(*d*) Il y a dans le code Visigoth, Lib. 1. T. 6. un passage qui semble emprunté au Proemium des Institutes de Justinien, c'est la longue comparaison entre la guerre et la législation, mais cette ressemblance est trop vague pour que l'on puisse en tirer aucune conclusion certaine.

(*e*) Isidori origines, Lib. 5. C. 1.

(*f*) Isidorus de viris illustribus, C. 31. On ne doit pas attacher beaucoup d'importance aux anciens vers composés sur la bibliothèque d'Isidore, vers qui ne nomment aucun jurisconsulte, mais en marge desquels on lit : Theodosius. Paulus. Gajus. (Muratori, anecdota Ambros. bibl. T. II. p. 209. Zirardini, leg. novellæ, p. 4-9.) De là on pourrait conclure qu'Isidore a connu seulement le code Théodosien. Mais la preuve n'est pas décisive, car on ignore à quelle époque les vers et la note marginale furent écrits. — La question est traitée avec détails dans Tanusius epist. de Pandectis, Flor. 1713, 4. C. 1. § 6.

de notre recueil : comment concevoir qu'on ait alors mis à contribution le droit Justinien, quand un compilateur aussi laborieux qu'Isidore n'en aurait pas eu connaissance. Mais on trouve dans les œuvres d'Isidore plusieurs passages empruntés évidemment au droit Justinien (*g*), mais sans indication des sources, d'après l'usage de l'auteur.

Ceux qui pensent que le code Justinien a servi de modèle au code visigoth tirent leur principal argument de ce que ces deux codes ont chacun douze livres. Mais une coïncidence qui se réduit à un nombre d'ailleurs aussi solennel, quand l'ordonnance des deux codes n'offre aucune similitude, paraît un bien faible argument. On a encore prétendu qu'au septième siècle les évêques espagnols connaissaient et suivaient le droit Justinien. Je montrerai dans le dernier chapitre de ce volume combien cette assertion est peu fondée.

26. Les passages qui reproduisent le droit romain sont de trois espèces : les uns le font textuellement; ainsi, par exemple, un passage sur les degrés de parenté (*a*), une loi sur la défense légitime (*b*), une autre sur les intérêts (*c*). — Il est une seconde classe fort nombreuse de passages où l'on retrouve non

(*g*) Ce sont les passages suivants : Isidori Orig. V, 4. tiré des L. 1. § 3. D. de J. et J. et L. 1. § 1. D. de adqu. rer. dom., ou pr. J. de j. nat. et § 12. J. de div. rer. — Orig. V, 8. tiré de la L. 1. § 2. D. de J. et J. — Orig. V, 52. verb. *Intestata hereditas*, etc. tiré de la L. 64. D. de v. S. — La défense dont il est parlé dans les notes, Orig. I, 22, conférée avec les Const. Deo auctore § 13, et Const. *Tanta* § 22, est moins concluante, parce que cette défense existe déjà dans les Gestis Senatus de l'an 438. L'édition de Venise 1483, et un manuscrit que Blume a trouvé à Vercelli contiennent (Orig. IX, 5 et 6) le titre des institutes de grad. cogn., mais ce titre est une interpolation des copistes et ne fait nullement partie des œuvres d'Isidore.

(*a*) L. Visigoth. Lib. 4 T. 1. (antiqua) tirée de Paulus, Lib. 4 T. 11, le texte et les commentaires sont copiés textuellement, sauf le commentaire du paragraphe 8.

(*b*) L. Visigoth. Lib. 8. T. 1. L. 2. (antiqua), tirée presque mot pour mot de Int. L. 3. C. Th. unde vi. (IV, 22).

(*c*) L. Visigoth. Lib. 5. T. 5. L. 8 et 9. (l'une et l'autre antiqua), tirée presque mot pour mot de Int. L. 2. et Int. L. 1. C. Th. de usuris. (II, 33.)

les textes, mais les principes du droit adoptés, supposés, modifiés ou changés complètement. Telles sont les lois sur le mariage. Les mariages des Goths et des Romains, interdits par une constitution du Breviarium, sont ici permis avec une autorisation spéciale du comte (*d*). Une loi sur les dons nuptiaux faits par le mari germain, se réfère à la loi romaine qui autorisait la femme à consentir de pareils dons (*e*). Une autre loi interdit le mariage pendant l'année de deuil (*f*). La mère restée veuve est appelée à la tutelle de ses enfants (*g*). La minorité, c'est-à-dire l'état de *Pupillus*, finit à vingt-cinq ans (*h*). La capacité de tester commence à quatorze ans (*i*). L'affranchissement des esclaves dans les églises (*k*), l'hérédité dévolue au conjoint à défaut de parents (*l*), sont représentés comme des

(*d*) L. Visigoth. Lib. 3. T. 1 L. 1. (Receswinde). Cette défense se trouve dans la L. un. C. Th. brev. de nuptiis gentilium (III, 14). On doit remarquer l'esprit bien différent du texte et du commentaire avec des expressions presque semblables. Le texte, comme l'a montré J. Godefroy, défend le mariage des femmes romaines avec les soldats étrangers, dans l'intérêt de la sûreté de l'empire. Le commentaire défend les mariages des Romains avec les Goths et autres tribus germaniques, d'abord par orgueil national, et ensuite de peur d'affaiblir par ces unions le peuple conquérant.

(*e*) L. Visigoth. Lib. 3. T. 1. L. 5. (Chindaswinde) « quod et legibus Romanis..... decretum ; » cela ne doit pas s'entendre de cette disposition spéciale qui est contraire au droit Romain, mais de l'institution en général, d'une dot donnée par la femme.

(*f*) L. Visigoth. Lib. 3. T. 2. L. 1. (antiqua). Cette disposition a été souvent reproduite dans le droit Romain, par exemple dans la L. 1. C. Th. brev. de secundis nupt. (III, 8).

(*g*) L. Visigoth. Lib. 4. T. 3. L. 3. (antiqua). Cette règle est tirée de la L. 4. C. Th. brev. de tutoribus (III, 17). On la trouve encore il est vrai dans le code Justinien et dans les Novelles, mais si les rédacteurs Visigoths avaient puisé à ces sources, ils auraient aussi parlé de l'aïeule comme la Novelle 118. C. 5.

(*h*) L. Visigoth. Lib. 4. T. 3. L. 1. (Chindaswinde).

(*i*) L. Visigoth. Lib. 2. T. 5. L. 11. (Chindaswinde).

(*k*) L. Visigoth. Lib. 5. T. 7. L. 2. (antiqua.) tirée de la L. un. C. Th. de manum. in eccl. (IV, 7).

(*l*) L. Visigoth. Lib. 4. T. 2. L. 11. (antiqua.). Voir entre autres, L. 9. C. Th. brev. de legit. hered. (V, 1).

principes de droit déjà établis. L'homme libre qui, par cupidité, s'est laissé vendre comme esclave, est déchu de la liberté (*m*). — Une troisième classe de passages offre des rapports plus ou moins éloignés avec le droit Bavarois, duquel ils semblent empruntés. Je reviendrai sur ce sujet dans le chapitre suivant où je traiterai de la législation des Bavarois (*n*). — La plupart des lois précédemment citées sont comprises sous le titre de *Antiqua*. Mais il ne faut pas croire que ces principes de droit romain aient été déjà sanctionnés par les anciens rois goths ; presque tous au contraire semblent puisés directement aux sources, et l'épithète de *Antiqua* leur convient aussi bien qu'aux lois des anciens rois goths (§ 24).

27. Il me reste maintenant à montrer l'influence du code visigoth sur les destinées du droit romain. Le Breviarium avait régné jusqu'au milieu du septième siècle; on a vu (§ 25) les soins jaloux du législateur visigoth pour assurer l'empire exclusif du nouveau code, et (§ 26) la loi qui, en permettant les mariages entre les Goths et les Romains, préparait la fusion des deux peuples. Aussi Chindaswinde proscrivit l'usage de toute loi étrangère, et nommément du droit romain. Il en permit seulement l'étude comme exercice pour l'intelligence (*a*). Receswinde confirma ces dispositions, et en punit la violation d'une amende de trente livres d'or (*b*). Le code

(*m*) L. Visigoth. Lib. 5. T. 4. L. 10. (antiqua.). Ce principe est fréquemment reproduit dans le droit Romain, voyez Tit. Dig. quibus ad libertatem (XL, 13) § 4. J. de jure pers. Le Breviarium est muet sur ce point : mais le principe qui dérive de l'ancien droit pourrait bien s'être transmis par l'usage, et le silence du Breviarium ne prouve pas nécessairement que les législateurs Visigoths aient connu le droit Justinien.

(*n*) Telles sont : L. Visigoth. Lib. 5. T. 4. L. 1, 7, 8, 9, 16. Lib. 5. T. 5. L. 1, 3.

(*a*) L. Visigoth. Lib. 2. T. 1. L. 9. « Alienæ gentis legibus ad exercitium utilitatis imbui et permittimus et optamus, ad negotiorum vero discussionem et resultamus et prohibemus. Quamvis enim eloquiis polleant, tamen difficultatibus hærent : adeo..... nolumus sive Romanis legibus sive alienis institutionibus amodo amplius convexari. »

(*b*) L. Visigoth. Lib. 2. T. 1 L. 10. La loi de Chindaswinde semblerait

Visigoth proscrivit donc le principe des droits personnels et devint une véritable loi territoriale. Dans la suite, une loi espagnole paraît même avoir prononcé la peine de mort contre les juges qui appliqueraient le droit romain (*c*). Cet état de choses subsista jusqu'au milieu du treizième siècle, où Alphonse X remit en honneur le droit Justinien, qui de Bologne s'était répandu dans toute l'Europe. Il rétablit l'enseignement du droit romain, et il y puisa les principes d'un nouveau code *(Partidas)*. Depuis le septième jusqu'au treizième siècle le droit romain fut banni de la législation espagnole. Cette circonstance rend encore plus remarquable un ouvrage sur le droit romain et le droit goth, composé vers l'an 1000, par un moine espagnol, Petrus de Grannon, et qui, sans doute, existe encore aujourd'hui (*d*). Ce livre et une foule de documents qu'on

peut-être défendre uniquement l'application du droit Romain aux Visigoths, mais la loi de Receswinde parle d'une manière générale et interdit pour les Romains eux-mêmes l'usage du droit Romain. L'assemblée synodale de Troyes (Baluz. II, 277) ne prononce aucune peine contre le sacrilége, parce que le code Visigoth est muet sur ce point. Ainsi donc en Septimanie le code Visigoth était la seule loi vivante, même pour le clergé, qui presque partout ailleurs suivait le droit Romain.

(*c*) Jo. Andræ ad. C. 28, X. de privilegiis (V, 33). On trouve beaucoup d'auteurs cités dans Duck de usu et auth. j. civ. Lib. 2. C. 6. § 18. et d'après la note de Canciani sur la L. Visigoth., Lib. 2. T. 1. L. 9, dans le commentaire de Villadiego dont on ignore la date.

(*d*) Nic. Antonii bibl. Hispana vetus Lib. 6. C. 14. § 350. (T. I. p. 518. ed. Matriti, 1788. f.) « Ante annum millesimum aut circiter, dominus *Petrus de Granon* cœnobita erat in S. Æmiliani ut vocant monasterio..... — Reliquisse hunc Petrum in eo monasterio nuntiatum nobis fuit volumina duo, *Leges Gothorum et regum* inscripta, quorum prius LXIII. posterius vero LXVII. capitibus absolvitur. In principio elogium posuit auctor legum XII. tabularum, quas omnes carmine latino comprehendit; deinde Imperatorum Romanorum, tandemque Gothorum Regum leges, quod *Forum judicum* vulgo appellant adjecit. Codex præ nimia vetustate aliquod jam foliis non legitur.... Habemus id totum ex relationibus ad nos missis ab eodem monasterio. » Il serait fort à souhaiter que ce livre se retrouvât. — En supposant exacts les détails qu'on vient de lire, peut-être le poème assez singulier sur les douze Tables est-il seul l'ouvrage de Petrus,

trouvera dans le chapitre IX font supposer avec vraisemblance que la proscription du droit romain ne se réalisa jamais complètement.

et le reste du manuscrit ne serait qu'une copie du Breviarium et du code Visigoth. Türk (p. 13 et sq.) présume que l'ouvrage de Petrus se trouve dans le Codex Æmilianus des lois des Visigoths, qui a été consulté pour l'édition de Madrid.

CHAPITRE IX.

DROIT ROMAIN DANS L'EMPIRE FRANC.

28. Le droit romain n'a pas revêtu dans l'empire Franc une forme nouvelle et originale, parce que les provinces des Gaules avaient, lors de la conquête, des Codes qui répondaient à leurs besoins. J'indiquerai à la fin de ce chapitre quels furent les principaux recueils de droit romain connus dans l'empire Franc. Il existe trois sortes de monuments où se retrouvent les traces du droit romain : 1° les lois germaniques; 2° les recueils de documents ; 3° l'enseignement du droit romain et les ouvrages écrits sur ce droit.

I. LOIS GERMANIQUES.

Les lois germaniques dans l'empire Franc se partagent en deux classes, les lois particulières des différents peuples, et les capitulaires. Parmi les lois de la première classe, les seules où l'on retrouve des traces du droit romain sont celles des Bavarois, des Allemands et des Ripuaires. Je vais donc les examiner successivement, ainsi que les capitulaires.

A. Lois des Bavarois (*a*). On s'accorde à croire (*b*) que ce

(*a*) La meilleure édition est : Leges Bajuvariorum........ publiée par J. N. Mederer. Ingolstaldt, 1793, 8. (et sous ce titre : Mederers Beytraege zur Gesch. von Baiern, Stück V.) Quand les variantes seront légères je suivrai l'édition plus connue de Georgisch.

(*b*) Voyez l'introduction de Mederer : Pallhausen, Garibald. München (1810.) 8, note 13. Winter, Vorarbeiten zur Beleuchtung der Bairischen Kirchengeschichte B. 2. Abh. 1. München, 1809, 8. S. 27.

recueil de lois fut rédigé au septième siècle, sous le règne de Dagobert Ier († 637), quoique peut-être on y ait fait usage de rédactions antérieures, et que plus tard on y ait joint des additions isolées. Les passages empruntés textuellement au droit romain sont fort rares; cependant on cite la loi qui impose le célibat aux prêtres, tirée mot pour mot du Breviarium (*c*), et une disposition sur le crime de lèse-majesté tirée en partie des Pandectes ou de Modestin lui-même (*d*).

D'autres passages reproduisent fidèlement l'esprit du droit romain. Ainsi, là, comme dans le Breviarium, les mariages sont prohibés jusqu'au quatrième degré de parenté, tandis que dans le droit Justinien et dans l'ancien droit, la prohibition s'arrête au troisième degré (*e*); celui qui vole à la faveur d'un incendie, doit rendre quatre fois la valeur des objets volés (*f*); la vente d'une chose litigieuse est interdite (*g*); l'échange est assimilé à la vente quant à ses effets (*h*); enfin, lorsque le pécule d'un esclave sert à l'acheteur à en acquitter le prix, le vendeur conserve la propriété de l'esclave (*i*).

(*c*) L. Bajuv. T. 1. C. 13. § 2, voyez L. 44. C. Th. brev. de episc. (XVI, 2.) et L. 19. C. Just. eod. (I, 3).

(*d*) L. Bajuv. T. 2. C. 1. § 2. « Et *hoc non sit per occasionem* factum, sed probata res expediat *veritatem.* » L. 7. § 3. D. ad L. Jul. majest. « Hoc tamen crimen a judicibus *non in occasionem*.... habendum est, *sed in veritate.* » Ce rapprochement a été fait par M. Freher, parerg. Lib. 2. C. 9.

(*e*) L. Bajuv. T. 6. C. 1. Voyez L. 3. C. Th. brev. de incestis (III, 12.) et L. 1. C. Th. brev. si nupt. (III, 10). — Pour le droit Justinien, voyez L. 19. C. de nupt. (V, 4.) et § 4. J. de nupt. (I, 10).

(*f*) L. Bajuv. T. 14. C. 3. Voyez Paulus, V, 3. § 2. et Digest. XLVII, 9.

(*g*) L. Bajuv. T. 14. C. 5. « Rem in contentione positam non liceat donare nec vendere. » Cette règle est posée dans la L. 1. C. Th. brev. de litig. (IV, 5.) L. 2. C. Just. eod. (VIII, 37.) Le code bavarois a suivi presque mot pour mot le second commentaire qui dans le Breviarium accompagne ce même passage.

(*h*) L. Bajuv. T. 15. C. 8. « Commutatio, hoc est quod cambias, talem qualem emtio habet firmitatem. » Voyez L. 5. § 4. D. L. 2. C. de præscr. verb. L. 2. D. de rer. permut., quoique aucune de ces lois n'ait été copiée littéralement.

(*i*) L. Bajuv. T. 15. C. 7. « Si quis servus de peculio suo fuerit redemtus,

30. Dans une foule de passages, l'imitation du droit romain est évidente, quoiqu'on ne puisse pas indiquer des textes qu'ils aient suivis fidèlement. Je vais en citer plusieurs exemples (*a*).

Celui entre les mains duquel périt un animal domestique dont il n'est pas propriétaire, sans qu'on puisse lui reprocher aucune faute, en doit ou n'en doit pas la valeur, suivant que son mandat est salarié ou gratuit (*b*). Cette distinction est d'origine romaine, seulement le droit romain ne l'applique qu'à la faute, et non au cas fortuit, comme la loi bavaroise.

Le dépositaire d'une chose ou celui qui est chargé de la vendre ne doit pas en restituer la valeur si la chose périt par incendie (*c*). Le Breviarium contient des dispositions semblables sur le commodat et le dépôt (*d*).

Lorsqu'une chose mise en dépôt a été volée, la revendication appartient au propriétaire, la composition au dépositaire. Mais, si la chose ne peut se retrouver, le dépositaire doit au propriétaire la moitié de sa valeur (*e*). Il existe, en droit romain, des dispositions à peu près semblables sur le commodat. Le commodataire doit payer l'objet volé; mais il a l'*actio furti*, ou réparation civile (composition) (*f*).

et hoc dominus ejus forte nescierit, de domini potestate non exeat : quia non pretium, sed res servi sui, dum ignorat, accepit. » L'original de cette loi est évidemment, L. 7. C. de act. emti. (IV, 49). « Si servos distraxisti, ac pretium de peculio eorum quod ad te pertinebat, nesciens unde solveretur, accepisti : consequens est, integram te habere actionem pretii, cum proprii venditoris nummi soluti non præstent emtori liberationem. » Ici la différence du résultat n'est qu'apparente, car la non-validité du paiement entraîne la nullité de la vente.

(*a*) La différence entre ces deux classes de passages ne saurait être bien tranchée, et souvent les nuances se confondent.

(*b*) L. Bajuv. T. 14. C. 1

(*c*) Bajuv. T. 14. C. 2.

(*d*) Commodat, Paulus II, 4. § 2. Dépot, Cod. Hermog. XII, 1.

(*e*) L. Bajuv. T. 14. C. 4.

(*f*) L. 14. § 10, 14, 15, D. de furtis. (XLVII, 2.) D'après le droit Jus-

La veuve a droit sur la succession de son mari à une part d'enfant, en usufruit (*g*). Ici on reconnaît deux lois de Justinien qui assurent le même droit au conjoint survivant, s'il est pauvre, circonstance dont le recueil bavarois ne parle pas. On voit aussi que les rédacteurs ont eu sous les yeux, non la première loi de Justinien qui s'applique aux deux époux, mais la seconde qui ne dispose que pour la femme (*h*).

La veuve qui se remarie perd son usufruit (*i*). Le droit romain nouveau dépouillait la veuve qui se remariait de l'usufruit que son mari lui aurait légué (*k*), disposition abolie par Justinien (*l*). On aurait dû, par analogie du droit nouveau, priver également la veuve de son usufruit légal. Mais quand l'usufruit légal fut institué, Justinien avait déjà aboli la loi sur l'usufruit testamentaire (*m*). En conservant à la veuve remariée son usufruit légal, Justinien était donc d'accord avec lui-même (*n*).

Celui qui vend sciemment la chose d'autrui, doit rembourser au propriétaire le double de sa valeur, et à l'acheteur le

tinien l'actio furti appartient au propriétaire s'il renonce à l'action qu'il peut intenter contre le commodataire. L. 22. C. de furtis. (VI, 2).

(*g*) L. Bajuv. T. 14. C. 6.

(*h*) (Nov. 53. C. 6. de l'an 537, extraite par Julien, Const. 47. C. 6. — 2) Nov. 117. C. 5. de l'an 541 extraite par Julien Const. 108. C. 4.

(*i*) L. Bajuv. T. 14. C. 7.

(*k*) L. un C. Th. brev. si secundo nups. (III, 9.) L. un C. Just. eod. (V, 19).

(*l*) Nov. 22. C. 32 de l'an 536.

(*m*) L'an 536 (N. 22. C. 32.), et l'usufruit légal de la femme ne fut introduit qu'en 537 (N. 53. C. 6.) Voyez plus haut, note *h*.

(*n*) Cujas prétend que la veuve qui se remarie perd son usufruit légal et il cite la Nov. 22. C. 21. § 1, qu'il explique par les Nov. 53 et 117. (Comm. ad Nov. 22. C. 21. Opp. T. II. p. 1075), sans faire attention que la Nov. 22. C. 21 § 1. est antérieure aux Nov. 53 et 117. Suivant moi dans le chap. 21 de la Nov. 22, comme dans le chap. 30, il s'agit du quart que l'époux innocent doit recevoir en cas de séparation arbitraire, quand le mariage a été contracté sans dot.

prix de l'acquisition, outre les dépenses faites pour la conservation de la chose (*o*).

L'acheteur qui laisse passer le terme du paiement, perd les arrhes par lui données, et n'en reste pas moins débiteur de son prix (*p*).

La vente ne peut être rescindée pour vilité du prix (*q*). Cette loi semble faire allusion aux principes du droit romain sur la rescision (*r*), tout en abrogeant ces principes.

31. Toutes ces lois sont évidemment d'origine romaine; on le reconnait d'abord à la similitude frappante des dispositions mêmes, et surtout à la tournure des idées et à l'ensemble de la rédaction. Aucune loi d'origine germanique n'offre des détails aussi subtils et aussi précis. Quand parfois les rédacteurs s'écartent du droit romain, on peut croire qu'ils le font, soit volontairement, soit par méprise. Les Bavarois semblent aussi avoir emprunté aux Romains l'usage de toucher l'oreille des témoins qui assistent à un acte solennel. On sait que c'était un des symboles de l'ancien droit romain (*a*); mais dans le code Bavarois (*b*), il paraît si intimement lié aux mœurs nationales, que je n'ai pas cru y voir une imitation du droit ro-

(*o*) L. Bajuv. T. 15. C. 4. Ici on retrouve les deux actions du droit Romain, *actio furti nec manifesti*, et *actio emti*, quoiqu'il n'existe peut-être aucun texte où leurs effets soient ainsi résumés.

(*p*) L. Bajuv. T. 15. C. 10. Il existe des dispositions à peu près semblables pour le cas de la lex commissoria, L. 6. pr. L. 8. D. de lege commiss. (XVIII, 3).

(*q*) L. Bajuv. T. 15. C. 9.

(*r*) L. 2. C. de rescind. vend. (IV, 44).

(*a*) Otto de jurisprud. symbolica exerc. 2. C. 3.

(*b*) L. Bajuv. 15. C. 2, « ille testis per aurem debet esse tractus, *quia sic habet lex vestra*. » Voyez T. 16. C. 2, 5. un document de l'an 802 dans Baluz. T. II. p. 1019, « testes *usu Bajoariorum* per aures... tracti. » et un document de Lucques (a. 884.) dans Muratori, ant. Estensi, P. 1. C. 22. p. 239. sq., où l'on parle de quatre témoins : « *ex genere Bavarico* per aurem tracto testis. » La même chose se retrouve dans presque tous les documents du recueil de S. Emmeran, (Pez, thes. anecd. T. I, P. 3, p. 193-286.) Voyez aussi Heineccii antiqu. German. T. I, p. 336.

main. Peut-être ce rapport est-il purement fortuit ; peut-être s'explique-t-il par une communauté d'origine qui se perd dans la nuit des temps.

Mais comment ces éléments romains ont-ils passé dans les lois bavaroises? C'est ce qu'on ne saurait guère déterminer, d'autant plus que le Breviarium et le code Justinien paraissent mis à contribution. Peut-être la tribu germanique pour qui ce recueil fut rédigé d'après d'anciennes traditions, habitant déjà ce territoire du temps de l'empire d'Occident, adopta dès lors quelques principes de droit romain : d'autres peut-être s'introduisirent à l'époque du roi ostrogoth Théodoric, dont la domination embrassait le pays habité par les Bavarois (*c*). Alors le droit Justinien ne se serait introduit en Bavière que plus tard ; peut-être même notre recueil aurait-il opéré ce mélange. Nous connaissons quatre auteurs du code Bavarois : Claudius, Chadoindus, Magnus et Agilulf. Claudius paraît être ce savant romain dont parle Frédégaire, mais sans désigner sa patrie ; Agilulf, suivant le témoignage de Frédegaire, était évêque de Valence (*d*). Ils auront sans doute concouru à la rédaction du recueil, pour toute la partie romaine. En effet, on conçoit aisément que le voisinage de l'Italie ait introduit la connaissance du droit Justinien à Valence, autrefois ville bourguignonne. Je reviendrai sur ce sujet à la fin du chapitre.

32. Le code Bavarois offre, sous le rapport du droit romain, une analogie frappante avec le code Visigoth, et même certains passages se retrouvent mot pour mot dans les deux recueils (*a*).

(*c*) Au reste, je dois faire observer que ces passages n'ont aucun rapport avec l'édit de Théodoric.

(*d*) Palhausen passim. (Voyez plus haut, § 29, 6).

(*a*) Les passages littéralement semblables sont : L. Bajuv. T. 14. C. 1. — L. Visig. V, 5, 1. L. Baj. T. 14. C. 2-4. — L. Vis. V, 5, 3. L. Baj. T. 15 C. 7. — L. Vis. V. 4, 16. L. Baj. T. 15. C. 9. — L. Vis. V, 4, 7. — D'autres ne présentent que de légères différences de rédaction. Voyez L. Baj. T. 14. C. 4. — L. Vis. V, 4, 9. L. Baj. T. 15. C. 4. — L. Vis. V. 4, 8. L. Baj. T. 15. C. 8. — L. Vis. V, 4, 1.

Il y a évidemment un original et une copie; mais je pense que le code Bavarois est l'original, et le code Visigoth la copie. D'abord la rédaction scientifique et ambitieuse du code Visigoth (§ 25) explique fort bien ces emprunts faits aux lois d'un peuple éloigné, emprunts qui ne s'accordent nullement avec la rédaction du code Bavarois. Ensuite les traces du droit romain existent bien plus nombreuses dans le code Bavarois que dans le code Visigoth, où manquent une foule de passages, ceux surtout du droit Justinien (*b*); circonstance facile à expliquer, si l'on admet avec moi que les législateurs visigoths ont suivi le code Bavarois. Enfin, la chronologie confirme mon opinion, car le code Bavarois paraît être plus ancien que le code Visigoth tel que nous le possédons (§ 24, 29).

Néanmoins Gaupp, dans un ouvrage récemment publié (*c*), donne plusieurs arguments à l'appui de l'opinion contraire. Le code Visigoth appelle l'homme libre *ingenuus*, le code Bavarois *liber*; or, le code Bavarois emploie quelquefois le mot *ingenuus*, et comme ces mêmes passages existent dans le code Visigoth, c'est probablement de là qu'ils auront été tirés (*d*). Le code Visigoth prononce souvent la peine du fouet; le code Bavarois inflige une seule fois cette peine, sans doute d'après le code Visigoth (*e*). Il paraît donc qu'une rédaction du code Visigoth antérieure à celle que nous possédons a servi pour le code Bavarois. Ainsi tomberait également l'induction tirée de la chronologie. — Au reste, ces arguments ont un grand poids, et pourraient peut-être conduire à la solution de la question.

33. B. Lois des Allemands. Le seul passage d'origine romaine qui s'y trouve est tiré du Breviarium, et se lit textuel-

(*b*) Par exemple : L. Bajuv. T. 1. C. 13. § 2. T. 2. C. I. § 2. T. 6. C. 1. T. 14. C. 6, 7. (Voyez plus haut, § 29. *c. d. e.* § 30. *g. i.*).

(*c*) Gaupp lex Frisionum Vratislav. 1832, 8. p. XIV, XV.

(*d*) L. Bajuv. XI, 1, 1, XV, 5, conférée avec la L. Visigoth. X, 3, 2, V, 4, II.

(*e*) L. Bajuv. VIII, 6, conférée avec la L. Visigoth. VII, 2, 6.

lement dans le code Bavarois (*a*). Les législateurs allemands ont donc suivi ce dernier code, ou bien ils écrivaient à la même époque et d'après les mêmes sources (*b*).

C. Droit Salique. Ce droit renferme sur les prohibitions de mariage pour cause de parenté une disposition tirée presque textuellement du commentaire visigoth (*c*).

D. Lois des Ripuaires. L'affranchissement des esclaves dans les églises, reconnu par ces lois, dérive évidemment du droit romain (*d*).

34. E. Capitulaires, ou lois des rois Francs qui n'étaient pas particulières à un seul peuple. Ces lois nous ont été conservées dans des pièces détachées indiquant le nom du roi, souvent aussi la date de leur rédaction, et dans plusieurs recueils contenant des extraits empruntés aux originaux que nous connaissons, et beaucoup de dispositions nouvelles. Je vais examiner les traces du droit romain que présentent les capitulaires détachés et les recueils (*a*).

La constitution de Chlotaire Ier, rendue vers l'an 560, con-

(*a*) L. Alemann. T. 39, renfermant sur les prohibitions de mariage les mêmes dispositions que la L. Bajuv. T. 6. C. 1. (Voyez plus haut, § 29. *c*.).

(*b*) Heineccius (antiqu. Germ. T. I. p. 340.) voit une analogie entre le T. 2. § 1 et la L. 14. § 5. C. de SS. eccl. (I, 2.) Mais ces deux passages ont un objet tout différent. Le symbole relatif aux témoignages chez les Bavarois (§ 31, *b*.) se trouve mentionné dans le code des Allemands. (Tit. 94).

(*c*) L. Sal. ant. Tit. 14. art. 12, d'après Int. L. 3. C. Th. de incestis nupt. (III, 12). Ce passage n'existe pas dans la L. Sal. emend.

(*d*) L. Ripuar. T. 58. C. 1. La loi Romaine est la L. un C. Th. brev. de manum. in eccl. (IV, 7). On voit les conséquences de cette espèce d'affranchissement dans la L. Ripuar. T. 61. C. 1, 2. (Voyez vol. Ier § 40. *m*.) Le symbole relatif au témoignage se retrouve ici, T. 60. C. 1.

(*a*) Aucune source de droit au moyen-âge ne répond mieux au plan de mon ouvrage que l'excellente édition des capitulaires par Baluze : Capitularia regum Francorum..... ed. steph. Baluzius. parisiis, 1677, 2. vol. f., et l'édition, curante Petro de Chiniac, Paris 1780, 2. vol. f. qui du reste n'a pas sur la première de grands avantages et où la pagination est la même. Ce recueil comprend, outre les Capitulaires, les lois des différents peuples, la plupart des recueils de formules, et une foule de documents. Georgisch n'a publié qu'une partie des Capitulaires.

cerne surtout les *provinciales*, c'est-à-dire les Romains, et confirme en terme généraux l'autorité du droit romain (*b*). Le préambule est copié textuellement d'une novelle de Valentinien (*c*). Ici, comme dans le Breviarium, il est défendu d'abuser de l'autorité royale pour contracter mariage sans le consentement de la femme (*d*). L'Église, les ecclésiastiques et les *provinciales*, par conséquent tous les Romains, peuvent invoquer la prescription de trente ans (*e*).

La constitution de Childebert, roi d'Austrasie, rendue vers l'an 595, établit une nouvelle espèce de prescription, mais qui a sa source dans le droit romain. La propriété d'un immeuble se prescrit par dix ans si le propriétaire a son domicile dans la juridiction du *dux* ou *judex* où l'immeuble est situé, par trente ans dans le cas contraire. Toute prescription cesse quand l'immeuble est situé en pays étranger (*f*). La prescription de dix années et la différence que constitue l'absence ou la présence du propritaire dérivent du droit romain (*g*); seulement la prescription de trente ans a été substituée à celle de vingt ans du droit romain.

L'appendice d'un capitulaire de Worms (a. 829) pose

(*b*) Baluz. T. I. p. 7-10. « Usus est clementiæ principalis necessitatem *provincialium vel subjectorum sibi omnium populorum*... tractare. » Voy. vol. Ier § 35.

(*c*) Nov. Valentiniani, T. 8.

(*d*) Const. Chlotarii. C. 7. d'après la L. un. C. Th. brev. si nupt. ex rescr. (III, 10).

(*e*) Const. Chlotarii. C. 13, d'après la L. un. C. Th. de act. certo temp. fin. (IV, 14.) et Nov. Valent. T. 8. — La fin est remaquable : « intercedente tamen justo possessionis initio. » Chez les Romains, cette condition n'était pas exigée pour la prescription de trente ans, mais pour l'usucapion et la *longi temporis possessio*. Cette disposition ainsi modifiée volontairement ou par ignorance paraît tirée mot pour mot du passage suivant, Int. Pauli. V, 2. § 4, « si tamen justum possidendi initium intercessisse probatur, » relatif à la « longi temporis possessio. » C'est la règle établie plus tard par les décrétales.

(*f*) Decretio Childeberti. C. 3. (Baluz. T. I, p. 17).

(*g*) Ces règles se retrouvent dans le Breviarium, Paul. V, 2. § 3, 4 et dans le commentaire sur ce passage.

comme règle générale la prescription de trente ans, et en fait une application spéciale à la prescription des colons (coloni). Ce dernier passage, sauf quelques modifications, est tiré mot pour mot du Breviarium (*h*).

Un capitulaire de Charles-le-Chauve (a. 865) règle les formes à suivre pour l'échange des biens de l'Église ; et ces dispositions semblent reproduire divers passages de Julien (*i*).

Enfin, on voit dans un capitulaire dont on ignore la date un passage de Julien copié textuellement (*k*).

35. Les recueils des capitulaires se composent de sept livres qu'on cite ordinairement d'après leurs numéros, et de quatre appendices différents. Chaque livre et chaque appendice est divisé en chapitres. On n'y trouve aucune méthode, et de fréquentes répétitions augmentent encore la difficulté des recherches. Les premiers livres (1 — 4) furent rédigés par Ansegis, les derniers (5 — 7) par Benedictus Levita. Les auteurs des quatre appendices ne sont pas connus.

Les quatre livres d'Ansegis ne contiennent que les capitulaires de Charlemagne et de Louis-le-Débonnaire. Comme leurs successeurs citent ces capitulaires d'après les numéros des livres et des chapitres (*a*), l'authenticité n'en est pas dou-

(*h*) Baluz. T. I, p. 673, 674. Cap. 2 et 3. Voyez Interpr. L. un. C. Th. de inquilinis (V, 10).

(*i*) Capit. a. 865. C. 6. (Baluz. T. II, p. 198). « Et si mortua manus vel præceptum regium super eas interjacet, describantur diligenter.... et signatis ipsis præceptis, sicut lex Romana præcipit, ad nostram præsentiam deferri faciant..... » La *mortua manus* paraît tirée de Julian. Const. 48. C. 2. Le *præceptum regium* de Julian. Const. 7. C. 2, passages dont la réunion se serait faite d'une manière un peu confuse. Bien différents, avec des expressions semblables, sont : le Capit. Lib. 5. C. 110. et addit. IV. C. 108. et les sources rapportées dans Baluz. T. I, p. 519, 666, quoique la fin de notre passage se réfère à ces anciens capitulaires. — Je pourrais encore citer le capitulaire de 878, s'il ne trouvait mieux sa place au chapitre où je parlerai des recueils de droit canon.

(*k*) Baluz. T. II, p. 361. Cap. 2. Voyez Julian. Const. 115. C. 28.

(*a*) Par exemple : Louis-le-Débonnaire et Charles-le-Chauve, dans son edictum Pistense. Baluz. præf. § 41. et T. II, p. 173. sq.

teuse. Je n'y ai trouvé que deux passages empruntés au droit romain. Ces deux passages concernent l'Église, et sont copiés littéralement de Julien (*b*).

Les passages tirés du droit romain existent beaucoup plus nombreux dans les trois livres de Benedictus Levita, rédigés vers le milieu du neuvième siècle, par ordre de l'archevêque de Mayence Otgar (*c*). On a déjà remarqué que ce recueil se compose d'éléments fort divers, droit germanique, droit romain, etc.; mais je pense que le titre, recueil de capitulaires, imposé à cet ouvrage, a trompé les auteurs modernes sur son véritable caractère. Ainsi Baluze prétend que déjà les rois Francs avaient fait rassembler ces fragments sous forme de capitulaires, et que tels furent les matériaux mis en œuvre par Benedictus Levita (*d*). Mais cette supposition n'a pas le moindre fondement : comment croire, par exemple, que les rois Francs aient ordonné l'extrait du Breviarium, extrait sans intérêt pour les Francs, et inutile aux Romains qui possédaient le texte original? Benedictus Levita voulut faire une compilation qui pût, autant que possible, servir à tous les sujets de l'empire Franc, ecclésiastiques ou laïques. Cela ressort de l'ouvrage lui-même, et la préface, malgré sa confusion et son obscurité, semble favoriser cette opinion. On conçoit aisément que cet ouvrage soit intitulé recueil de capitulaires, et qu'il fasse suite à celui d'Ansegis, car les capitulaires y occupent une place fort importante, et avaient une autorité bien plus étendue que les diverses pièces admises dans ce recueil. Ainsi le Breviarium est souvent appelé *Lex Theodosiana*, parce que le code Théodosien en forme le principal élément; mais de là on ne devrait pas conclure que les Institutes de Gaius aient jamais fait partie du code Théodosien.

Considéré sous ce point de vue, notre recueil acquiert une

(*b*) Capitul. Lib. 2. C. 29, 30. Voyez Julian. Const. 7. C. 1, 2.

(*c*) Cette circonstance et le nom de l'auteur, d'ailleurs inconnu, sont rapportés dans la préface versifiée du cinquième livre.

(*d*) Baluzii, præfat. Capit. § 45.

nouvelle importance, car il ne nous montre plus les traces du droit romain dans les capitulaires, mais la connaissance et l'application immédiate des sources du droit romain pendant le neuvième siècle. Si je n'eusse examiné que la nature même du recueil, j'aurais dû le ranger non parmi les capitulaires mais parmi les travaux scientifiques, et, vu le caractère de son auteur, le renvoyer au chapitre du clergé; mais comme l'usage constant des auteurs est de le rapporter aux capitulaires, j'ai dû, pour plus de clarté, le faire entrer dans ce chapitre, où je traite des lois germaniques de l'empire Franc.

Quant à l'exécution du plan que je viens d'exposer, ce recueil mérite peu d'éloges. Il faut sans doute, d'après mon système, absoudre l'auteur du reproche d'avoir inséré plusieurs pièces étangères aux capitulaires, mais son ouvrage manque complètement de méthode et de critique. Ainsi l'on y trouve des passages supposés, d'autres tout-à-fait méconnaissables (*e*). Pour comble de négligence, Benedictus Levita transcrit indistinctement des lois particulières à un peuple, tel que les Romains, les Bavarois, les Goths, etc., et si leur véritable caractère ne nous était connu d'ailleurs, nous les croirions des lois générales de l'empire Franc. Les fragments qui n'existent que dans ce recueil n'ont donc aucune autorité réelle, et l'on est encore moins en droit de leur attribuer un caractère particulier, d'y voir, par exemple, des passages authentiques des capitulaires. Maintenant, faut-il accuser l'ignorance ou la mauvaise foi de l'auteur? La question est difficile à résoudre. Nous voyons pour la première fois dans ce recueil les fausses décrétales d'Isidore souvent mises en usage. Si Benedictus Levita n'est pas étranger à la supposition de ces actes (*f*), ou s'il a voulu les accréditer, les confusions qui se trouvent dans cet ouvrage paraîtraient autant de méprises volontaires destinées à couvrir la fraude. Pour nous, la question offre peu d'intérêt;

(*e*) J'en ai déjà cité des exemples, vol. Ier, § 35, *g*. § 100, *d*.

(*f*) (Spittler) Geschichte des kanonischen Rechts, § 64.

car dans l'une ou l'autre hypothèse, les traces de droit romain que contient ce recueil attestent la connaissance des sources.

36. Les sources de droit romain que Benedictus Levita a mises à contribution sont fort nombreuses (*a*), le Breviarium, le code Théodosien original (*b*), le code Justinien (*c*), et l'épitome de Julien. Le Breviarium, et surtout les fragments de Paul, ont servi pour le droit civil, les autres sources pour le droit canonique. Par une circonstance singulière, Benedictus a transcrit la loi visigothe qui défend l'usage du droit romain (*d*), mais avec des omissions qui rendent moins évident son rapport au droit romain. On ne saurait dire quelle fut l'intention du rédacteur en insérant ce passage.

Montesquieu pense que Benedictus a transformé cette loi en capitulaire pour exterminer le droit romain par tout l'univers (*e*). Mais les nombreux passages empruntés au droit ro-

(*a*) On en trouve l'énumération complète dans l'appendice N. IV. (Voyez vol. IV.) J'indiquerai seulement ici les passages qu'on retrouve le moins souvent dans d'autres sources du moyen-âge.

(*b*) Capit. VI, 111 (et encore VI, 390.) — L. 47. C. Th. de episc. (XVI. 2.) Capit. VI, 367 (VII, 285.) — L. 30, C. Th. de episc. (XVI, 2.) Capit. VII, 195. (Plus complet dans Addit. IV. C. 32.) — L. 2. C. Th. de his qui super relig. (XVI. 3.). Capit. VII, 438. — L. 41. C. Th. de episc. (XVI. 2.). Ces passages n'existent ni dans le Breviarium ni dans le code Justinien, mais dans le code Théodosien original. — Le Capit. VI, 366, la loi supposée, L. 1, C. Th. de episc. jud. (Voyez vol. Ier, § 35, *g*.), et plusieurs autres passages confirmant d'une manière générale les priviléges du clergé, semblent empruntés au code Théodosien. Capit. VI, 103, 112, 114, 388, 391. VII, 477, conférés avec les L. 29, 30, 34, 38, C. Th. de episc. (XVI. 2.)

(*c*) Capit. V, 338. — L. 35. C. Just. de episc. (I. 3) qui ne se trouve dans aucun autre recueil. — D'autres passages se lisent dans le code Justinien et dans le code Théodosien, mais non dans le Breviarium, par exemple : Capit. V, 339. — L. 40. C. Th. de episc. (XVI. 2.) L. 5. C. J. de SS. eccl. (I. 2.) Capit. VI, 115, 406. — L. 31, C. Th. de episc. (XVI. 2.) L. 10, C. J. eod. (I. 3.) Capit. VI, 116, et surtout VI, 389. — L. 34. C. Th. de episc. (XVI. 2.) L. 13. C. J. eod. (I. 3.) Capit. VI, 117, 385. — L. 40. C. Th. de episc. (XVI. 2) L. 5. C. J. eod. (I. 3.)

(*d*) Cap. IV, 343. — L. Visigoth. Liber. 2. T. 1, L. 9. (Voyez plus haut, § 27, *a*.)

(*e*) Montesquieu, Liv. 28, Ch. 8.

main, et l'intérêt des prêtres à maintenir un droit qui leur était si favorable, s'élèvent contre la supposition de Montesquieu. Au reste, ce fragment paraît n'avoir eu dans la pratique aucune influence sur l'autorité du droit romain.

Les deux premiers appendices (Additiones) n'offrent aucune trace de droit romain. Les deux derniers contiennent plusieurs passages (*f*) tirés du Breviarium, du code Théodosien origina (*g*) et de Julien.

II. DOCUMENTS.

37. Il existe une foule de documents qui attestent l'usage du droit romain dans l'empire Franc. Mais lorsqu'on les examine on doit distinguer soigneusement les diverses provinces de cet empire, car le régime antérieur à la conquête des Francs peut avoir influé sur les destinées du droit romain dans ces provinces; ainsi je distingue: A. Les provinces visigothes dont Clovis fit la conquête au commencement du sixième siècle (l'Aquitaine et une partie de la Provence). B. Les provinces visigothes envahies par les Francs lors de leur seconde conquête au huitième siècle (la Septimanie ou Gothie). C. Les provinces bourguignonnes. D. Les provinces qui tombèrent de la domination romaine au pouvoir des Francs sans passer par la domination des Visigoths ou des Bourguignons (*a*). Ces

(*f*) Voyez l'appendice N. IV. (vol. IV.)

(*g*) Addit. 4 C. 32. — L. 2. C. Th. de his qui super relig. (XVI. 3.) Ce passage se trouve dans Capit. VII, 195 (voyez note *b*); mais comme il est plus complet dans l'appendice, l'auteur a dû consulter l'original.

(*a*) On connaît avec précision les limites des divers Etats par les conciles où les évêques figurent nominativement, car leurs évêchés faisaient certainement partie du royaume où se tenait le concile. Ainsi nous avons: 1° Pour le royaume des Visigoths, au temps de sa plus grande étendue, le concile d'Adge de l'an 506. Voyez Mansi, T. 8, p. 319, sq. 2° Pour la Septimanie, le concile de Narbonne de l'an 589. Voyez Mansi, T. 9, p. 1013, sq. 3° Pour le royaume de Bourgogne, le concile de Yenne (Epaona) de l'an 517. Voyez Mansi, T. 8, p. 555, sq. 4° Pour le royaume des Francs, après la conquête

distinctions sont importantes, car dans ces diverses contrées le droit romain a revêtu différentes formes, subi différentes chances, et quand bien même ces différences ne pourraient se retrouver dans la pratique du droit, cette recherche a trop d'importance pour ne pas être entreprise, et tel est le but de l'ordre que j'adopte ici.

38. A. Provinces visigothes conquises par Clovis. Nous avons le testament de Cæsarius, archevêque d'Arles (*a*), fait dans la première moitié du sixième siècle, d'après les termes et suivant les règles du droit romain (*b*). La mention des formalités extérieures qui en assuraient la validité n'est pas parvenue jusqu'à nous.

de Clovis, le concile d'Orléans de l'an 511. Voyez Mansi, T. 8, p. 347, sq. — On peut consulter avec fruit deux mémoires de Mandajors et Foncemagne, insérés dans les mémoires de l'Ac. des Inscr. T. 8 (édit. in-4°, 1733), p. 430-450 et p. 505-527. Certaines parties du royaume des Visigoths et du royaume de Bourgogne avaient antérieurement à la conquête des Francs appartenu aux Visigoths, mais leur domination dura trop peu pour influer sur la constitution et sur le droit. Ainsi elle commença à Arles en 510, dans les autres villes en 524, et cessa au-delà du Rhône (en Septimanie) l'an 526, en deçà du Rhône l'an 536. Voyez les conciles Ostrogoths tenus à Arles, Carpentras et Orange, en 524, 527 et 529 (Mansi, T. 8, p. 627, 708 et 718 conf. p, 564) et Mascov Geschichte der Teutschen Th. 2, S. 31, 54, 68, 96.

(*a*) Brequigny, diplomata, T. 1, N. 23, sub a. 542 (conf. proleg. p. ccxxxvii), et Hamberger zuverlässige Nachrichten Th. 3, S. 360, et Brequigny table, T. 1, p. 18, sub a. 508. — On ignore la date de ce testament. Cæsarius, évêque en 501, mourut en 542; la date de son testament se place nécessairement dans l'intervalle, mais celle de 508 adoptée généralement et celle de 542 donnée par Brequigny ne se fondent sur aucun document certain. On ignore aussi dans quel royaume fut fait ce testament, car la ville d'Arles passa, en 510, des Visigoths aux Ostrogoths, et, en 536, des Ostrogoths aux Francs.

(*b*) «Hoc testamentum... jure prætorio vel jure civili, et *ad vicem illorum codicil'o* firmavi.» Il institue pour héritier un cloître de la ville d'Arles «ceteri ceteræve exheredes sint.» Vient ensuite la formule usitée en droit Romain pour confirmer l'ensemble du testament (le caput generale), voyez L. 34, § 6. D. de leg. 2 (31. un.) L. 40. § 1. D. de leg. 3 (32. un.). Au lieu des mots imprimés en lettres italiques, Brequigny lit d'après un ancien manuscrit : *ad vicem codicillorum*.

Le testament d'Aredius et de sa mère Pélagia, fait à Saint-Yrier (Attanum) en Limousin, l'an 571 (*c*), est rédigé suivant les formes ordinaires du droit romain (*d*). On y voit figurer cinq témoins dont trois indiquent dans leur souscription, conformément à la loi romaine, le nom du testateur et l'objet de leur signature, tandis que les deux autres n'ont pas signé de leur main. Une autre personne (Alstedius) figure encore dans cet acte, mais on ne doit pas y voir l'adjonction irrégulière d'un sixième témoin. Alstedius est le successeur désigné de l'abbé Aredius ; il intervient au testament pour en promettre l'exécution (*e*).

En 634, les quatre fils de Sadregisilus, duc d'Aquitaine, ayant négligé de venger sa mort, furent dépouillés de sa succession conformément au droit romain, et Dagobert Ier fit donation de ces biens à l'abbaye de Saint-Denis (*f*). La règle ici appliquée se trouve aussi dans le Breviarium (*g*). Sans doute Sadregisilus

(*c*) Mabillon, vetera analecta, T. 2 (Paris, 1676, 8.) p. 48. sq. Gregorii Turon. opera. ed. Ruinart, p. 1308, sq. Brequigny diplomata, T. 1, N. 60, p. 71. — Brequigny le place en 572, et il cite un second testament presque conforme au premier, de l'an 591 (proleg. p. XXXII, CCXXXVII.) Voyez pour la chronologie Mabillon, p. 62.

(*d*) Suivant le texte de Mabillon, p. 48 : « Quod testamentum nostrum si casu, jure civili aut prætoris aut cujuslibet legis novellæ conscriptione vel veteris valere non potuerit, in vicem codicillorum et omnium scripturarum quæ firmiter consistunt valere jubemus, ut id fiat, detur, præstetur, illibatum in omnibus teneatur, secundum tenorem infra scriptum, etc »

(*e*) « Alstedius rogante domino meo Aredio et Pelagia testamentum *nostrum* confirmavi. » (Voyez Mabillon, p. 67.) Cette souscription se trouve dans Mabillon, p. 60, avant celle de Pelagia. Leur ordre varie suivant les manuscrits.

(*f*) Gesta Dagoberti I, C. 35. (Bouquet, T. II, p. 589.) Aimoinus de gestis Francorum Lib. 4, C. 28. (Bouquet, T. III, p. 131.) « Secundum leges Romanas quæ sanciunt a paterna eos decidere hereditate debere, qui noluerint interfecti necem vindicare omnibus paternis exspoliati sunt bonis. » *Caroli calvi* præceptum a. 845. (Bouquet, T, VIII, p. 470.)

(*g*) Paulus III, 5, § 2, 10 et Interpr. § 1. Le principe est posé plus formellement encore dans le droit Justinien. Voyez L. 17, 20, 21. D. de his quæ ut indig. (XXXIV, 9.) et tit. Cod. eod. (VI, 35.)

était romain de naissance. Vainement on objecterait son nom germanique et le costume germanique dont il se sert, car souvent les Romains avaient adopté les mœurs des Francs (*h*). L'an 785, le testament du comte Rogerius fut fait en Poitou, suivant les formalités du droit romain et en présence de sept témoins (*i*).

Dans la relation d'un placitum tenu à Arles, l'an 968, nous voyons des vassaux romains et saliens, ainsi que d'autres échevins, juger d'après la loi romaine, et citer textuellement un passage du Breviarium (*k*).

Au dixième siècle, Gérard, comte d'Aurillac en Auvergne, et qui possédait un grand nombre de serfs, s'interdit d'en affranchir plus de cent pour obéir à la loi civile (*l*) : il s'agit ici de la loi Fusia Caninia, qui d'ailleurs est passée comme loi vivante dans le Breviarium (*m*).

L'an 1005, un contrat de mariage fait à Marseille ou dans

(*h*) On lit dans les Gesta Dagoberti, l. c., que Dagobert avait condamné Sadregisilus à avoir la barbe coupée ; mais l'on sait que les Romains portaient souvent les cheveux et la barbe à la manière des Francs. Voy. Gregor. Turon. de vitis patrum. C. 20, § 3.

(*i*) Mabillon, annales ord. S. Benedicti. T. II, p. 711 et 271 : « quod testamentum ipsum si jure civili non valuerit, prætorio jure subsistat. Quod si jure prætorio stare nequiverit, jam ipsum *ad vicem codicis illæsum* manere præcipimus : quod septem testibus ad subscribendum ex more firmatum, vel a pluribus signatum, plenam suscipiat firmitatem. » L'acte porte les signatures de vingt-deux témoins. Marini papiri, p. 254, corrige ainsi le texte avec beaucoup de vraisemblance : *ad vicem codicillorum*.

(*k*) Martene collectio amplissima, T. 1, p. 322, 323. Le passage cité est interpr. L. 5, C. Th. de sentent. ex. peric. (IV, 17).

(*l*) Odonis Cluniacensis vita S. Geraldi lib. 3, « centum ex mancipiis tantum libertate tunc donavit : movebatur autem a quibusdam suis, quatenus de familia quæ sibimet affatim superabundabat majorem multitudinem jugo servitutis absolveret : quibus ait, justum inquit est ut lex mundialis in hoc observetur, et ideo numerum in eadem lege præstitutum prætergredi non debere. » Je cite d'après Alteserra rer. Aquitan. L. 3. C. 9, p. 199. La vie de Gérard se trouve dans la biblioth. Cluniacensis, p. 65. (Fabric. bibl. med. latin. T. V, p. 156. ed. Mansi.)

(*m*) Cajus I. 2. princ. Paulus IV. 14, § 4.

les environs nous montre un *sponsalitium* constitué à la femme suivant le droit romain (*n*).

L'an 1095, Bertrand, fils du comte de Toulouse, donne dans son contrat de mariage plusieurs villes à sa femme, conformément au droit romain (*o*).

Un acte de donation porte que la loi romaine reconnaît à chacun le droit de disposer de ses biens (*p*).

Enfin, plusieurs documents des onzième et douzième siècle témoignent que, d'après le droit romain, toute donation doit être faite par écrit et en présence de témoins (*q*). Cette règle se trouve dans le Breviarium (*r*), mais le code Justinien l'abolit formellement (*s*).

39. *B.* Provinces visigothes de la seconde conquête (Septimanie).

Deux documents de Louis-le-Débonnaire, l'un de l'an 816, l'autre de l'an 835, décident que le cloître d'Anien doit recou-

(*n*) Brequigny, Table, T. 1, p. 512. « Charta qua Fulco justa legem suam Romanam desponsat sibi Odilam et ei sponsalitium ac dotalitium constituit in comitatibus Massiliensi et Tolonensi. » (d'après Ruffi, hist. de Marseille, T. 1, p. 484.)

(*o*) (Vaissette.) Hist. de Languedoc, T. II, preuves, p. 338, 339 : « dono tibi in tuo sponsalitio et dotatione civitatem Ruthenis... *sicut lex mea Romana est.* » Il en dit autant pour les autres villes. Ces biens appartiennent aux deux époux pendant le mariage, et, après leur mort, aux enfants. S'il n'y a pas d'enfants, les biens restent à la femme. Cette disposition étrangère au droit Justinien tient beaucoup de la dot Germanique, ou de la Donatio ante nuptias, telle qu'elle se trouve dans le Breviarium.

(*p*) Document de Mas-Garnier sur la Garonne. (a. 1015.) « Multum declarat sive docet *lex Romana vel Salica,* ut unusquisque homo de res suas proprias licentiam habeat ad faciendum quod voluerit. » (Vaissette) Hist. de Languedoc, T. II, preuves, p. 169.

(*q*) Documents de Riez (a. 1052), Fréjus. (a. 1101 et 1095) Avignon (a. 1126). Gallia christiana. T. 1, app. Instr. p. 82, 83, 84, 142. — Avignon appartenait aux Visigoths en 506, aux Bourguignons en 517. Plus tard, cette ville passa aux Ostrogoths (Cassiodor. Var. III, 38.), et enfin aux Francs.

(*r*) L. 1. C. Th. brev. de donat. (VIII, 12.)

(*s*) L. 29. C. Just. de donat. (VIII, 54.)

vrer ses biens usurpés et ses colons fugitifs; qu'en vain ceux-ci invoqueraient la prescription de trente ans, car d'après le droit romain la prescription cesse en pareil cas (*a*). Ici l'exception n'est pas fondée sur la nature même de l'action contre les colons fugitifs, qui, au contraire, admettait la prescription (*b*), mais sur les priviléges généraux de l'Église. Ainsi donc, Louis-le-Débonnaire avait en vue, non le Breviarium, mais le droit Justinien, car ce fut Justinien qui le premier releva l'Église de la prescription ordinaire, et finit par lui donner quarante ans, pour réclamer (*c*). D'après ce principe, Louis-le-Débonnaire dit avec raison que la prescription de trente ans n'est pas opposable à cette église.

Un acte de 949, contenant une donation du comte de Carcassonne à l'abbaye de Montolieu, cite textuellement un passage du Breviarium (*d*).

Enfin on voit dans une foule de documents que le droit romain, le droit salique et le droit goth assurent à chacun la libre disposition de ses biens (*e*).

(*a*) Vaissette. Hist. de Languedoc, T. 1. Preuves, p. 49, 67 « et ubicunque inventa fuerint (mancipia) et secundum legem Romanam tricennio se defendere voluerint, et hoc advocati prædicti monasterii ex propinquis eorum circumcinxerint, aut testimonia idonea dederint, fiant de eis *secundum Romanæ legis sanctionem, ut tricennium ea excludere non possint.*

(*b*) L. un. C. Th. brev. de inquilinis (V, 10.), et plusieurs Novelles de Valentinien.

(*c*) Les lois anciennes sont L. 23. C. de SS. eccl. (I, 2.) et Nov. 9; les lois récentes, Nov. 111 et Nov. 131. C. 6. dont les dispositions sont restées en vigueur. (Voyez c. 2, C. 16. q. 4 de l'an 590.) Notre document se réfère à ces textes ou plutôt à l'extrait de Julian. const, 104, const. 119, C. 6. La chose ne semble pas douteuse, car Benedictus Levita Capit. Lib. 5, C. 389, cite Julian. const. 119. C. 6. Nous avons ici une preuve nouvelle que le droit Justinien était aussi appelé lex Romana. (Voyez vol. Ier, § 37.)

(*d*) (Vaissette) Hist. de Languedoc, T. II, Preuves, p. 91. « Legis Romanæ *primum capitulum apud librum tertium saluberrime intonat : Cum inter ementem... permittatur.* » Le passage est cité d'une manière très-inexacte. Voy. Int. L. 1. C. Th. de contr. emt. (III, 1.)

(*e*) Trois documents d'Alby a. 942, 940 et 1050). Vaissette, T. II. Preuves, p. 85. Gallia christ. T. 1, app. Instr. p. 3, 4.

Ces applications du droit romain sont d'autant plus remarquables que vers le milieu du septième siècle les rois visigoths en avaient proscrit l'usage dans tout leur empire, dont la Septimanie fit partie jusqu'au huitième siècle (§ 27). Ainsi donc, ou le droit romain se releva sous la domination des Francs, ou la prohibition des rois visigoths ne s'exécuta jamais complètement. Cette dernière supposition paraît la plus vraisemblable (*f*).

40. *C.* Provinces bourguignonnes.

L'an 643, le testament de Nizetius, archevêque de Lyon, fut ouvert suivant les formalités que prescrit le Breviarium (*a*), et dont la *lex romana* des Bourguignons ne parle pas.

Nous avons les deux testaments de Widrad, abbé de Flavigny. Le premier est fait l'an 721, devant la curie de Semur. On voit que l'ouverture solennelle aura lieu d'après le Breviarium (*b*), et toutes les formes du droit romain y sont scrupuleusement suivies (*c*). Le second est un testament privé fait à Autun, l'an 744, en présence de sept témoins (*d*).

Le testament d'Abbo Patricius (a. 731) (*e*), qui appelle à

(*f*) La première de ces hypothèses est adoptée par Alteserra rer. Aquitan. Lib. 3, C. 11; la seconde par Montesquieu, XXVIII, 7; mais seulement pour la Gaule méridionale, qui, éloignée du centre de la monarchie, avait plus d'indépendance.

(*a*) Voyez vol. Ier, § 95, *b*.

(*b*) Voyez vol. Ier, § 95, *f*, *g*. § 98, *c*.

(*c*) Par exemple : « et quod unicuique per hoc testamentum dedero dareve jussero, id ut fiat, detur, præstetur, impleatur... committo. » Plus loin : « Præterea ista omnia reservavimus in falcidia heredibus nostris.... » Il ne s'agit pas ici de la falcidie de l'hérédité testamentaire, mais de la légitime réservée aux plus proches parents.

(*d*) Brequigny diplomata, T. 1, N. 346, p. 483 et proleg. p. CLXV, CCXLII.

(*e*) On ignore dans quel lieu ce testament a été fait, mais la mention du maire du palais, Charles Martel, montre que c'est dans l'empire Franc. Nous n'en n'avons pas l'original, mais seulement un document de 805 où Charlemagne se réfère au titre original, le renouvelle et le confirme. Ce document est imprimé dans Mabillon diplom. p. 507 et Brequigny diplom. T. 1, N. 340, p. 468, proleg. p. CLVIII, CCXLIII.

sa succession le cloître Novalese, est aussi fait dans les formes du droit romain en présence de cinq témoins (*f*).

On voit dans la relation d'un placitum tenu à Manosque sur la Durance, l'an 984, un passage du Breviarium cité textuellement (*g*).

Deux documents d'Apt (a. 991 et 1115) portent qu'il faut suivre le droit romain pour disposer en faveur de l'Église, et que les testaments doivent se faire devant sept témoins (*h*).

41. *D*. Provinces conquises par les Francs sur les Romains.

Le testament de Remigius, archevêque de Rheims († 533), existe dans plusieurs manuscrits avec une foule de variantes d'une authenticité fort douteuse (*a*). Outre certaines formalités de droit romain (*b*), on y trouve la circonstance remarquable d'une addition postérieure à la confection du testament (*c*). Si ce testament n'est pas entièrement supposé, ou bien il a été

(*f*) « Quod testamentum meum si quo casu et jure Prætorio vel qualecujus Lege adinventionis, quæ quo modo valere nequiverit, ac si ab intestato ad vicem codicellorum cum valere volo ac jubeo. Quos quas liberos liberasve esse decrevero, liberi liberæve sint omnes; et quæque per hoc testamentum meum dedero, legavero, dare jussero, id ut fiat, detur, præstetur, fidei heredis mei committo. » Plus loin, le testateur fait à une parente collatérale, un legs : « pro Falcidia, » expression qui, encore ici, désigne la légitime.

(*g*) Martene Collectio ampliss. T. 1, p. 334. C'est la L. 5. C. Th. de sentent. ex peric. (IV, 17.) Ce Placitum, comme celui dont parle la note 69, fut présidé par Guillaume, comte de Provence.

(*h*) Gallia christiana. T. 1, app. Instr. p. 75, 78.

(*a*) Brissonius de formulis. Lib. 7, N. 160. Brequigny diplomata. T. 1, N. 15, 29. N. 16, p. 32. Conf. Brequigny, table. T. 1, p. 22. Histoire littéraire de la France, T. III, p. 160. Moreau, Principes de Morale, T. 9, p. 409. — Un manuscrit porte six témoins, un autre quinze. — Un exemplaire portant six témoins existe à la bibliothèque de Vercelli. (Rhein. Museum IV, 234.)

(*b*) « Ego..... testamentum meum condidi jure Prætorio, etc., » et « hæc ita do, ita lego, ita testor, cæteri omnes exheredes estote, suntote. »

(*c*) « Post conditum testamentum, immo signatum, occurrit sensibus meis ut Basilicæ Domnorum martyrum Timothei et Appolinaris Missorium argenteum sex librarum ibi deputem, ut ex eo sedes futura meorum ossium componatur. »

scellé comme dans le droit moderne, et non cacheté, comme dans le droit romain, ou plutôt cette addition, mise seulement sur l'enveloppe, ne fait partie du testament lui-même que dans les copies (*d*).

Les testaments de Bertram (a. 615) et Hadoindus (a. 642) (*e*), l'un et l'autre évêque du Mans (Cenomanum), se ressemblent beaucoup (*f*). Tous deux sont faits suivant les formes du droit romain, et doivent être après la mort du testateur ouverts devant la curie (*g*). Tous deux sont signés de sept témoins y compris le notaire rédacteur.

Le testament de Burgundofara de Farmoustiers (Eboriacum), près Meaux (632), se réfère au code Théodosien, sur la nécessité de la tradition, que du reste le code Théodosien prescrit pour les donations, non pour les testaments (*h*).

Le testament d'Ermenthrude, fait à Paris, vers la fin du septième siècle, reproduit l'ancienne forme de testaments que nous a conservée Ulpien (*i*). Ce testament est signé de cinq té-

(*d*) Marini papiri, p. 484, not. 135, dit qu'on laissait toujours pour cet objet un coin du rouleau non scellé ; mais comment savons-nous que le testament dont il s'agit formait un rouleau ?

(*e*) Brissonnius de formulis. Lib. 7, N. 161, 162. Brequigny diplomata. T. 1, N. 56, 114, p. 99, 190. prolog. p. XXXVIII, CCXXXVIII et LXXII, CCXL. Hist. litt. de la France, T. III, p. 529, 530.

(*f*) Le premier testament porte : « quod testamentum meum si quo jure civili aut jure prætoris vel per alicujus novæ legis interventum valere nequiverit, ac si ab intestato ad vicem codicillorum valere id volo, et valeat. » Vient ensuite l'institution d'héritier, puis le *caput generale*. Le second testament est presque semblable au premier.

(*g*) Les deux testaments portent que l'ouverture se fera « Cenomannis civitate, » et ils ajoutent : « et ibi testamentum cum apertum fuerit vobis prosequentibus, apudque publica gestis municipalibus faciatis allegare. »

(*h*) Brequigny diplom. N. 77, 142. prolog. p. LVII, CCXXXIX. « quo nullo casu civili vel prætoriano hæc calumniare quisquam valeat, etc. » et plus loin : in lege quoque Theudosiana ut est insertum, sic trado, etc. — Brequigny, p. 143, regarde l'authenticité de ce document comme douteuse.

(*i*) « Ita do ita ligo ita testor ita vos mihi Quiritis testimonium perhibetote citeri citeræque proximi proximæque exheredis mihi estote proculque habetote. » Voyez Ulpian. tit. 20. § 9. Gaius Lib. 2. § 104. Isidor. orig. Lib. 4.

moins y compris le notaire (*k*). Cette ancienne forme se retrouve, mais mutilée, dans un autre testament de la même époque (*l*).

J'ai parlé de quatre documents de l'an 804, relatifs à une donation faite à Angers, suivant les formalités du droit romain, et où le Breviarium est cité textuellement (*m*).

Dans un procès instruit l'an 838, à Aix-la-Chapelle, devant Louis-le-Débonnaire, Aldricus, évêque du Mans, plaidant contre un cloître, se réfère à plusieurs passages du Breviarium, et il en cite quelques-uns textuellement (*n*).

Enfin on trouve souvent des formules et des expressions qui

C. 20. notre document se rapproche plus du texte de Gaius et d'Ulpien que de celui d'Isidore. Brequigny (proleg. p. CCXLII.) traduit *Quirites* par *proceres*, personnages illustres, mais c'est l'ancienne formule copiée sans réflexion ; car alors la nuncupation du testament ne s'exécutait pas plus que la mancipation.

(*k*) On le trouve dans Mabillon ann. ord. S. Bened. T. I, p. 576, qui, page 623, fait à ce sujet d'excellentes remarques. Brequigny diplomata. T. I. N. 250. p. 361, et p. CXXVII, CCXLII. Marini papiri Num. 76.

(*l*) Mabillon, l. c. p. 706. Brequigny, p. 317. Marini Num. 77, sur l'ingénuité. Voyez plus bas § 46. *c*.

(*m*) Voyez vol. Ier. § 96.

(*n*) Baluzii miscellanea, Lib. 3 (Paris. 1680, 8.) p. 123, 124, 139. Les passages copiés textuellement sont : Interpr. Nov. Valent. T. 12. Int. Paul. V. 5. A. § 7. Int. L. 5. C. Th. de sent. ex peric. (IV, 17). Vient ensuite un passage tout-à fait étranger au droit romain, désigné sous ce faux titre : « sequitur sententia de eadem lege Romana, de libro Pauli assumpta. » Plus loin (p. 139.) L. 1. C. Th. br. de div. rescriptis (I, 2), Paulus I, 8. § 1, 2. Int. L. 4. C. Th. br. de div. rescriptis (I, 2). Entre ces derniers passages on en trouve plusieurs qui reproduisent le sens du Breviarium, empruntés sans doute à la Summa legum d'Ægidius ou à tout autre commentaire : «Qui falsa principum præcepta detulerint, puniantur» (Paul. V, 25. § 10). « Dolus malus est si per falsitatem voluerit quis prius definita convellere. (Int. L. 1. C. Th. de dolo 2, 15). « Redintegrandum est a præsentibus judicibus et in ejus unde abscessit potestate revocandum quod quacunque conditione temporis aut dolo aut captivitate aut virtute majorum timore faciente deperierit. » (Int. Paul. I, 7, § 2. Voyez sur ce dernier passage Savigny Recht des Besitzes p. 569, 570, 5e éd.) Muratori, ant. Ital. T. III, p. 893, a cru faussement que ces passages de Paul prouvaient la connaissance des Pandectes ; erreur déjà relevée par Zirardini leg. novellæ, p. 11.

rappellent le droit romain sans qu'on puisse les rapporter à un texte ou à un principe déterminé. Ainsi, on voit dans les donations et dans les actes de vente la *stipulatio legis Aquiliæ et Arcadiæ* (*o*). Le mot *Falcidia* désigne tantôt la légitime, tantôt le quart en général, sans rapport à l'hérédité (*p*). Un acte d'affranchissement confère à l'affranchi les droits de citoyen romain et le titre d'ingénu (*q*).

III. ENSEIGNEMENT DU DROIT ET AUTEURS QUI ONT ÉCRIT SUR LE DROIT.

42. On a déjà vu (ch. VI) que dans les premiers temps du moyen-âge il n'y avait pas d'écoles de droit proprement dites. Pour les Romains comme pour les Germains la connaissance

(*o*) (1) Acte de vente passé à Gebhardsweil, près Saint-Gall, en 744 ou 745, « et cartola esta sua opteniat firmitatem aquiliani arcacani Leias stibolationis quia omnium cartarum adcommodat firmitatem. » (2) Donation faite à la même époque, dans le même territoire et dans les mêmes formes que l'acte précédent. (Neugart codex diplomaticus Alemanniæ, T. I. typis San-Blasianis, 1791, 4. (Num. 14, 15.) (3) Acte de vente de 846 : « Aquiliæ et Archadiæ legis stibulatione subnixa, qui omnium cartarum adcommodat firmitatem. » (Formulæ Goldastinæ, N. 31, dans Canciani, T. II, p. 429.) La stipulatio Aquiliana pouvait être connue d'après Paulus I, 1, § 3. La lex Arcadiana ou Arcadia n'est pas, comme l'ont cru Ducange (T. VI, p. 745) et Neugart dans les notes sur ce document, la L. 3. C. Th. brev. de test. (IV, 4), (c'est-à-dire la L. 17. C. J. de testam.), mais la L. 8, C. Th. br. de pactis (II, 9). Ces deux constitutions sont d'Arcadius, mais la première parle des testaments, la seconde de l'inviolabilité des contrats, qui est le sujet en question.

(*p*) Formulæ Goldastinæ, N. 13 sub a. 933 (l. c. p. 424), dans un testament « antepono Falciciam et antepono quod pro anima dare cupio. » ibid. N. 33. sub a. 932 (p. 430), dans un acte de vente : « et Falsicia exinde in alia nostra terra in roncale, et Falsicia de illum Cortinum, etc. » Ici *Falsicia* est pris pour *quadrans*.

(*q*) Document de l'abbaye de Saint-Aignan, à Orléans, en 840. « te....ab vinculo servitutis.... absolvo, civemque Romanum instituo : ut.... ita vivas ingenuus civisque Romanus, tamquam si a liberis ortus fuisses parentibus. » Mabillon, ann. ord. S. Bened. T. II, p. 742, 614. En parlant des recueils de formules, je reviendrai sur l'ingénuité ajoutée à l'affranchissement.

du droit était toute pratique; elle se rattachait à l'institution des échevins et des notaires. Cependant, comme les sources du droit romain faisaient partie de la littérature ancienne étudiée dans les écoles de grammaire, l'étude du droit romain se plaça naturellement à côté de la dialectique. Mais il y a loin de là à une école spéciale de droit dont les professeurs eussent été des jurisconsultes. Le droit germanique ne pouvait certainement pas être étudié au même titre. J'ai parlé (ch. VI) de cet enseignement du droit romain dans les divers pays de l'Europe.

43. Voici encore d'autres renseignements que l'histoire nous fournit sur la connaissance du droit romain dans l'empire franc. L'affranchi Andarchius, qui vivait en Auvergne au sixième siècle, sous le règne de Sigebert Ier, connaissait à fond Virgile, le code Théodosien et l'arithmétique (*a*). Ce rapprochement indiquerait que le droit était enseigné parmi les arts libéraux, à moins qu'Andarchius n'en eût fait une étude particulière. Desiderius, évêque de Cahors, connaissait le droit romain; son biographe n'en dit pas davantage (*b*). Nous voyons dans la vie de Odon de Clugny, que son père Abbon, d'Aquitaine, qui vivait au dixième siècle, avait appris par cœur l'histoire ancienne et la novelle de Justinien, sans doute l'épitomé de Julien (*c*). Ici encore les sources du droit se trouvent rapprochées de la littérature ancienne.

(*a*) Gregorius Turon. Lib. 4, C. 47. « de operibus Virgilii, legis Theodosianæ libris, arteque calculi adplene eruditus est. » Sur la fausse leçon de Vigilii au lieu de Virgilii, Asti Lib. 1. C. 7. p. 141, fait de Virgilius un professeur de droit : « sotto la disciplina d'un tal Vigilio si ritrovava nelle Romane leggi assai molto addottrinato; » explication qui devrait être rejetée même en admettant la leçon de Vigilii.

(*b*) Altesarra rer. Aquitan. Lib. 3, C. 8, p. 196. « Eadem tempestate floruit S. Desiderius Cadurcensis episc. quem patria Albigensem ferunt, qui legum Romanarum studiis enutritus, ut legitur in ipsius vita ms. *ac deinde legum Romanarum indagationi studuit.* »

(*c*) Le biographe Johannes fait dire à Odon · « Pater, inquit, meus Abbo est vocatus, sed alterius moris esse videtur et artibus, quam nunc homines præsentis temporis esse videntur. *Veterum namque historias, Justiniani*

44. Des monuments plus précieux pour l'histoire sont les travaux scientifiques des auteurs francs, parmi lesquels se placent d'abord les commentaires ou gloses sur le Breviarium visigoth dont j'ai parlé (§ 20).

Viennent ensuite les recueils de formules où l'on trouve des traces du droit romain (*a*), savoir : 1° Les formules d'Angers, probablement écrites vers la fin du sixième siècle, et publiées par Mabillon (*b*); 2° Les formules du territoire de Paris, rassemblées par Marculfe, vers l'an 660 ; 3° L'appendice de Marculfe; 4° Les formules de Sirmond ; 5° de Baluze (*c*) ; 6° de Lindenbrog ; 7° de Goldast. Ces derniers recueils furent sans doute composés à différentes époques, mais on en ignore les dates. Je ne dois pas oublier ici un petit recueil fort ancien des formules de l'Auvergne (*d*). La mention du consulat d'Honorius et de

Novellam memoriter tenebat. (Mabillon Acta Sanct. ord. S. Bened. T. VII, p. 152. ed. Paris. 1685, fol.).

(*a*) Ces formules se trouvent toutes dans Canciani, vol. II et III; en grande partie dans le second volume de Baluze et dans le quatrième de Bouquet. La notice littéraire la plus complète qui existe sur les recueils de formules de France et de Lombardie est le programme de Seidensticker : progr. de Marculfinis similibusque formulis, Cap. 1. Jenæ, 1815.

(*b*) Hist. littéraire de la France, T. III, p. 321, 322. Il y a des auteurs qui placent la rédaction de ces formules au commencement du sixième siècle. Biener de orig. leg. Ger. T. I, p. 305. Ces formules ont été trouvées à la suite du Breviarium dans un manuscrit qui appartenait autrefois à l'abbaye de Weingarten, et qui fait maintenant partie de la bibliothèque publique de Fulda.

(*c*) Voy. Capitularia ed. Chiniac T. II, p. 558-590, et Canciani T. III, p. 451-464.

(*d*) Baluze, dans son petit recueil de formules, a suivi, comme il nous l'apprend lui-même, deux manuscrits, N. 4833 et 5034 du fonds Colbert. Le premier, qui existe encore à la bibliothèque Royale, sous le N. 4697, contient les huit premières formules de Baluze, et finit à ces mots : *tam inquisitum*, au milieu d'une formule. (Canciani, p. 466.) Ces huit formules sont celles de l'Auvergne, les seules dont je m'occupe ici. Les formules qui viennent ensuite dans le recueil de Baluze sont tirées du second manuscrit et n'ont aucun rapport avec les précédentes. Baluze a passé trop légèrement sur ce fait, Canciani ne l'a pas même indiqué. Seidensticker, p. 10, l'a re-

Théodose semblerait placer la date de ce recueil au commencement du cinquième siècle; mais plus loin il est question d'une invasion des Francs (*e*), et les Francs ne pénétrèrent dans cette partie des Gaules que vers la fin du cinquième siècle; enfin un autre passage dont je parlerai bientôt semble postérieur au règne de Justinien. Cela fait présumer que divers formulaires ou actes du cinquième siècle ont été réunis à d'autres pièces pendant le sixième siècle, et composent le recueil que nous possédons. Les principes de droit romain reproduits dans les formules sont pour la plupart empruntés au Breviarium, ceux mêmes qui existent aussi dans le droit Justinien, car le Breviarium avait seul autorité dans les Gaules. Cependant il y a plusieurs passages qui se rapportent évidemment au droit Justinien. Je vais indiquer ici tous les passages d'origine romaine.

45. L'adoption est parfaite quand elle a été mise au rang des actes de la curie (*a*). — Un esclave est affranchi dans l'église suivant la constitution de Constantin (*b*). — Le vendeur d'un esclave garantit qu'il n'est ni voleur, ni fugitif, ni malade (*c*). — Dans un autre acte de vente, l'acheteur stipule le

levé soigneusement, et en effet le manuscrit de Paris, N. 4697, que j'ai consulté moi-même, finit, pour les formules de l'Auvergne, avec ces mots : *tam inquisium*. Ce recueil se trouve à la suite d'un manuscrit du Breviarium Cod. Ms. Paris. Num. 4697. Il a servi à l'édition de Baluze (Miscellan. Lib. 6. p. 546, 559) et à celles de Canciani (vol. III, p. 464-468). Bouchaud, qui décrit ce manuscrit (notices et extraits T. VI, p. 263, 264), ignore que ces formules aient été imprimées.

(*e*) Canciani, vol. III, p. 464.

(*a*) Form. Sirmondi Cap. 23. Lindenbrog. C. 49 : Cf. Int. C. Th. V, 1, const. 2.

(*b*) Appendix Marculfi, C. 56 : Cf. Cod. Th. brev. IV, 7. const. un.

(*c*) Marculf. II, 22. « vendidi servum juris mei aut ancillam nomen illo, non furo, non fugitivo, neque cadivo, sed mente et omne corpore sano. » Form. Sirmondi C. 9. On trouve souvent des stipulations semblables dans les Pandectes (Voyez L. 1. § 1. L. 4. § 3. L. 17, pr. § 14. D. de ædil. edicto. etc.) jamais dans le Breviarium. Néanmoins ce seul fait n'établirait pas la connaissance des Pandectes, car les notaires pouvaient transcrire ces formules sans autre autorité que la tradition.

double de son prix en cas d'éviction (*d*). — Divers actes de donation reproduisent tantôt les principes généraux (*e*), tantôt certaines règles spéciales du droit romain. Ainsi la donation entre époux est confirmée par la mort du donateur (*f*). Les donations doivent être insinuées (*g*). — Les testaments se font devant la curie (*h*). — L'ouverture solennelle des testaments privés doit avoir lieu devant la curie (*i*). — Les dispositions des parents sur le partage à faire entre leurs enfants et petits-enfants doivent être respectées (*k*). — Un testateur assure aux héritiers du sang la falcidie (la légitime) (*l*). — Les droits successifs et la *vendicatio in servitutem* se prescrivent par trente ans (*m*). — Le rapt est puni de mort (*n*), et l'action pénale contre le ravisseur se prescrit par cinq ans (*o*). — L'appe-

(*d*) Marculf. II, 19, 20 : Cf. Paulus II, 17, § 3.

(*e*) Donatio ante nuptias. Marculf. II, 15. Sirmond, C. 15. Mabillon, C. 39, 53. — Donatio mortis causa. Mabillon C. 49. — Donatio inter liberos. Mabillon C. 57.

(*f*) Marculf. II, 7. Sirmond. C. 17 : Cf. Paulus II, 23. § 5. — La formule de Sirmond contient en outre la nécessité de l'insinuation (Cf. C. Th. brev. III, 5. const. 1.), la réserve du quart pour les héritiers du sang (Voyez C. Th. brev. VIII, 12. const. 1.), et une *aquiliana stipulatio*. Cette stipulation dérive peut-être du passage suivant mal entendu, Paulus I, 1, § 3. On voit la *lex Aquiliani* prise en ce sens, dans Mabillon. C. 36.

(*g*) Marculf. II, 37, 38. Sirmond. C. 2, 3. Mabillon. C. 1. Cf. Cod. Theod. brev. VIII, 12. const. 1.

(*h*) Marculf. II, 37, 38. Append. Marc. C. 53-55 : Cf. Cod. Theod. brev. IV, 4. const. 4.

(*i*) Marculf. II, 17. Baluz. C. 28 : Cf. Paulus IV, 6. § 1. — J'ai déjà dit, vol. Ier. § 27, que souvent on avait confondu les solennités relatives à la confection et à l'ouverture des testaments. Les passages de Marculfe, cités ici, ont été surtout l'objet de cette méprise.

(*k*) Marculf. II, 10 : Cf. C. Theod. brev. II, 24. const. 1. et Nov. Theod. brev. T. 9.

(*l*) Form. Goldast. C. 13. Form. Baluz. C. 27. Ce passage se retrouve mot pour mot dans le testament de Widrad. Voyez plus haut, §. 40. *b. c.*

(*m*) Form. Sirmondi C. 40, Cf. C. Theod. brev. IV, 14. const. 1. Mabillon C. 10.

(*n*) Form. Sirmondi C. 32. Cf. C. Th. brev. IX, 24.

(*o*) Form. Marculf. II, 16. Sirmond 16, 32, Lindenbrog. 82., Cf. L. 1. C. Th. de raptu virg. (IX, 24).

lant condamné en appel doit à son adversaire le quadruple des dépens (*p*). — Enfin plusieurs formules reproduisent moins des principes du droit romain que le texte même du Breviarium (*q*).

46. Je passe maintenant aux passages des formules tirés du droit Justinien. Un père sans enfants légitimes laisse tous ses biens à ses enfants naturels, et il invoque la loi qui l'autorise (*a*). Le code Théodosien ne permettait au père de disposer ainsi que du quart, le code Justinien que de la moitié. Une novelle de Justinien accorda pour la première fois la libre disposition du tout ; c'est donc cette Novelle que le rédacteur de la formule représente comme le droit existant (*b*). — On voit plusieurs actes d'affranchissement conférer l'ingénuité aux esclaves affranchis (*c*). Dans l'ancien droit, l'affranchi n'obtenait l'ingé-

(*p*) Form. Sirmondi. C. 29 : Cf. Paulus V. tit. fin. — Bignon remarque dans une note que la formule Marculf. I, 20. est imitée de la Consultatio vet. Jc. Cap. 6. c'est une erreur. La *decima propter calumniam* des Romains (Consult. l. c. Gaius IV, 15) n'a rien de commun avec la *decima* des Francs dont parle ici Marculfe.

(*q*) Voyez par exemple : Form. Baluz. C. 16 (C. Theod. IX, 1, const. 9). Form. Sirmondi C. 11 (Int. C. Th. V, 8. const. 1.) C. 16 (Paulus II, 19, § 2). C. 19. (Int. C. Th. III, 16, const. 1.) C. 20 (Int. C. Th. II, 12, const. 4) C. 21, 22 (Int. C. Th. II, 24) C. 23 (Cajus I, 5, § 1.) C. 24 (Int. C. Th. III, 18) C. 25 (Int. C. Th. II, 9) C. 29 (Int. C. Th. IX, 1, const. 14) C. 30 (Int. C. Th. IX, 14, const. 2).

(*a*) Appendix Marculfi C. 52. « Gesta lex et consuetudo exposcit ut quæcunque persona naturales filios habuerit, et alios plures non habuerit, si eos in sua voluerit instituere hereditate, qualiter in suum potius arbitrium ad faciendi de id pater hoc quod in eos voluerit, liberam habeat potestatem. » Il donne en conséquence tous ses biens à ses enfants naturels.

(*b*) (1) Sur le quart, voyez Cod. Theod. IV, 6, 1. — (2) Sur la moitié, voyez L. 8. C. de natur. lib. (V, 27). — (3) Sur la totalité, voyez Nov. 89. C. 12 et l'épitomé de Julian. const. 82 C. 12, que le rédacteur de la formule a probablement suivi.

(*c*) Marculf. II, 32-34. Append. Marculfi C. 8, 13. Form. Sirmondi C. 12. Baluz. C. 43. Mabillon C. 20, 23. Lindenbrog C. 88, 96. Formules de l'Auvergne, p. 465. — On a déjà vu, § 41. *q*. un document semblable d'Orléans de l'année 840. On lit aussi dans un testament du septième siècle (§ 41. *l*.):

nuité que de l'empereur, mais avec le consentement du patron. C'est ainsi que l'ingénuité lui était acquise vis-à-vis de la république (*jus annuli*) et vis-à-vis du patron qui perdait sur lui tous ses droits (*natalium restitutio*) (*d*). D'abord Justinien autorisa le patron à faire remise de ses droits sans l'intervention de l'empereur (*e*). Plus tard, par une loi générale, il accorda le *jus annuli* à tous les affranchis sans exception (*f*). Les formules semblent donc faites d'après le dernier droit Justinien. Si l'on n'en avait d'autre preuve que le mot *ingenuitas*, on pourrait croire qu'à cette époque *ingenuitas* était synonyme de *libertas*; mais la chose est si clairement expliquée dans plusieurs endroits, qu'on ne saurait y méconnaître l'application du droit Justinien, et les expressions mêmes paraissent tirées d'un passage de Julien (*g*). L'on voit en outre un fragment du même genre dans les formules d'Auvergne (*h*) (§ 44). S'il était prouvé

« per æpistolam *ingenuctatis* laxavi in integra *ingenuctate* resedeant. » Marini N. 77.

(*d*) Digest. Lib. 40. T. 10, 11. Cod. Just. Lib. 6, T. 8.

(*e*) L. 3. C. de bonis libert. (VI, 4) confirmée par la Nov. 78. C. 2. (Julian. 72. C. 2).

(*f*) Nov. 78. C. 1. ou Julian. 72. C. 1, que le rédacteur de la formule paraît avoir suivi.

(*g*) Marculf. II, 32, « ita ut deinceps, tanquam si ab ingenuis parentibus fuisses procreatus vel natus, vitam ducas ingenuam, et nulli..... servitium impendas nec libertinitatis obsequium debeas. » Le même langage se retrouve dans plusieurs des passages déjà cités, notamment dans celui-ci, Append. Marculfi C. 8 : « censeo te.... ab omni jugo servitutis humanæ absolutum fore *civemque Romanum appellari*, *ita ut nulli hominum* pro servili conditione quicquam debeas servitii nec obsequii *neque etiam libertinitatis munus impendere.* » L'ingénuité apparaît comme conséquence du titre de citoyen Romain. C'est ainsi qu'on lit dans Julian. 72, C. 1 : « Si quis famulum suum vel ancillam..... *cives Romanos fecerit*.... tacito jure videatur jus aureorum annulorum adeptus fuisse, et natalibus restitutus esse : et non indigeat, ut hoc impetret a principe. » On voit en outre (Cap. 2) que le patron peut renoncer même à ses droits personnels sur l'affranchi, disposition réunie à l'affranchissement en général dans la formule citée.

(*h*) Canciani vol III, p. 465, « quicquid..... data libertate conferre voluerit, secundum legem Romanam hoc facere potest, id est, Latina dolitia, et cives Romana.... ut.... nihil debeant servitio nec letimonium *nec onus*

que ce recueil remonte en entier au commencement du cinquième siècle, tout ce que j'ai dit sur l'application du droit Justinien deviendrait fort douteux; mais je conclus précisément de ce passage que les formules de l'Auvergne, telles que nous les possédons, furent rédigées à une époque où le droit Justinien était déjà connu dans les Gaules.

47. Je dois ajouter ici l'ouvrage intitulé : Notæ juris a Magnone collectæ, imprimé pour la première fois dans le Codex Theodosianus, Lugd. 1566, f., et réimprimé dans plusieurs collections telles que Auctores latinæ linguæ ed. D. Gothofredus, p. m. 1481, sq.; Grammaticæ latinæ auctores antiqui ed. H. Putschius, p. 1541, sq. Cet ouvrage semble fait en France d'après la petite dédicace adressée au roi Charles, quoique l'on ignore quel est ce roi. Au reste, l'auteur n'a pas recueilli le droit en vigueur de son temps, mais compilé les auteurs anciens, comme l'indiquent une foule d'expressions particulières à l'Italie ou qui tiennent à l'ancienne constitution de l'empire. Si cet ouvrage ne prouve pas la conservation pratique du droit Romain, il nous montre du moins que ce droit continuait d'être enseigné dans les écoles de grammaire (Vol. I, ch. VI).

48. Il existe un livre spécial sur le droit romain intitulé *Petri Exceptiones Legum Romanorum*, et qui rentre plus directement encore que les recueils de formules dans le plan de mon ouvrage. J'ai cru devoir, à cause de sa rareté et de son importance, le donner en appendice (Vol. IV, N. II). Il fut imprimé pour la première fois à Strasbourg en 1500 (*a*). Je con-

patronati.» La remise des droits du patron est ici formellement exprimée. Les mots barbares *Latina dolitia* et *cives Romana* représentent les trois degrés de liberté connus dans l'ancien droit, *libertas Latina*, *deditia* et *civitas Romana*. Le rédacteur des formules peut avoir suivi Caius I, 1, car on sait que le Breviarium était beaucoup plus répandu dans cette province des Gaules que le droit Justinien.

(*a*) L'édition est in-4°, imprimée en caractères romains. Le faux titre est ainsi conçu · Exceptiones legum Romanorum cum tractatu actionum : earumdemque longinquitate. Viennent ensuite la préface et l'index sur trois feuilles, puis l'ouvrage lui-même, fol. 1-38. A la fin on lit : Impressum per

nais cinq manuscrits de ce recueil, tous sur parchemin (*b*), et qui appartiennent probablement au treizième siècle, sauf le troisième, qui peut être du douzième siècle.

(1). Cod. Ms. Paris. N. 4709 in-4, faisant suite à un manuscrit de Bulgarus, de regulis juris.

(2). — — — N. 1730 f. à la suite d'un ouvrage de saint Ambroise.

(3). — — — N. 4719, in-4.

(4). Manuscrit de la bibliothèque de l'Université de Tubinge, in-4; faisant suite à la Rogerii summa Codicis.

(5). Manuscrit de la bibliothèque de la cathédrale de Prague, in-fol. (Lit. J. Num. LXXIV.) On a découvert depuis 1815 trois autres manuscrits de Petrus.

(6). Manuscrit N. 441 de la bibliothèque du Vatican. Niebuhr en a donné une description fort exacte (Zeitschrift für geschichtliche Rechtswissenschaft, V. 3, p. 412-418.). Ce manuscrit est du commencement du treizième siècle, sans aucune inscription au commencement de l'ouvrage, et contient environ vingt-une feuilles. Il a beaucoup de ressemblance avec le manuscrit de Tubinge; on y trouve presque les mêmes lacunes, le même ordre et les mêmes gloses. Le prologue porte Guillelmo au lieu de Odiloni Valentinæ civitatis magistro, mais plus loin, IV. 1, on revoit les noms de Rogerius et Odilo. Les Busnardi I. 19, sont appelés *trans*montani. Niebuhr pense qu'un Italien Guillelmus a refait ce recueil dont l'original fut composé en France. Mais comme le manuscrit de Tubinge porte *cis*montani ainsi que les autres manuscrits, on

Johannem Schott in inclita ciuitate Argen. Anno. MCCCCC. feria quarta post festum omnium sanctorum. Ces détails se trouvent dans Panzer I, 65, d'après un catalogue d'éditions princeps existant à Ausbourg, publié par Braun. — Saubert hist. bibl. reip. Noriberg. p. 138, parle d'une édition antérieure (Argent. 1480), mais sans doute il se trompe. Panzer ne la connaît pas, et Murr memorab. bibl. Nor. T. I, p. 286, 298. ne dit pas qu'il y ait à la bibliothèque de Nuremberg une édition de Petrus ni de 1480, ni de 1500.

(*b*) On trouve quelques extraits de notre ouvrage à la suite d'un recueil de décrets ms. Paris. N. 3876 in-4°.

doit, suivant moi, regarder la substitution de *trans*montani comme une erreur de copiste.

(7). Manuscrit de la bibliothèque de Turin, N. 19, H. II. 5 (c), à la suite d'un manuscrit des Institutes, fol. 49-66, et décrit avec détail dans le catalogue imprimé, T. II, p. 287. Ce manuscrit, dont l'écriture est belle et soignée, s'accorde presque entièrement avec le manuscrit de Paris, N. 4709. Le titre porte : Incipit, L. I... Petri viri dissertissimi de exceptionibus legum Romarum (sic). On lit dans le prologue : Odiloni et Florentine, et non Diloni, comme le marque le catalogue imprimé. — I. 2, extrait des principales décisions de quatre conciles qui n'existent dans aucun autre manuscrit. — I. 19, *legisperiti* au lieu de *busnardi*. — I. 20, *donativum* au lieu de *romanis verbis soldatas*. — I. 38, *majorem loci (* sans *judicem)*. — II. 32, *Contorius* et plus bas *renovarios*. — IV. 1, *Jabolenus* au lieu de *Rotgerius*. — Outre les quatre livres connus, ce manuscrit en contient un cinquième (fol. 66-72) et un sixième (fol. 72-75); l'un et l'autre me paraissent supposés. Quant au sixième, il suffit d'un coup d'œil pour s'en convaincre, car on n'y trouve que des règles générales de droit et nulle ressemblance avec le *Petrus*. Quant au cinquième, la fraude est moins grossière, mais je persiste à le croire supposé. D'abord les Pandectes y sont citées sans inscriptions des différents textes, les Novelles d'après les collations : cette forme de citation nous montre que ce livre n'a pas été écrit avant le douzième siècle; mais voici plusieurs passages qui le prouvent encore mieux. On trouve Cap. 3. 9. 26 des fragments du décret de Gratien et des *additiones Gratiani* (c. 3, C. 4, q. 11, c. 1, 2, C. 16, q. 4, c. 31, C. 2, q. 6.). On trouve Cap. 6, 8, 22, 28, des authentiques d'Irnerius (Auth. Quas actiones C. de SS. eccle. Auth. sed et lis, et, ei qui appellat C. de temporibus.). J'ajouterai que ces deux livres existent dans le manuscrit de Paris N. 4709, à la suite

(c) Cf. Schrader prodromus p. 54, 146.

du Petrus, mais dans l'ordre inverse, et sous le titre général de Regulæ collectæ ex inst. Cod. dig. et ex libro Novellarum. D'après ce manuscrit un copiste fit sans doute de ces deux pièces la continuation de notre recueil, et pour rendre la chose plus vraisemblable il mit d'abord celle qui ressemblait le plus au véritable Petrus.

(8). Manuscrit du Trinity-College à Cambridge, qui appartenait auparavant à la bibliothèque de Thomas Gate, dans un volume de mélanges. Catal. Mss. Angliæ, T. II. P. 1. p. 190. Num. 6049. 215 (renseignements communiqués par Hänel).

Le premier de ces manuscrits est le meilleur et le plus complet. Le second, quoique plein de lacunes et de confusion, contient diverses additions faites d'après les sources. Le troisième et le quatrième, qui se ressemblent complètement, sont moins une copie qu'une recomposition de l'original. L'ordre et le nombre des chapitres sont entièrement changés. Ainsi le manuscrit de Tubinge (n. 4), que j'ai examiné avec soin, ne contient que 134 chapitres au lieu de 258. Ces deux manuscrits ne reproduisent ni le titre ni la préface, ni les passages des Pandectes; mais, d'un autre côté, dans les chapitres conservés, les sources sont ordinairement citées en marge. Le cinquième manuscrit est très-complet, et si conforme à l'ancienne édition, qu'il paraît en être l'original.

49. J'ai donné précédemment le véritable titre de l'ouvrage, et il ne demande aucune correction (*a*). Le nom de Petrus existe dans les manuscrits n. 1, 2 et 7. *Exceptio*, dans le langage du moyen-âge, veut dire extrait; on n'a donc pas besoin d'y substituer *Excerptiones* (*b*). Enfin *Romanarum*,

(*a*) Voici les titres des divers manuscrts : N. 1. « Incipit prologus petri viri disertissimi in exceptionibus L. R. » N. 2. « Incipit prologus petri viri disertissimi super leges. » Les N. 3. et 4 sans titre. N. 5. « Incipiunt exceptiones legum romanorum. Incipit prologus. » Le titre de l'édition présente le même sens, voyez § 48. *a*.

(*b*) La préface du décret d'Ivo commence ainsi dans tous les manuscrits. « *Exceptiones* ecclesiasticarum regularum : » les éditeurs ont substitué *Excerptiones* (Jureti not. in opp. Ivonis Carnot. ed. Paris, 1647, f. p. 480.)

au lieu de *Romanorum*, est une leçon tout-à-fait arbitraire (*c*).

Ce recueil fut composé dans le territoire de Valence, qui sortit de la domination bourguignonne pour tomber au pouvoir des Francs (*d*). Les divisions territoriales sont précisément celles de l'empire Franc : ainsi Petrus distingue les pays qui suivent le droit romain de ceux qui ne le suivent pas (*e*);

— L'Encyclopédie de Richard de Saint-Victor est intitulée, tractatus exceptionum (cf. ej. opp. ed. Rothomagi, 1650. f.), c'est-à-dire extrait, résumé de toutes les sciences. — On lit dans la préface manuscrite d'une *Summa Decreti* de la bibliothèque de Mayence : « Materia duplex est dum ex qua *excipit* dum de qua agit. *Excipit* autem a scriptis veteris test. et novi, a gestis conciliorum, etc. — Nous voyons dans le manuscrit de Petrus, N. 2 : « *Excepta* de Leg. Theodosii quas interpretatur Paulus. — Dans le manuscrit, N. 5 : « Incipiunt *exceptiones* decretorum Gratiani. » — Une chronique normande dit en parlant du livre de Vacarius : « de Codice et Digesta *exceptos* IX. Libros composuit. » (Duchesne, hist. Norm. script. ant. Paris. 1619. f. p. 983) ; et j'ai vu dans un manuscrit de Vacarius : « Incipit prologus libri ex universo enucleato jure *excepti*. » Voyez Ch. XXXVI. — Enfin, les manuscrits et l'édition de Petrus présentent tous la même leçon.

(*c*) Festus, v. Erctum Citum, p. 283, ed. Gothofred, 1602, « ut in libris legum *Romanorum* legitur. » Dacier change sans nécessité *Romanorum* en *Romanarum*. — On lit : « leges Romanorum » dans la préface d'un Breviarium (J. Gothofred. proleg. Cod. Theod. p. CCXXIV, ed. Ritter.) — Et dans Guillaume de Malmesbury. Voyez plus haut, § 20.

(*d*) On trouve après la préface une dédicace à Odilon, « *Valentinæ* civitatis Magistro Magnifico » (c'est-à-dire Vicario, voyez IV, 1). Cette leçon est celle du manuscrit N. 5 et de l'ancienne édition, mais on lit dans les Ms. 1 et 2 *Florentinæ ;* le Ms. 6 porte simplement *Guilelmo* au lieu de *Odiloni*, etc., le Ms. 7, *Odiloni* et *Florentinæ*. *Valentinæ* est la bonne leçon, comme le prouve le passage suivant, II, 1. « possessionem meam quam *in Galliæ partibus appellamus* honorem. » Néanmoins, l'auteur pourrait avoir vécu dans une autre province. Mais la préface et le chapitre 1er du livre IV désignent si clairement les habitants de Valence, que l'on doit regarder l'auteur lui-même comme un habitant de cette ville ou de son territoire. Au reste, le recueil contient certainement le droit de la province, car la préface nous apprend qu'il doit guider le Vicarius Odilon dans l'exercice de sa magistrature.

(*e*) Petrus II, 31. in-f. « Omnis hæc solempnitas.... necessaria est *his partibus* in quibus juris legisque prudentia viget, *aliis vero partibus*, ubi sa-

il parle souvent du *vicarius* et du *subvicarius* (IV. 1), titres étrangers à l'Italie, mais fort usités en France, surtout en Dauphiné, où il écrivait (*f*). Enfin, plusieurs principes de droit (*g*) et des locutions particulières (*h*) confirment l'origine que j'attribue à notre recueil.

50. On peut également déterminer, sinon avec exactitude, du moins avec beaucoup de vraisemblance, la date de sa rédaction. Elle ne saurait être antérieure à l'an 878, car on y trouve une décision du synode de Troyes de cette année (*a*);

cratissimæ leges incognitæ sunt, sufficit sola oblatio, etc. » Voilà évidemment la distinction des pays de droit écrit et des pays coutumiers.

(*f*) Voyez vol. Ier, § 81, § 84, *c*. Pour le Dauphiné, voyez (Valbonnais.) Histoire de Dauphiné. Genève, 1722 f. T. 1, p. 113, 138.

(*g*) Ainsi le retrait des immeubles accordé aux agnats par la loi Lombarde, 2, Feud. 3, § 1, leur est refusé, I, 19. — Le Lib. IV, 19, établit pour les procès entre les seigneurs et leurs vassaux des formes toutes différentes de celles usitées en Italie, 5, Feud. 1. — Ces exemples prouvent que ce recueil n'a pas été fait en Italie, et par conséquent qu'il a été fait en France, car on ne peut hésiter qu'entre ces deux pays.

(*h*) Par exemple, I. 19 : « quam consuetudinem adhuc quidam cismontani *busnardi* justissimam esse affirmant. » Le mot *cismontani* prouve que l'auteur vivait près des Alpes ; *busnard* en vieux français veut dire sot. (Roquefort, glossaire de la langue Romane : *buisnart*, sot, hébété, imbécille : *buisnardie*, sottise, bêtise. — La mention expresse d'une locution Romane, I, 20 : « quod romanis verbis soldatas appellamus. » — Voici quelques expressions que je ne saurais rapporter à aucun pays particulier, ainsi, III, 53. *forfacere* et *forfactum*. (On les trouve aussi dans la L. long. Pipini 32.) ; IV, 1. *rancunare* (al. *rancurare*) pour appeler ; II, 32. *bisantos* (monnaie connue du moyen-âge) ; ibid. *Contortus* (al. *Cuntorius*, *Contrarios*) personnage distingué, et *Renovarios* (al. *Renovatios*), homme de la basse classe ; I, 9. *Improperium*, injure.

(*a*) Petrus III, 36, conf. Baluz. T. II, p. 277. — Le passage n'est pas rapporté dans Petrus comme dans Gratien (c. 21. C. 17, q. 4.), mais presque comme dans Ivo Decret. III, 98, c'est-à-dire avec la définition du *Sacrilegium*. Le passage de Petrus paraît encore plus conforme à la *Collectio Cæsaraugustana*, car Ivo termine la décision synodale par ces mots : « huc usque lex Papæ, » tandis que la compilation espagnole (Augustinus de emend. Gratiani Lib. 2, dial. 9.), faite vers le onzième siècle, s'arrête au mot « hucusque, » phrase inintelligible que Petrus a reproduite. La ressemblance est encore plus frappante d'après le texte de la Coll. Cæsaraug. copiée par

mais l'usage du mot *fœdum* (IV. 46) fait présumer qu'elle n'est pas non plus antérieure au onzième siècle. *Fœdum* n'existe dans aucun document authentique du neuvième siècle ; on le trouve quelquefois au dixième, mais bien plus rarement que diverses expressions analogues (*b*), tandis que Petrus l'emploie dans le passage déjà cité. Pour être admis dans un livre scientifique, ce mot devait être adopté généralement ; or, cet usage ne remonte pas au-delà du onzième siècle. Le style et les idées de l'auteur ne nous permettent pas de le placer au dixième siècle, et l'on concevrait difficilement qu'un pareil livre eût été écrit long-temps avant le douzième. — D'un autre côté, le Petrus doit avoir été écrit avant 1216, car nous y voyons (I. 28. 29) les mariages prohibés entre parents jusqu'au septième degré compté d'après le droit canon, prohibition qui, en 1216, fut restreinte au quatrième degré (*c*).

Le Petrus semble également antérieur au douzième siècle et à l'établissement de la fameuse école de droit de Bologne. En effet, l'école de Bologne a son style et son caractère bien marqués. Sa popularité et sa réputation furent bientôt telles, que les jurisconsultes mêmes des pays limitrophes eussent échappé difficilement à son influence. Or, le Petrus ne présente pas avec l'école de Bologne la moindre analogie, le rapport le plus éloigné. On n'y trouve pas davantage le texte des Pandectes suivi à Bologne, texte dont je parlerai plus bas. Enfin Petrus, au lieu de la Vulgate, cite toujours Julien, si fort discrédité par Irnerius, que dès lors les auteurs ne le citèrent presque plus. En parlant du *peculium quasicastrense*, Petrus

Blume sur le cod. Vatic. 4976, fol. 118, 119.) Néanmoins ce fait ne tranche pas la question, le compilateur espagnol ayant pu suivre d'anciens recueils que Petrus aurait également consultés.

(*b*) Feuz, Feum, Fevum. conf. Zepernik Abhandlungen aus dem Lehenrecht, Th. 2, S. 1-8. J. Heumann explicatio diplomatum, etc., (dans Jenichen thes. jur. feud. T. 1, p. 569.) ; Muratori antiqu. Ital. T. I. p. 594.

(*c*) C. 8. X. de consanguinate (IV, 14.)

donne pour exemple les honoraires des grammairiens (*d*). Si l'école de Bologne eût alors existé, les honoraires des professeurs se fussent présentés naturellement à l'esprit d'un jurisconsulte. Mon opinion s'accorde avec le fait rapporté note *a*, que Petrus a suivi, non pas Gratien, mais des recueils de droit canon plus anciens. Il existe à la bibliothèque de Paris un manuscrit certainement (*e*) postérieur à notre recueil, puisqu'il en contient des extraits, terminé par une table chronologique des papes et des rois, avec le nombre d'années de leurs règnes. Le dernier pape est Innocent II († 1143); le dernier roi de France est Louis VII, qui alors, selon cette table, avait régné sept ans, ce qui nous indique l'an 1144.

Deux passages sur le mariage des prêtres (I. 58 et 64) semblent reporter la date de notre recueil jusqu'au milieu du onzième siècle. D'après ces passages, tirés textuellement du droit Justinien, il est défendu aux prêtres, diacres et sous-diacres, de contracter mariage, mais le mariage antérieur subsiste, et même les ecclésiastiques mariés d'un rang inférieur peuvent obtenir des fonctions plus élevées (*f*). Cette faculté, contraire aux lois canoniques, se conserva dans l'usage jusqu'au onzième siècle, où Grégoire VII rétablit la règle dans toute sa rigueur, et frappa d'excommunication non-seulement les prêtres mariés, mais même les laïcs qui entendraient leurs messes (*g*). Ainsi donc Petrus écrivait avant le pontificat de Grégoire VII, car comment eût-il ignoré ces décrets qui agitèrent toute l'Europe? Ses expressions mêmes représentent parfaitement l'usage proscrit par Grégoire VII. Toutes ces circonstances réunies me portent à croire que notre recueil fut composé un peu après le milieu du onzième siècle.

(*d*) Petrus, I, 20, « sicut quod advocatus ex officio suo acquirit, vel clerici ex suis ecclesiis, *vel grammatici ex suis scholis regendis*.

(*e*) Cod. Ms. Paris. N. 3876.

(*f*) Petrus, I, 58, « nec propter eas ad altiores gradus prohibendi sunt ascendere. »

(*g*) Planck Geschichte der christlich-kirchlichen Gesellschafts-Verfassung, B. 3. S. 591. B. 4. Abschn. 1, S. 149, 153. Abschn 2, S. 322.

Cependant on pourrait invoquer, pour le placer à une date plus récente, quelques arguments spécieux. Ainsi les mots *Legis periti*, *Legis doctores* (Voy. la préface et III. 16. 69.), semblent indiquer l'existence des écoles de droit; mais j'ai déjà montré, ch. VI, les diverses significations de ces mots. — Les hauts dignitaires ecclésiastiques appelés en témoignage sont dispensés du serment (I. 63), privilége qu'une authentique d'Irnerius reconnaît aux évêques, et dont l'origine semble récente, car la Novelle n'en parle pas (*h*). Petrus aurait alors suivi Irnerius, et par conséquent vécu plus tard que lui. Mais Irnerius n'a-t-il pas pu copier Petrus ? ou bien, ce qui est plus vraisemblable, n'ont-ils pas puisé l'un et l'autre directement à la même source, c'est-à-dire à un passage du Code (*i*), qui était passé dans les lois lombardes (*k*) long-temps avant Irnerius, peut-être même avant Petrus. Si l'on admet cette explication bien naturelle, le passage reste étranger à la question de priorité entre Irnerius et Petrus.

51. Au reste, on ignore quel est l'auteur de ce recueil, car on ne saurait l'attribuer à aucun des auteurs connus sous le nom de Petrus. En effet, Petrus de Vineis est évidemment trop moderne, de plus il n'était pas Français. Petrus Blecensis est encore plus moderne, et d'ailleurs il habitait une autre province que notre auteur. Enfin, Petrus Cluniasensis vivait en Auvergne vers la fin du onzième siècle, et connaissait la littérature latine. D'après cela on pourrait supposer que ce recueil profane est une œuvre de sa jeunesse, mais ses premières compositions datent du temps de Grégoire VII. Quant au Vicarius Odillon ou Saxillon, et au subvicarius Rogerius, ils ne

(*h*) Auth. Sed judex C. de episc. (I, 3). Conf. Pagenstecher Irnerius injuria vapulans, p. 199, sq.

(*i*) L. 25, § 1. C. de episc. (I, 3.) « ecclesiasticis regulis, et canone a beatissimis episcopis antiquitus instituto, clerici jurare prohibentur. » Au reste, ni ce passage ni le droit canon postérieur ne semblent applicables au serment des témoins : conf. C. 7, X, de juram. calumniæ (2, 7.)

(*k*) L. Long. Henrici, II, L. I, de l'an 1047. (Voyez plus bas, Ch. XIV.)

sont nommés que dans notre recueil (Voy. préf. et IV. 1.). On n'a aucun motif de croire que le premier soit saint Odillon.

52. Notre recueil renferme une exposition systématique du droit, et en grande partie du droit romain. Il se divise en quatre livres (*a*). Le premier traite des personnes, le second des contrats, le troisième des délits, et le quatrième de la procédure. Néanmoins cet ordre n'est pas toujours suivi rigoureusement. Petrus se distingue par une grande connaissance des sources, et surtout par le talent de les mettre en œuvre. Si on peut lui reprocher de nombreuses erreurs, plus souvent encore il fait preuve de science et de sagacité. Considéré comme œuvre originale, son livre occupe une place à part, et même il l'emporte sur les premiers essais d'Irnerius et de son école, qui se bornaient à expliquer certains passages des textes. Je vais citer quelques principes de droit romain détournés de leur véritable sens, et quelques règles nouvelles introduites par la pratique. Les dispositions du droit romain sur la révocation des donations faites par la mère (*b*) sont appliquées au père dans notre recueil (I. 1.). L'acte de vente est parfait quand les parties se sont serré la main et ont bu le vin ensemble (II. 14.). Les trois degrés de fautes sont distingués soigneusement (II. 23. 57.). Les règles sur l'intérêt de l'argent (II. 32), la permission d'employer quelquefois des voies de fait (III. 2), et le partage des animaux pris à la chasse (III. 44.) sont toutes choses étrangères au droit romain. Il faut en dire autant de la règle qui donne la propriété d'un essaim d'abeilles à celui qui marque l'arbre où il se trouve (III. 45.), règle déjà écrite dans les lois germaniques (*c*). Celui qui fait perdre un œil à un autre doit payer

(*a*) On trouve à la suite de notre recueil et dans le manuscrit de Prague, un *tractatus actionum et de actionum varietate et earum longitudine*, dont il existe quelques fragments dans le manuscrit de Tubinge. Ces morceaux étrangers au Petrus, d'où peut-être ils sont tirés en partie, ne renferment rien qui permette d'en déterminer historiquement le caractère.

(*b*) L. 7, C. de revoc. donat. (VIII, 56.)

(*c*) L. Long. Rotharis, 324. L. Visigoth. Lib. 8, T. 6, L. 1. Grimm Rechtsalterthümer, p. 596.

200 solidi (III. 48), fixation qui ne se retrouve dans aucune loi germanique connue. Les témoins de basse condition et de mauvaises mœurs doivent être soumis à l'épreuve du feu (IV. 34). J'ai parlé (§ 50), des prohibitions de mariage entre parents, du mariage et du serment des ecclésiastiques.

Certains passages tiennent à la constitution politique. Les biens des époux divorcés sans cause licite appartiennent à la curie (I. 37); le droit romain les attribuait au fisc (*d*). Les *Illustres* du droit romain sont remplacés par les *Comites*, *Duces*, *Reges*. (I. 30. II. 32) Sur un passage où il est question du *princeps*, Petrus observe qu'il faut entendre par là le premier magistrat du lieu (le comte) (*e*). Enfin je citerai les règles sur la juridiction en matière féodale. (IV. 46).

53. Petrus énumère lui-même d'une manière fort exacte les sources du droit romain dont il fait usage. Ce sont les Institutes, les Pandectes, le Code et les Novelles (*a*). Si le mot Novelle était pris dans le sens ordinaire il désignerait aussi bien le texte complet des Novelles, la Vulgate par exemple, que l'Épitomé de Julien; mais comme plusieurs passages sont évidemment empruntés au texte de Julien (*b*), aucun à celui des

(*d*) Julian. 108, C. 7, 9.

(*e*) Petrus I, 38, « Principi supplicando. Pro Principe intelligas majorem judicem loci. (M. Taurin, *majorem loci*, sans judicem.)

(*a*) Petrus I, 66, « et hoc in Institutionibus, in Codice, et in Digestis, et in Novellis multotiens invenitur. »

(*b*) I. 2 est pris textuellement de Julien, 119, 1, sauf la désignation des quatre conciles, suffisamment connus sans le secours des Novelles. (J'ai indiqué § 48, N. 7, la variante du Ms. de Turin sur ce passage.) — I. 26 reproduit les expressions mêmes de Julien, 119, 17-18. — I. 12 et I. 25 emploient Falcidia pour légitime comme Julien 34 et 4-6, mais non le texte même des Novelles (Nov. 18, C. 1, Nov. 5. C. 5.) — I. 12 porte que le nouveau droit Justinien sur l'augmentation de la légitime s'applique seulement aux enfants, non aux père et mère, ce qui paraît tiré de Julien, 34, 1. (« Hoc..... teneat etiam in omnibus *descendentibus* personis »), la Nov. 18. C. 1, ne disant rien de semblable. — Le manuscrit de Tubinge, où les sources sont indiquées en marge, cite simplement la Novella, et par là il faut entendre l'Épitomé de Julien; ainsi, I, 3, « in Novella C. si mater marito defuncto, » sont les premiers mots de Julien, 87, 1.

Novelles, et que les sources n'abondaient pas à cette époque, je pense que Petrus a suivi l'Épitomé de Julien et non le texte des Novelles. Notre recueil n'offre aucune trace du Breviarium, et le passage unique que l'on pourrait y reconnaître dérive probablement des sources du droit canon. En effet, une constitution apocryphe de Constantin sur la juridiction des évêques, insérée dans plusieurs manuscrits à la suite du code Théodosien, et souvent citée au moyen-âge comme une loi de Théodose (*c*), existe aussi dans notre recueil. Là ce n'est plus une constitution de Constantin ou de Théodose, mais une déclaration de l'empereur Marcien au concile de Chalcédoine (a. 451) (*d*), assertion dont vainement on chercherait ailleurs la justification. Toutes les analogies que le code Théodosien ou le Breviarium offrirait avec notre recueil sont repoussées par cet exemple. — Cet usage exclusif du droit Justinien dans une province de l'Empire Franc, long-temps avant que ce droit eût refleuri à Bologne, a quelque chose de singulier. On pourrait rappeler ici que long-temps auparavant un évêque de Valence figura parmi les rédacteurs du code Bavarois, et que ce même code renferme des principes du droit Justinien; mais (§ 31) au onzième siècle le fait s'explique aisément. Valence et les provinces bourguignonnes étant réunies à l'empire

(*c*) Voy. Extrav. 1. C. Th. de episc. jud. (T. 6. P. 1. p. 339. ed Ritter); Capitul. Lib. 6. C. 366. « ex. 16. Theodosii Imp. libro, » et c. 35, 36, 37. C. XI. q. 1, enfin, plusieurs autres passages. conf. J. Gothofred. ad. Cod. Theod. l. c. et Baluz. ad Capit. l. c. Outre Godefroy, on peut, sur la question de la non-authenticité, consulter Hebenstreit diss. secunda hist. jurisd. eccl. ex LL. utr. Cod. Lips. 1776, p. 30-34.

(*d*) Petrus IV, 37, « In sexta actione Chalcedonensis consilii Marcianus Imperator inter cetera dixit, etc. » On pense bien que les actes de ce concile (Mansi, p. 6 et 7) ne contiennent rien de semblable. Néanmoins la citation est faite avec quelque connaissance, car on sait que, dans cette même séance, l'empereur parut en personne, et on a même conservé son discours. Mansi, T. 7, p. 117-178. — Je dois faire remarquer que le même passage, faussement attribué à Constantin, se retrouve dans les actes du troisième concile de Valence (a. 855), la ville qu'habitait probablement Petrus. Mansi, T. XV, p. 13.

d'Allemagne, la politique multipliait encore les nombreux rapports que le voisinage seul avait autrefois établis avec l'Italie. — Je ne saurais dire quel recueil de droit canon Petrus a pris pour guide.

54. Les nombreux fragments des Pandectes transcrits mot pour mot, et avec leurs inscriptions, méritent toute notre attention (*a*). En effet, les différences existant entre les textes des Florentines et de la Vulgate sont légères, comparées à celles que présente le texte de Petrus. Pour les faire mieux ressortir, j'ai inséré dans mon édition toutes les variantes des Florentines et de la Vulgate (*b*), et l'on y reconnaît au premier coup d'œil de véritables variantes et non des corrections arbitraires (*c*). Ce fait prouve, comme je l'ai déjà dit, que la composition de notre recueil est antérieure à l'école de Bologne, car tous nos manuscrits des Pandectes appartiennent à cette dernière époque, et ne présentent jamais de semblables variantes. Ce même fait jette un nouveau jour sur l'origine de nos manuscrits et sur leurs rapports avec les Florentines, problème posé jusqu'ici d'une manière trop exclusive.

En voyant l'analogie frappante de tous nos manuscrits, on devrait se demander : 1° Quel en est l'original ? Est-ce le manuscrit de Florence ? un ou plusieurs autres manuscrits ? ou bien enfin tous ces manuscrits réunis ? 2° Ce texte s'est-il établi par des copies isolées, ou bien d'après un examen critique des manuscrits, c'est-à-dire à une époque où la science avait repris une vie nouvelle ? Quant à la première question, le manuscrit de Florence n'est évidemment pas l'original de tous

(*a*) Voyez vol. III, ch. XXII, N. 1.

(*b*) Voici les éditions de la Vulgate que j'ai suivies : (1) Pour le Dig. vetus : ed. Norimb. 1482, f. Venet. 1484 f. (2.) Pour le Dig. Novum : ed. Rom. 1476, f. Norimb. 1483 f., et dans le petit nombre de passages où elles ne s'accordent pas, ed. Paris, 1510, 4.

(*c*) On peut s'en convaincre par l'examen de quelques passages où l'auteur abrège évidemment, par exemple : Lib. 2, C. 47. C. 24 et Lib. 3, C. 40 vers le milieu.

les autres, car il y manque une foule de passages authentiques, souvent des lignes entières. Mais il est également impossible qu'un manuscrit autre que celui de Florence ait été cet original; car partout on retrouve les transpositions qui n'existaient pas dans le manuscrit de Florence avant que les dernières feuilles s'en fussent détachées et eussent été remises en désordre. Reste donc la dernière supposition, que notre texte a été composé d'après plusieurs manuscrits, parmi lesquels était celui de Florence, et que cette composition a servi de base à tous ceux que nous possédons, car il n'en est pas un seul où ne soient reproduites les additions et les transpositions du dernier titre. Cette opinion admise, il faut aussi reconnaître que notre texte est établi, non par le travail de simples copistes, mais par la comparaison critique de plusieurs originaux. Dès lors le caractère de la Vulgate, jusqu'ici vague et indéterminé, se préciserait avec exactitude ; ce serait un texte établi à Bologne par les jurisconsultes de cette école célèbre, et dont l'autorité aurait fait oublier tous les autres manuscrits originaux, excepté celui de Florence (*d*).

A l'appui de cette opinion viennent les statuts si remarquables de l'école de Bologne, dont je parlerai plus bas, et le texte des Pandectes cité par Petrus. En effet, tout porte à croire que les manuscrits des Pandectes faits dans ces temps d'ignorance étaient pleins de fautes et très-différents entre eux. Quiconque a vu des manuscrits du Breviarium s'en fera aisément l'idée. Le manuscrit d'Ulpien à la bibliothèque du Vatican, et plus encore celui de Gaius à Vérone, sont également copiés sans la moindre réflexion et sont remplis de fautes De même aussi dans Petrus le texte des Pandectes est très-fautif, et ne ressemble nullement aux autres textes, tandis que les manuscrits des Pandectes connus aujourd'hui sont assez corrects, tous conformes au manuscrit de Florence, et se ressemblent

(*d*) Voyez de Verborum Significatione tit. Pand, et Cod. cur. Cramer. Kil. 1811, 8, præf. p. XIII, sq.

beaucoup. Il faut, pour expliquer cette circonstance, reconnaître qu'un texte a été soigneusement composé à Bologne, en prenant pour base le manuscrit de Florence, dont on ne s'éloignait qu'en cas d'absolue nécessité. Sans doute les manuscrits présentent de nombreuses variantes dans les détails, mais elles tiennent à l'imperfection des moyens d'exécution. Si nous étions assez heureux pour découvrir un manuscrit des Pandectes du onzième siècle, nous serions sans doute étonnés des leçons nouvelles qu'il renfermerait, et nous verrions combien est douteuse l'authenticité de nos textes. En effet, notre appareil critique se réduit, suivant moi, au manuscrit florentin et à quelques variantes de manuscrits aujourd'hui perdus, que les jurisconsultes de Bologne ont jugé à propos de recueillir.

55. Il n'entre pas dans mon sujet d'examiner de quelle utilité serait le Petrus pour rectifier le texte ou les inscriptions des fragments des Pandectes. Cependant je vais, par quelques exemples, mettre sur la voie des recherches. Gaius dit que celui qui emprunte une chose pour son usage commet un vol en la prêtant à autrui, et il ajoute cette observation générale : « Ex « quo satis apparet furtum fieri, *et si quis usum alienæ rei in* « *suum lucrum convertat* : nec movere quem debet quasi ni- « hil lucri sui gratia facit. Species enim lucri est, ex alieno « largiri, etc. (*a*). » Or, quel est le principe que le jurisconsulte veut faire ressortir à l'occasion du cas proposé ? Veut-il dire que l'usage de la chose et non la chose elle-même a été volé ? ou bien que le vol n'en existe pas moins pour profiter à un tiers ? Le texte adopté par tous les éditeurs ne se prête qu'à la première explication. Un commentateur qui n'admet que la seconde, a rectifié le texte de la manière suivante : « In suum « lucrum *non* convertat (*b*). » Petrus (II. 53) donne dans le même sens une leçon bien préférable : « Usum non *suæ* rei in « *alienum* lucrum convertat. » Au reste, je n'ai pas à discuter

(*a*) L. 54, § 1. D. de furtis (XLVII, 2.)
(*b*) Rad. Fornerius dans Otto Thes. T. II, p. 151.

ici le mérite de ces deux leçons du texte. — Celui qui est personnellement incapable de stipuler peut le faire par son esclave : « Si quis igitur ex his vult stipulari, per servum præsentem « stipuletur, et *adquiret ei* ex stipulatu actionem (*c*). » D'après cette leçon des Florentines et de la Vulgate, l'esclave acquérait une action par l'entremise de son maître, ce qui évidemment n'est pas le sens d'Ulpien. La difficulté disparaît dans Petrus (II 57), car il lit : « adquiret *sibi.* »

L'exception de dol a lieu quand la fraude qui n'existait pas dans l'origine résulte de l'action même intentée : « cum enim « quis petat ex ea stipulatione, *hoc ipse* dolo facit quod « petit (*d*). » Les Florentines portent : « hoc *ipse*, » tandis qu'il faut nécessairement « hoc *ipso*, » ainsi qu'on le trouve dans Petrus (IV. 61.) et dans la Vulgate. — Les fragments des Pandectes copiés littéralement sont pour la plupart tirés du *Digestum novum*, quelques-uns du *Digestum vetus,* aucun de l'*Infortiatum* (y compris le *tres partes*). Quant à l'*Infortiatum*, Petrus ne semble même pas en avoir eu connaissance. Cette circonstance peut être accidentelle, mais si Petrus n'a pas eu entre les mains cette partie des Pandectes, ce fait se rattacherait d'une manière frappante à cette circonstance, qu'Irnerius l'aurait découverte plus tard que les deux autres, conjecture par laquelle on explique la singulière division de tous les manuscrits sortis de l'école de Bologne. Alors on admettrait que plusieurs manuscrits présentant la même lacune circulèrent au moyen-âge. Néanmoins le système qu'on pourrait établir là-dessus reste une hypothèse, tant que rien ne constatera le fait que Petrus n'a pas connu l'*Infortiatum.*

56. Jusqu'ici on a rarement parlé de notre recueil et de son auteur. Panzer (§ 48. *a.*) et l'auteur cité par lui se contentent de décrire sommairement l'édition de Strasbourg. Ducange donne le titre de l'ouvrage d'après un manuscrit de Paris. Fa-

(*c*) L. 1. pr. D. de verb. oblig. (XLV, 1.)
(*d*) L. 36, D. de verb. obl. (XLV, 1).

bricius a suivi Ducange (*a*). Un auteur français est tombé, sur ce sujet, dans de graves erreurs. Il prétend que ce recueil est un abrégé des Institutes (fait entièrement faux), et il l'attribue au célèbre Saint-Pierre de Damien (*b*), chose impossible puisque Petrus n'était pas Italien, mais Français.

Voici le plan que j'ai suivi pour mon édition. J'ai donné le texte d'après l'ancienne édition et d'après le premier manuscrit de Paris, auquel j'en ai comparé quelquefois d'autres, notamment celui de Turin, n. 7. J'ai corrigé d'après les sources et sans en avertir, les fautes évidentes de copiste ou d'impression. J'ai indiqué à la fin des chapitres les textes du droit romain suivis par Petrus, distinguant ceux qu'il a copiés en entier ou en partie de ceux dont il ne reproduit que le sens (*c*). La limite entre ces trois classes de fragments est souvent incertaine, et quant à la dernière, on ne peut quelquefois déterminer le texte que l'auteur avait en vue. Un pareil travail n'admet pas une rigoureuse exactitude. Dans les fragments des Pandectes copiés littéralement j'ai donné toutes les variantes des Florentines et de la Vulgate. J'ai cité, au lieu des Novelles, l'Épitomé de Julien dont Petrus paraît s'être exclusivement servi. (§ 53.)

(*a*) Ducange dans l'Index Scriptorum de son glossaire : « Petrus, vir disertissimus, ejus Exceptiones Legum Rom. ad Odilonem, etc. » dans Cod. Reg. 1817 (l'ancien numéro d'un des manuscrits dont j'ai parlé). Fabricii bibl. med. et inf. lat. T. V, p. 285, ed. Mansi.

(*b*) Hist. litt. de la France, T. VII, p. 341, 342. On pourrait, dit l'auteur, attribuer à Pierre de Chartres les Exceptiones dont parle Ducange; « mais il y a tout lieu de croire que ces extraits, qui ne sont qu'un abrégé des Institutes de l'Empereur Justinien, tels qu'ils se voient dans la bibliothèque impériale (Lamb. bib. T. II, p. 810, n. 122), sont plutôt l'ouvrage du célèbre Saint-Pierre de Damien. » Le manuscrit de Vienne n'est autre que le Brachylogus qu'il plaît à l'auteur d'identifier avec notre recueil. Il ajoute que les Exceptiones sont dédiées à saint Odilon, ce qui n'est pas plus exact, car celui-ci, ayant été ecclésiastique dès sa plus tendre jeunesse, ne saurait être le vicaire Odilon, nommé par Petrus. Voyez Hist. lit l. c. p. 414.

(*c*) Les textes copiés littéralement sont marqués **, les textes copiés en partie sont marqués *; les autres n'ont aucun signe.

57. On peut résumer ainsi les détails que ce chapitre renferme sur l'existence du droit romain dans l'empire Franc. Le Papien ne laisse aucune trace dans le pays même où il a pris naissance. Le Breviarium non-seulement continue de gouverner les provinces conquises sur les Goths, mais il embrasse l'empire Franc tout entier, et devient pour les Romains la principale source de leur droit. A côté du Breviarium on trouve quelques textes du code Théodosien, un plus grand nombre tirés des compilations de Justinien, surtout de Julien, principalement pour les matières ecclésiastiques, mais sans exclure le droit civil. Petrus seul reproduit, non le Breviarium, mais le droit Justinien exclusivement, et presque dans toutes ses parties. Il est donc constant en fait que le Breviarium a conservé son autorité, mais on croit généralement que Charlemagne l'a confirmée. Je vais finir par l'examen de cette opinion.

J'ai déjà montré (vol. Ier, § 35) la fausse interprétation du passage des décrétales, où l'on a cru voir la mention de cette confirmation de Charlemagne. Mais on lit dans un manuscrit, à la suite du *commonitorium*, la mention suivante, qui ressemble fort à une confirmation : « Datum...... Tolosæ. Et « iterum anno XX. Regnante Karolo Rege Francorum et « Longobardorum et patricio Romanorum (*a*). » D'abord il paraît peu vraisemblable que Charlemagne ait confirmé un Code qui régnait paisiblement depuis plusieurs siècles. Dans les temps modernes le mécanisme des affaires est bien autrement organisé qu'au huitième siècle, et cependant un souverain n'irait pas, sans de graves motifs, renouveler des lois depuis long-temps en vigueur. Dira-t-on que cette mention, comme la souscription d'Anianus, n'a pour objet que de garantir l'authenticité du recueil (§ 14.) : mais à cette époque

(*a*) Voyez (§ 13). Cette addition parut pour la première fois dans l'édition de 1566, et par conséquent elle n'existe que dans le manuscrit de Ranconnet. (§ 13. *b*.).

une semblable précaution est contre toute vraisemblance; d'ailleurs il y manquerait la seule chose nécessaire, l'attestation d'un fonctionnaire public. Pour moi, je pense que cette addition : « Et iterum anno XX, etc. » est l'ouvrage du copiste, et s'applique à la date de la copie. Ainsi nous voyons dans un autre manuscrit du Breviarium une semblable mention dont le commencement paraît se rapporter à la rédaction de l'ouvrage, et dont la fin n'est relative qu'au travail du copiste (*b*).

(*b*) Ms. Paris. N. 4415, on lit à la suite du Breviarium : « Facta hec autem lex sub die sabbato in mense decb. anno XV, regnante Karlo rege. Vos autem lectores qui istum libellum legeritis manus vestras bene diligite et digitos vestros longe ponite ad scriptura quia qui nescit scribere nullum labore estima quia quinque berni arabant tres operabant sulcisque faciebant. O quam grave pondus scriptura dorsum incurvat oculos caliginem facit ventrem et costas frangit et tu frater qui legis istum librum ora pro radulfo clerico famulo dei qui hoc scripsit in atrio sci aniani si dm̄ habeatis adjutore vel protectore in omnibus operibus vris. »

CHAPITRE X.

DROIT ROMAIN EN ANGLETERRE.

58. La connaissance du droit romain survécut aussi en Angleterre à la domination romaine, mais les traces en sont si peu nombreuses, qu'on a pu aisément s'y tromper. Selden, un des auteurs les plus profonds qui aient écrit sur l'histoire du droit au moyen-âge, prétend que le droit romain disparut de l'Angleterre, jusqu'à ce qu'au douzième siècle l'influence de l'école de Bologne vînt l'y importer de nouveau (*a*).

Je trouve dans les recueils de lois (*b*) plusieurs textes qui semblent établir la connaissance du droit romain. — Les *leges Canuti*, cap. 68 (Canciani, IV. 309) nous montrent les héritiers ab intestat opposés aux héritiers testamentaires. — Cap. 71 (Canciani, IV. 310), la veuve qui se remarie pendant l'année de deuil perd sa dot, et tous les avantages que lui avait faits son mari. Ces dispositions sont tirées du droit romain (L. 1. C. Th. brev. de sec. nupt. III. 8.); car les peines établies par le droit Justinien (L. 1 et 2. C. de sec. nupt. et Petrus 1. 38) sont beaucoup plus compliquées. — Une loi de Henri Ier (1100—1135) contient une disposition empruntée au « *libro*

(*a*) Selden Diss. ad Fletam Cap. 7. — Cathcart, dans sa préface (Voyez vol. IV, appendice N. I), ne parle que de la conservation du régime municipal, et il ne dit malheureusement rien du droit privé.

(*b*) Leges Anglo-Saxonicæ ecclesiasticæ et civiles ed. David Wilkins. Londini 1721. f. Les textes les plus anciens sont en anglo-saxon accompagnés d'une traduction latine; les textes plus modernes sont tantôt en latin, tantôt en latin et en français. Les mêmes lois, sans le texte anglo-saxon, se trouvent dans le quatrième volume de Canciani.

« *Theodosaniæ legis*, » disposition que le rédacteur a copiée d'après le Breviarium, ou plutôt d'après le commentaire visigoth (*c*). — Les lois du pays de Galles, rendues vers l'an 940, portent qu'un seul témoin ne fait pas preuve et citent la *Lex Romana* (*d*). Le passage dont il est ici question se trouve également dans le Breviarium et dans le code Justinien (*e*). — Beda rapporte que le roi Édelbert († 613) fit, à l'exemple des Romains, rédiger un recueil de lois en langue anglaise (*f*).— Ce passage pourrait faire croire que ces lois sont imitées des lois romaines; mais ce recueil, dont nous possédons l'original anglo-saxon (*g*), n'a rien de commun avec le droit romain. La comparaison de Beda ne s'applique donc qu'à la forme du recueil et non pas aux lois elles-mêmes.

59. On ne connaît aucun document de cette époque où l'on voie l'application pratique du droit romain en Angleterre. Mais il existe quelques traces de travaux scientifiques sur le droit romain, qui se rattachent à l'étude des arts libéraux.

(*c*) Lex 33, Henri I. (Canciani, vol. IV, p. 379. Le texte n'est qu'en latin). « De libro Theodosianæ Legis injuste victus infra tres menses reparet « causam. Quod si neglexerit, sententia collata perseveret. » Le passage du Breviarium se trouve, L. 6, C. Th. de reparat. appell. (XI, 31); le Commentaire se termine par ces mots : « Quod si facere neglexerit, sententia quæ adversus eum lata fuerat perseveret, etc...... »

(*d*) Leges Wallicæ..... ed. Gul. Wottonus..... Londini, typis Gul. Bowyer 1730, f. lib. 2, C. 10. Num. 70. p. 138 : Lege Romana statutum est quod ubi numerus testium non adjicitur, etiam duo sufficient. Lege nostra, testimonium unius pro testimonio non censebitur, etc.... (Ce passage est accompagné de l'original gallois). Duck de usu et auth. j. civ. II, 8. § 16 cite le texte de cette loi alors inédite d'après un manuscrit de Selden.

(*e*) L. 3, C. Th. Brev. de fide testium (XI, 36). L. 9. C. Just. de testibus (IV, 20).

(*f*) Bedæ ecclesiast. hist. gentis Anglorum Lib. 2, C. 5 : « Qui inter cetera bona, quæ genti suæ consulendo conferebat, etiam decreta illi judiciorum juxta exempla Romanorum cum consilio sapientium constituit : quæ conscripta Anglorum sermone hactenus habentur, et observantur ab ea. »

(*g*) Les Leges Æthelbirhti sont les premières dans le recueil de Wilkins et dans celui de Canciani, qui ne donne que la traduction latine.

(§ 42.) J'ai déjà cité (a) une lettre de saint Aldelmus et un passage d'Alcuin sur l'école d'Yorck.

Ces témoignages nous montrent une certaine connaissance du droit romain, se conservant dans le clergé et se propageant dans les écoles ; mais on ne saurait croire que, depuis la conquête des Anglo-Saxons, ce droit ait été, comme en France, la loi vivante d'un peuple. Aucun document ne dépose d'un pareil fait, d'ailleurs incompatible avec le caractère violent et destructeur de la conquête anglo-saxonne.

Les faits énumérés dans ce chapitre n'établissent d'une manière certaine que la connaissance du Breviarium, qui aurait passé de France en Angleterre. Ainsi donc, tant qu'on ne produira pas directement la preuve que le droit Justinien se soit aussi introduit en Angleterre, on peut soutenir que le Breviarium seul y a été connu et appliqué.

(a) Vol. Ier, ch. VI.

CHAPITRE XI.

DROIT ROMAIN DANS LE ROYAUME DES OSTROGOTHS.

60. La domination d'Odovacar en Italie fut si courte qu'elle ne put avoir aucune influence sur le droit civil. La domination des Ostrogoths, au contraire, a laissé des traces profondes : plusieurs documents et un recueil de lois en font foi. Comme je ne puis traiter des documents que dans un autre chapitre, je parlerai seulement ici du code composé pour ce royaume, l'*Edictum Theoderici* (*a*).

L'édit de Théodoric, promulgué l'an 500 de notre ère, lors d'un voyage que ce roi fit à Rome (*b*), est le plus ancien code composé depuis la chute de l'empire d'Occident. Quoique fondé exclusivement sur le droit romain, il régissait les Goths comme les Romains, et, en cela, le royaume des Ostrogoths se distingue des autres États germaniques, où chaque peuple conserva son droit particulier. Mais cette exception rentrait dans le plan général de Théodoric, qui voulait former une seule nation des deux peuples : s'il réserva aux Goths le droit exclusif de porter les armes, sous tous les autres rapports il les assimila aux Romains.

(*a*) L'édit de Théodoric a été imprimé pour la première fois comme appendice de Cassiodore dans l'édition de Pithou (Paris , 1579. f.), puis dans les diverses éditions de Cassiodore , enfin dans les recueils de Lindenbrog, Georgisch et Canciani (vol. I). — Une nouvelle édition de l'édit avec indication des sources est intitulée : G. F. Rhon commentatio ad edictum Theodorici regis Ostrogothorum . Halæ, 1816, 4.

(*b*) Ritter , T. 2, C. Theod., pages 4 et 5 de sa préface , a recueilli toutes les preuves qui établissent la date de l'édit.

Que cet édit ait été fait pour les Goths et les Romains, c'est ce que prouvent le texte même de l'édit (*c*), plusieurs passages de Cassiodore qui assignent le même droit aux deux peuples (*d*), et d'autres passages du même auteur, où l'on voit que les Goths suivaient le droit Romain (*e*). On pourrait croire que l'édit réglait les différends des Goths et des Romains, non ceux des Goths entre eux, ou des Romains entre eux; mais la généralité des passages cités repousse une pareille opinion; d'ailleurs Cassiodore dit formellement que les procès qui s'élèvent entre les Goths se jugent d'après l'édit (*f*).

61. Il paraîtrait que l'édit de Théodoric dut bouleverser toute la législation des Goths; mais on va voir que ce changement fut singulièrement adouci. Souvent le législateur, pour ajouter à l'autorité de ses décrets, abolit tout le droit antérieur; c'est ainsi que le Breviarium visigoth traita les anciennes sources du droit romain (§ 14). L'édit de Théodoric, au contraire, donna bien force obligatoire à toutes ses dispositions, mais maintint le droit en vigueur (*a*), de sorte que les Goths

(*c*) Edictum Theoderici prolog. « ut salva juris publici reverentia et legibus omnibus cunctorum devotione servandis, *quæ Barbari Romanique sequi debeant* super expressis articulis, edictis præsentibus evidenter cognoscant. » epilog. « quæ omnium Barbarorum sive Romanorum debet servare devotio. »

(*d*) Cassiodor. Var III, 13. « nec permittimus indiscreto [lege *in discreto*] jure vivere, quos uno voto volumus vindicare. » — Var. VIII, 3. « Gothis Romanisque apud nos jus esse commune. »

(*e*) Cassiodor. Var. I, 27. « Si exterarum gentium mores sub lege moderamur, si juri Romano servit quicquid sociatur Italiæ, etc. » — Var. III, 43. « Delectamur jure Romano [lege *Romanorum*] vivere, quos armis cupimus vindicare. »

(*f*) Cassiodor. Var. VII, 3. « necessarium duximus..... ad vos Comitem destinare, qui *secundum edicta nostra inter duos Gothos* litem debeat amputare, etc..... »

(*a*) Voyez le passage du prologue, cité note *c*. — Plus tard, Athalaric a également confirmé l'ancien droit; Cassiodor. IX, 18. « Sed ne pauca tangentes reliqua credamur noluisse servari, omnia edicta tam nostra quam domini avi nostri..... *et usualia jura publica*, sub omni censemus distric-

continuèrent à être régis par le droit goth, les Romains par la loi romaine, dans tous les cas que le nouveau code n'avait pas prévus.

La conservation du droit existant était ici indispensable, car l'édit de Théodoric était beaucoup moins complet que les autres codes du même genre. La plus grande partie traite du droit criminel : quant au droit civil, les matières principales y sont complètement omises ou touchées si sommairement que la pratique n'eût pu s'en contenter. Voici, par exemple, la seule disposition de ce code sur l'hérédité ab intestat : la succession de celui qui meurt sans faire son testament appartient à ses fils et petits-fils ou aux agnats et cognats les plus proches (*b*). Une pareille loi serait inapplicable, si elle ne se référait à une autre loi déjà connue ; et il paraît que les Goths eux-mêmes purent continuer à suivre leur droit national, relatif aux successions. Mais on trouve dans l'édit des dispositions beaucoup plus explicites sur le droit qu'avait le fisc de succéder à défaut d'héritier du sang (*c*). On voit donc que le législateur a voulu principalement régler tout ce qui intéresse directement l'État, et qu'il s'est contenté de maintenir le droit privé des deux peuples. Le gouvernement de Théodoric était trop bien ordonné pour qu'on puisse l'accuser ici d'impéritie ou de négligence ; il semble plutôt s'être proposé d'habituer par degrés les Goths à des mœurs et à des lois étrangères.

62. D'après le plan de mon ouvrage, il importe de déterminer les sources qui ont été mises en œuvre dans l'édit des Ostrogoths. Tout y dérive du droit romain, rien du droit germanique ; et si les auteurs modernes ont souvent élevé des doutes

tionis robore custodiri. » — Ici le mot *edicta* désigne non-seulement l'édit de Théodoric, mais encore toutes les lois des rois Ostrogoths par opposition au droit Romain.

(*b*) Ed. Theod. art. 23. « Si quis intestatus mortuus fuerit, is ad ejus successionem veniat, qui inter agnatos atque cognatos gradu vel titulo proximus invenitur, salvo jure filiorum ac nepotum. »

(*c*) Ed. Theod. art. 24.

à cet égard, c'est que la plupart des sources du droit romain n'existent plus, et que d'ailleurs l'édit ostrogoth les a singulièrement défigurées, comme je le montrerai bientôt. Ici, de même que dans le Breviarium visigoth, on retrouve les deux classes de sources alors connues, les constitutions (*Leges*) et les écrits des grands jurisconsultes (*Jus*) (*a*). J'ajouterai maintenant quelques observations sur les différentes sources (*b*).

Les rédacteurs de l'édit ont d'abord suivi le code Théodosien et surtout les Novelles. Cette préférence, dont on aperçoit le motif, n'a pas besoin d'être justifiée par des exemples (*c*). Nous voyons en outre une suite de rescrits que nous ne connaissons que par le code Justinien (*d*), mais qui sans doute existaient dans les codes de Grégoire ou d'Hermogène, dont nous ne possédons plus qu'un petit nombre de fragments. Enfin, à l'égard des anciens jurisconsultes, beaucoup de passages des

(*a*) Ed. Theod. epil. « quæ ex novellis *legibus*, ac veteris *juris* sanctimonia pro aliqua parte collegimus. » Cf. vol. I. § 3. — Les *Novellæ* leges ne sont pas seulement les Novelles, mais encore les constitutions du code Théodosien, appelées ici *Novellæ* par opposition au *vetus* jus, c'est-à-dire aux écrits des jurisconsultes classiques qui sont d'une époque bien plus reculée.

(*b*) Il n'est pas dans le plan de mon ouvrage d'indiquer la source de chaque article de l'édit de Théodoric, comme je l'ai fait pour les codes des Bourguignons et des Visigoths; j'indiquerai seulement les passages reproduits littéralement, et où l'imitation se reconnaît sans examen approfondi et au premier coup d'œil. Je me servirai ici du travail que Rhon a fait sur l'édit de Théodoric, et il serait à souhaiter de voir approfondir ce sujet jusqu'alors entièrement négligé.

(*c*) L'article 84 renferme un édit de Constantin que l'on ne trouve d'ailleurs que dans le code Justinien (L. 4, C. De servis fugit. VI, 1). Ce texte se trouvait probablement au titre du code Théodosien de fugitivis colonis (V, 9.) et n'a pas été inséré au Breviarium; il faisait donc partie des livres du code Théodosien qui sont aujourd'hui perdus.

(*d*) Un rescrit de Gordien, L. 3, C. ad. L. Corn. de sicar. IX, 16. se trouve dans l'édit, art. 15. — Divers rescrits de Dioclétien sont reproduits dans les passages suivants : Art. 81 (L. 10, C. ad L. Fab. IX, 20). Art. 87 (L. 6, C. eod.) Art. 109 (L. 4, C. de nox. act. III, 41). Art. 136 (L. 20, C. de locat. IV, 65).

Pauli receptæ sententiæ sont passées dans l'édit (*e*). Si donc le Breviarium visigoth a pris le même ouvrage pour guide, il ne faut pas l'attribuer au hasard ou à la disette des sources, mais à l'importance que les sentences de Paul avaient alors dans la pratique du droit. On ne saurait reconnaître, à cause de la perte des originaux, les fragments empruntés à d'autres jurisconsultes, excepté deux qui ont été reproduits dans les Pandectes (*f*), et qui se trouvent aussi appartenir à un des ouvrages de Paul.

63. Il est impossible de donner beaucoup d'éloges à la manière dont les sources ont été mises en œuvre dans l'édit de Théodoric. Néanmoins, les libertés que prennent les rédacteurs, leur habitude de changer le sens en conservant les termes, ne doivent pas leur être reprochées d'une manière absolue, car tout cela rentrait dans leur plan; et à la distance où nous sommes, comment juger pertinemment leur point de vue. Mais il faut convenir que les parties conservées intactes, rapprochées grossièrement et sans ordre, ont perdu toute leur valeur, et sont devenues méconnaissables. Dans aucun Code du même genre les textes originaux n'ont été aussi défigurés; la nature du recueil n'admet pas l'indication des sources, indication si utile même pour la pratique dans les codes des Bourguignons, des Visigoths et de Justinien. Quant à la disposition des matières, on ne saurait y découvrir aucun ordre (*a*) et il paraît que le hasard seul y a présidé.

(*e*) Ed. Theod. Art. 56, 57, 58. Cf. Paul. V, 18. § 2, 1, 4. — Art. 75, Cf. Paul. V, 26. § 3. — Art. 89, 90, 91. Cf. Paul. V, 25. § 12, 5, 2. — Art. 94, 95. Cf. Paul. V, 1. § 1. — Art. 98. Cf. Paul. V, 20. § 3, 4. — Art. 100, 101, 102. Cf. Paul. V, 16. § 3, 7, 9. — Art. 104. Cf. Paul. V, 22. § 2. — Art. 115, Cf. Paul. V, 27. — Art. 117, 120, 130, 146, 151. Cf. Paul. II, 31. § 7, 8, 10, 24, 30, 25. — Art. 124. Cf. Paul. V, 26. § 4. — Art. 5. Cf. Paul. V, 5, *a*. § 6, 7. et non L. I. § 3 D. quæ sent. comme je l'avais indiqué dans ma première édition.

(*f*) Ed. Theod. Art. 105, L. 12. D. fin. reg. X, 1. (Paulus, lib. 3. responsorum). — Art. 139. L. 49. pr. D. de jud. V, 1. (Paulus, lib. 3. responsorum).

(*a*) Ritter prétend que les rédacteurs de l'édit ont suivi l'ordre du code

Néanmoins ce serait se tromper que de juger, d'après la rédaction de l'édit, l'état de la science et la pratique du droit à cette époque. Plusieurs circonstances font présumer que cet état était bien plus prospère qu'on ne le croirait en voyant l'édit. Je citerai d'abord les écrits d'un auteur contemporain, Boethius, où l'on trouve l'intelligence des jurisconsultes classiques. Boethius était, il est vrai, de beaucoup supérieur à son siècle, mais on peut invoquer en faveur du siècle lui-même les documents de cette époque et ceux des temps postérieurs, où nous voyons l'application raisonnée du droit romain, et la conservation des anciennes formes dans presque toute leur pureté. Les règles particulières du droit étaient connues, mais on ne savait pas en tirer des principes généraux; si donc les Romains n'eussent eu alors un code à rédiger, leur science nous semblerait moins pauvre. Pour expliquer les imperfections de ce code, on pourrait être tenté de l'attribuer à des Goths, mais alors je répèterais ce que j'ai dit sur le Breviarium, et avec d'autant plus de raison, que chez les Ostrogoths la constitution politique laissait une grande influence aux Romains. On doit donc conclure hardiment que Théodoric confia la rédaction de l'édit aux plus savants des jurisconsultes romains de son temps.

Théodosien (T. 2. Cod. Theod. p. 3, de la préface). Il suffit d'un coup d'œil pour se convaincre du contraire.

CHAPITRE XII.

DROIT ROMAIN EN ITALIE SOUS LA DOMINATION GRECQUE.

64. Lorsque, l'an 554, la conquête de l'Italie put être considérée comme achevée, Justinien rendit une ordonnance pour l'organisation de cette nouvelle province (*a*). Le droit n'y fut pas oublié. Justinien ordonna que les Pandectes, le Code et les Novelles seraient exécutoires en Italie comme dans tout le reste de l'empire, ajoutant que déjà l'Italie avait reçu les Pandectes et le Code (*b*). Quant à l'édit de Théodoric, qui d'ailleurs n'avait pas dû jeter de profondes racines, il se trouva abrogé de fait, et sans révocation formelle. Les recueils de Justinien, au contraire, répondaient trop bien aux besoins de l'époque pour ne pas se propager rapidement, aussi les verrons-nous dans les siècles suivants connus par toute l'Italie. Seulement il paraît que les Goths purent continuer à suivre l'édit de Théodoric. En effet, nous voyons des Goths, prêtres

(*a*) Justiniani Sanctio pragmatica, à la suite du Corpus Juris. (Voyez vol. Ier. § 105. *a*.).

(*b*) Sanctio pragmatica, C. 11. « Jura insuper vel leges Codicibus nostris insertas, quas jam sub edictali programmate in Italiam dudum misimus, obtinere sancimus. Sed et eas, quas postea promulgavimus constitutiones, jubemus sub edictali propositione vulgari ex eo tempore quo sub edictali programmate evulgatæ fuerint etiam per partes Italiæ obtinere, ut una Deo volente facta republica legum etiam nostrarum ubique prolatetur auctoritas. » Par ces mots « *jura* vel *leges* Codicibus insertæ » Justinien désigne sans doute les fragments des anciens jurisconsultes (les Pandectes) et les Constitutions (le Code).

Ariens et habitants de Ravenne, invoquer les *edicta* (c). Le document est de l'an 551, c'est-à-dire onze ans après la conquête grecque, époque où le droit Justinien était depuis long-temps importé en Italie. La conservation de l'édit avait pour les Goths un intérêt tout particulier, non sous le rapport du droit romain qu'il reproduisait d'une manière si incomplète, mais sous le rapport du droit goth qui se trouvait en même temps confirmé, sauf les cas de dérogation expresse. On pourrait expliquer ainsi comment on trouve encore, après plusieurs siècles, des professions de droit goth en Italie; mais, suivant moi, il s'agit ici de la nation des Visigoths, qui avait avec l'Italie des rapports continuels, et dont une partie obéissait au même maître depuis les Carlovingiens.

65. Des monuments précieux pour l'histoire du droit en Italie à cette époque, et sous la domination des Goths, sont les documents de Ravenne, écrits sur papyrus, et dont j'ai fait usage en parlant du régime municipal (a). Ces documents n'ont pas le même caractère que ceux du même genre chez les Francs et les Lombards, car les uns ne nous montrent que l'applications des sources déjà connues, tandis que les autres nous révèlent les formes et les principes de l'ancien droit romain. Sans entreprendre ici un travail qui exigerait la reproduction des textes (b), je me contenterai d'indiquer les ré-

(c) Marini papiri diplom. N. 119. p. 181. lin. 50-52, « secundum leges *et ædicta* cuncta a nobis nostrisque hhbūs tibi tuisque postoris inpleantur. » Conf. Marini p. 347, note 16. — Sur le sens du mot *edictum* voyez plus haut § 61. *a*.

(a) Voyez vol. Ier. introduction Num. 7. et § 106. La plupart de ces documents appartiennent au sixième siècle, quelques-uns au cinquième et au septième.

(b) Ces documents se trouvent parmi beaucoup d'autres étrangers au droit privé dans Marini papiri diplomatici; Spangenberg (juris Romani tabulæ negotiorum sollemnium Lipsiæ 1822, 8.) les a réimprimés. Il serait fort à souhaiter qu'on donnât une nouvelle édition de ces documents, avec un commentaire juridique complet, pour lequel Marini fournirait de précieux matériaux.

sultats les plus importants pour la science qui ressortent de ces documents.

Dans un testament de l'an 575, des esclaves affranchis sont en même temps déclarés ingénus. Cette disposition semble se rapporter au nouveau droit introduit par Justinien (*c*).

Les actes de donations et de ventes parlent de l'aliénation de la propriété, souvent même de la mancipation. Mais ce mot y est employé d'une manière si vague, que les rédacteurs semblent le copier sans y attacher de sens (*d*). Cependant nous voyons dans deux actes de vente une pièce d'argent donnée et reçue, ce qui sans doute est un reste de l'ancienne mancipation (*e*). Cette forme ne s'accordait plus avec le droit Justinien, et l'empereur crut nécessaire d'en proscrire formellement l'usage dans les donations où elle était surtout employée (*f*). Au reste, la date de ces documents se place sous la domination des

(*c*) Marini papiri N. 75, p. 116. Spangenberg, N. XVIII. « Albaleanione cum uxore et filiis suis *ingenuos* esse volo Civesque Romanos. » Voyez plus haut, § 46 *c*. Marini, p. 257, note 1, traduit *ingenuos* par *liberos*, et il ne voit ici qu'un affranchissement ordinaire d'après les anciennes formes; mais les témoignages précis de plusieurs autres documents repoussent cette interprétation.

(*d*) Marini papiri N. 86, lin. 37 (a. 553) « Ergo quæ tradenda erant tradidimus, *quæ mancipanda erant mancipavimus*. — N. 88, l. 10 (a. 572) « donamus, cedimus, tradimus ac *mancipamus* sex uncias totius substantiæ nostræ.» Voyez encore N. 89 (a. 587), N. 93. l. 2 (sec. 6), N. 120, l. 53 (a. 572). — Marini ne voit dans tous ces passages que l'incurie des notaires (p. 304, note 1).

(*e*) Marini, l. c. N. 114, l. 36, « nummo usuali dominico uno. » — N. 118, l. 15, « nummum usualem Domini Con.... » (On peut rétablir le texte d'après le premier document.). — L'origine de ces formules n'est pas douteuse quand on les compare à une Constitution de Justinien : L. 37. C. de donat. (VIII, 54). « Verba superflua quæ in donationibus poni solebant, scil. *sestertii nummi unius*, assium quatuor, penitus esse rejicienda censemus, etc. » — Marini applique *usualis* aux monnaies ordinaires, et *dominicus* aux monnaies impériales, par opposition aux monnaies étrangères (p. 331, N. 18); mais *usualis* paraît mieux se rapporter à l'ancien usage de la mancipation, et *dominicus* à la formalité employée pour transmettre le domaine quiritaire.

(*f*) L. 37, C. de don. (Voyez la note précédente).

Goths, ou dans les premiers temps de la domination grecque, et alors même peut-être avant que le droit Justinien eût été introduit en Italie (*g*). De même le mot *fiducia* ne désigne plus le contrat particulier connu sous ce nom dans l'ancien droit, mais une obligation hypothécaire en général (*h*).

66. Plusieurs actes de donation ou de vente portent réserve d'usufruit. Quelquefois l'usufruit est viager, et alors cette clause dérive évidemment de l'intention formelle des parties (*a*). Mais ordinairement l'usufruit n'est constitué que pour un terme fort court, cinq, dix ou trente jours (*b*). Ici le but de l'ancien propriétaire se concevrait difficilement, s'il ne s'agissait d'une forme juridique, d'un *constitutum possessorium*, destiné à assurer la délivrance de la propriété, et à prévenir les discussions que pouvait faire naître une tradiction réelle incomplète (*c*).

Dans les donations et les actes de vente la stipulation est mentionnée fréquemment, tantôt en termes généraux (*d*), tantôt avec des détails relatifs à cette formalité (*e*). De semblables

(*g*) Le premier de ces documents (N. 114) est de l'an 539 ou de l'an 546 (Marini, p. 329); si l'on admet la date de 539, il est antérieur à la conquête de Ravenne par les Grecs (a. 540). Le second (N. 118) se place vers l'an 540 (Marini, p. 345, note 13); ainsi donc, à cette époque, Ravenne était encore sous la domination des Goths, ou venait d'être conquise par les Grecs.

(*h*) Marini l. c. N. 115. lin. 7, « nec alicui *offiduciatas.* » — N. 121. lin. 22, « nulli antea a se donatas, cessas, commutatas, *infiduciatas.* « — Ces expressions sont évidemment synonymes de celles employées dans le N. 119. lin. 41, « nec alicui *obligatas*; » N. 122. lin. 47, « nullique ante a se donatas cessas vel *opposita.* »

(*a*) Marini l. c. N. 84. N. 107.

(*b*) Cinq jours, Marini l. c. N. 89. N. 122. — Dix jours, ibid. N. 93. N. 123. — Trente jours, ibid. N. 86. N. 120. N. 121.

(*c*) Voyez, sur cette réserve de l'usufruit, L. 28. L. 35, § 5, C. de donat. (VIII, 54). Savigny, Recht des Besitzes, 5e ed., § 27. p. 331.

(*d*) Marini l. c. N. 80. Coll. 2. lin. 3. « stipulatione et sponsione interposita. » Cf. N. 86. l. 55. N. 89. p. 138. N. 93. lin. 63.

(*e*) Marini l. c. N. 84. Col. 2. lin. 4. stipulantique tibi vir beatissime Pater et Papa Johannes, spopondi ego qui supra Maria. » — N. 115. Col. 1. lin. 12. « stipulatus est Montanus v̄v̄ Notarius emptor spopondit qui supra Domnicus

mentions, quand elles se retrouvent dans les siècles suivants, peuvent être considérées comme une forme extérieure, une lettre morte dont l'esprit a disparu (*f*) ; mais alors il en était autrement, car le droit Justinien avait conservé la stipulation. —La stipulation est souvent employée pour garantir l'absence du dol ou une obligation solidaire de plusieurs débiteurs (*g*). Mais les actes de vente nous montrent surtout la stipulation du double connue dans l'ancien droit. Quelquefois les parties conviennent qu'en cas d'éviction l'acheteur pourra choisir entre le double de son prix et les dommages-intérêts. S'il demande le double de son prix, on y ajoute le double des sommes employées en améliorations (*h*).

67. Les deux pièces les plus précieuses que nous possédions sont relatives aux testaments. L'une est un fragment qui contient la fin d'un testament original de 575 et les souscriptions

vh. venditor ad omnia ss. [supra scripta] in vervis sollemnibus.» — Cf. N. 85. lin. 9-13. N. 114. lin. 72, 73, N. 118. p. 180.

(*f*) Ducange, T. VI, p. 744.

(*g*) Marini l. c. N. 114. lin. 70. sq., huic venditioni traditionique dlm̄. [dolum] abesse afuturumque esse Dqr. [de qua re] stipulatus est Peregrinus vstrn. [vir strenuus] emptor spoponderunt Thulgilo et Domnica hh. ff. [honestæ feminæ] et Deutherius ūh [vir honestus] singuli et in solidum se fidedicentes vendetores ad omnia ss.»

(*h*) Marini l. c. N. 120, lin. 42. sq. « Quod si res ss. de qua agitur hac die partemve ejus in æquum quis evicerit quominus emptore memorato htp̄ [habere tenere possidere] donare vindere commutare uti frui usuque capere recte liceat quod ita alio licetum non erit evictum ablatumve quid fuerit tunc quanti ea res erit quæ evicta fuerit *duplum pretium sstūm quinque solidorum* a sso venditore et ab ejusque hhbus. et successoribus eidem comparatori ss. ejusque hhbus et successoribus cogantur inferre *sed et res quoque meliorate instructæ ædificatæque taxatione habita* simili modo omnia duplariæ rei se qs. venditor hhdēsque suos reddere pollicetur *vel quantum ss. emptori interfuerit.*» — Ib. N. 118. p. 80. « Quod si..... inquietati fuerint vel evictæ tunc hos centum et triginta solidos quos prætio numeratos suprascriptus accepisse dixit *sed et alierum tantum numerum solidorum evictionis nomine et rei quoque meliorate* instructæ ædificatæque... cogantur inferre *vel quantum emptori suprascripto interfuit* inquietari evinci aut rem minime debuisse. » — Cf. N. 114. lin. 60-70. N. 115. lin. 8-11. N. 119. lin. 28-33. N. 121. lin. 24-28. N. 122. lin. 49-62.

des témoins (*a*). L'autre est la copie authentique de plusieurs procès-verbaux de différentes dates constatant l'ouverture de plusieurs testaments (*b*). Tous ces testaments sont solennels et passés en présence de sept témoins ; aucun n'est fait en justice. Les formes de l'ancien droit y paraissent suivies avec une scrupuleuse exactitude.

Ces documents nous montrent d'abord comment étaient conçues les souscriptions des témoins, et à quelle époque elles devinrent nécessaires. En effet, on sait que chez les anciens Romains les sceaux des témoins n'étaient pas, comme dans les temps modernes, placés au bas des testaments, mais appliqués à l'extérieur de l'acte ; ils servaient en même temps à remplir la formalité prescrite, et à garantir le secret et l'inviolabilité de la volonté du testateur. Or, nos documents nous montrent les témoins faisant, 1° une *subscriptio* mise à la suite du testament, comme de nos jours la signature des témoins, sauf que chaque souscription relatait toute l'opération ; 2° une *superscriptio* mise sur la partie extérieure du rouleau où chaque témoin, à côté de son sceau, reproduisait la *subscriptio*, mais d'une manière abrégée, et en caractères plus petits, suivant l'espace à remplir. Cet usage nous est plusieurs fois attesté par les registres d'ouverture des testaments (*c*), et nous possédons les *subscriptiones* et les *superscriptiones* d'un testament original conservées presque en entier (*d*).

(*a*) Marini l. c. N. 75. Spangenberg N. XVIII.

(*b*) Marini l. c. N. 74. Spangenberg N. XIV.

(*c*) Marini l. c. N. 74. Col. 5. lin. 1. sq. « Constantius v. d. d. [vir devotus dixit]. In hoc testamento et me certum est interfuisse in quo agnosco anuli mei signaculum *superscribtionem* meam *et infra subscripsi*. Pompulius Serverus, ũd. d. cum suprascribtis viris in hoc testamento pariter interfuit in quo agnosco anuli mei signaculum sed ei *intrensicus subscribsi.* » On trouve dans le même document plusieurs exemples du même genre.

(*d*) Marini l. c. N. 75. Voici, par exemple, tout ce qui concerne le troisième temoin : 1.) Subscriptio « Riccitanc vc̄ huic testamento rogatus a Mannanc vd. testatore filio qd. [quondam] Nanderit ipso præsente et subscribente adque ei testamento relictum per quo constituit hhdem scām eccle-

A l'aide de ces pièces on peut montrer historiquement l'origine de cette coutume. Les Pandectes parlent de l'écriture des témoins comme d'une chose connue et établie depuis longtemps. Justinien, au contraire, dit qu'elle a été introduite par les constitutions impériales. Mais la contradiction disparaît si les Pandectes n'ont parlé que de la *superscriptio*. Autrement entendus, ces passages sont même inintelligibles (*e*). La *superscriptio* est sans doute aussi ancienne que l'apposition des sceaux. Ces deux formalités paraissent même inséparables, et il faut croire que le préteur, en exigeant les sceaux de sept témoins, exigea ou supposa aussi la *superscriptio* tacitement et par la seule force des choses. La validité du testament dépendait de l'authenticité et de la conservation des sceaux. Ces faits ne pouvaient être constatés qu'avant l'ouverture du testament et par les témoins qui l'avaient scellé. Aussi les témoins étaient-

siam catholicam Ravtēm [Ravennatem] testis subscribsi. » — (2) Superscriptio « Ricchitanc vc. testamento Mannanis signavi. »

(*e*) L. 22, § 4. D. qui test. (XXVIII, 1) d'Ulpien : « Si quis ex testibus nomen suum non *adscripserit* (c'est-à-dire à côté de son sceau), veruntamen signaverit : pro eo est, atque si adhibitus non esset. Et si, ut multi faciunt, adscripserit se, non tamen signaverit, adhuc idem dicemus. — L. 30. eod. (Paulus) : « Singulos testes qui in testamento adhibentur proprio chirographo *adnotare* convenit, *quis* et *cujus* testamentum *signaverit* ». *Adnotare* désigne une mention faite à côté du sceau, ou la *superscriptio*, qui dans notre testament (note *d.*) est rédigée suivant le texte de Paul ; car le témoin indique à la fois son nom et celui du testateur. *Signaverit* désigne évidemment une action déjà consommée, et s'applique à la *superscriptio*, non à la *subscriptio* qui devait avoir lieu avant la clôture du testament, par les sceaux des témoins. Faute de connaître la *subscriptio*, et la *superscriptio*, ou faute de les distinguer, les commentateurs n'ont pu donner de ces passages une explication satisfaisante. Voyez Salmasius de modo usur. p. 437. et de subscrib. et sign. testam. p. 231 sq. Heraldi obss. ad j. Att. et Rom. p. 499, 502. Sarravii epist. ad Burmann. N. 193. Schulting p. 344, not. 48. — L'usage de cette double écriture nous a été révélé par Marini (Fratelli arvali p. 444-447) à l'aide de ces documents ; et c'est dans le même passage qu'il indique le véritable sens de la L. 30. D. qui test. — Ces documents expliquent aussi ce passage difficile (Paulus V, 25. § 6. « Ut exteriores scripturæ fidem interiori servent. » Cf. Buttmann Zeitschr. f. gesch. Rechtswiss. I, 281).

ils appelés à l'ouverture du testament (*f*). Mais comment savoir les noms des témoins et distinguer leurs sceaux, si à côté de chaque sceau ne se trouvait le nom du témoin. La *subscriptio*, dans l'intérieur d'un testament scellé, ne remplissait pas ce but, et était bien moins nécessaire que la *superscriptio*. Aussi la *subscriptio* semble introduite par une constitution de Théodose II (*g*) : l'on comprend pourquoi Justinien en attribue l'origine aux constitutions impériales (*h*), et ne parle pas de la *superscriptio*, que les Pandectes nous représentent comme inséparables du sceau des témoins.

68. On trouve dans ces documents des renseignements précieux sur le problème si difficile de l'indivisibilité des anciens *Fundi*, et de la vente qui s'en faisait par parties appelées *onces* (*a*), car plusieurs actes de donations ou de ventes donnent sur les *onces* des détails importants quoique un peu obscurs. — Un acte de vente de 551 cite la *lex Aquiliana* et la *lex Nerviana*, dont la dernière, sans cette mention, nous serait entièrement inconnue (*b*). — J'ai déjà parlé d'une formule qui paraît remonter à la plus haute antiquité, et de la méprise singulière à laquelle elle a donné lieu (*c*). — Outre les détails relatifs aux testaments, ces documents nous donnent d'utiles

(*f*) Paulus IV, 6. § I. « Tabulæ testamenti aperiuntur hoc modo, ut testes vel maxima pars eorum adhibeatur qui signaverint testamentum : ita ut, *agnitis signis*, rupto lino, *aperiatur* et recitetur, etc.» Voyez L. 4, 5, 6, 7. D. test. quemadm. aper. (XXIX, 3).

(*g*) Voy. Theod. T. 9 : « Non *subscriptum* namque a testibus atque signatum testamentum pro imperfecto haberi convenit.» Peut-être la *subscriptio* était-elle généralement adoptée et la Novelle ne fit-elle qu'ériger l'usage en loi.

(*h*) § 3, J. de test. ord. (II, 10) : « subscriptione testium, *quod ex Constitutionibus inventum est*..... subscriptiones autem testatoris et testium *ex sacrarum Constitutionum observatione adhibeantur*.»

(*a*) Niebhur Rœmische Geschichte, Th. II. p. 708-710, 2e éd.

(*b*) Marini l. c. N. 119. lin. 57 : « Aquilianæ quoque Nervianeque legum vigore subjungenti sed et stipulationis valeditate legitima sollemnitate adicienti.» Ici lex Aquiliana désigne sans doute la stipulatio Aquiliana.

(*c*) Vol. Ier § 140.

notions sur la forme extérieure des actes. Ainsi, par exemple, Justinien ordonna que les actes porteraient la date du règne de l'empereur (*d*). Un testament de l'an 552 porte cette mention qui n'existe pas dans les pièces plus anciennes (*e*).

69. Voici enfin quelques travaux scientifiques exécutés en Italie sous la domination grecque :

(1). La glose de Turin sur les Institutes dont je parlerai bientôt.

(2). Une pièce inédite de la bibliothèque de Vienne (*a*).

(3). Le recueil pour les *Agrimensores*, consacré en grande partie aux matières juridiques et composé en Italie, à l'époque dont je m'occupe (*b*).

(4). Les Scholies sur Julien, dans un manuscrit de Vercelli (*c*).

(5). Les Scholies sur Julien, publiées pour la première fois par Miræus (*d*).

(6). Le *Dictatum de consiliariis*.

(7). La *Collectio de tutoribus*, ainsi que le *Dictatum*, faussement attribuée à Julien et publiée par Pithou (*e*).

70. Ces trois dernières pièces, de peu d'étendue et de peu d'importance, ont entre elles une analogie remarquable, surtout par la manière dont les sources y sont mises en œuvre (*a*). La plus riche en citations est le *Dictatum de Consiliariis* qui

(*d*) Nov. 47. C. 1. de l'an 537.

(*e*) Marini N. 74. Col. 6. lin. 12 : «Imp. Dñ. Justiniano pp. Aug. ann. xxv undecies p. c. Basili iuñ.»

(*a*) Biener Geschichte der Novellen p. 233, 234, 241, et Zeitsch. f. gesch. Rechtswiss. vol. V. p. 345-351.

(*b*) Niebuhr Romische Geschichte Th. II, p. 540 de la Ier éd. Ces détails ont été omis dans la seconde édition.

(*c*) Biener Geschichte der Novellen p. 229, 230.

(*d*) On les trouve page 176 de l'édition de 1561.

(*e*) Elle a paru, pour la première fois, à la suite de la première édition de la Collatio (Fragmenta quædam Papiniani..... Lutet. 1573. 4), p. 59-65. Depuis elle a été souvent réimprimée.

(*a*) Fr. Aug. Biener, historia Authenticarum, Lips. 1807, 4. p. 14-20, a traité de ces différentes pièces d'une manière profonde et étendue.

contient des passages des Pandectes, du Code et des Novelles, cités d'après les numéros des livres et des titres. Ces numéros concordent parfaitement, sauf quelques exceptions que l'on peut aisément mettre sur le compte du copiste. On y voit que déjà le nom de *Novellæ* désignait l'Épitomé de Julien (*b*). Cette circonstance et l'emploi de la langue latine font présumer que ces travaux ont été exécutés dans l'Occident et non, par exemple, à Constantinople. D'un autre côté, il existe plusieurs raisons de croire que ces ouvrages furent composés dans l'Italie grecque, c'est-à-dire dans un pays directement soumis à la domination grecque, car leurs auteurs avaient entre les mains des manuscrits du Code plus complets que ceux que nous possédons, et où se trouvaient précisément les constitutions grecques qui manquent dans nos manuscrits (*c*). L'usage de citer d'après les seuls numéros des titres et une désignation particulière (*d*) semble indiquer une époque antérieure à celle

(*b*) Biener l. c. p. 15. — La dernière citation du *Dictatum*, par exemple, est ainsi conçue : « Sin autem actor intentionem suam deseruerit, quid juris sit, in Novell. const. post Codicem promulgatum invenies circa CV. Constitut. » Le rédacteur avait en vue la Novelle 112, ou plutôt Julien, Const. 105, car il reproduit le passage de Julien et non celui de la Novelle. La plupart des autre citations se rapportent à l'Épitomé de Julien, mieux du moins qu'au texte des Novelles ; seulement le rédacteur du *Dictatum* ne donne pas aux Constitutions le même numéro que Julien. Voyez par exemple note *f*.

(*c*) *Dictatum*, ed. 1573, p. 60, 61, lib. VIII, Cod. propter criminales discussiones et maxime Titulo de custodia et exhibitione reorum, in quo est Græca constitutio quæ de temporibus loquitur intra quæ oportet criminales exilii causa mitti, quando hac sunt coercitione digni. » C'est la L. 6, C. de cust. reor. (IX, 4). — Ib. p. 62. « Lege autem et in libro VI, Cod. const. *De jure patronatus*, et constit. sub titulo de Caducis tollendis. Constit. de inventario sub Tit. de jure deliberandi, *ultima Latina* ad Senatum : et constitut. *de incertis personis sub Titulo competenti.* » Ici sont cités la L. 4, C. de bonis libert. (VI, 4), et le tit. C. de incertis personis (VI, 48), qui toutes deux manquent dans nos manuscrits. Ces mots *ultima latina* montrent que l'auteur avait sous les yeux un grand nombre de constitutions grecques de Justinien.

(*d*) *Dictatum*, p. 61. « Lege autem diligenter et Tit. de officio Præsidis

des glossateurs. Enfin, ces mots : *principis nostri*, appliqués aux constitutions de Justinien, montrent que l'auteur était sujet de l'empire grec (*e*) sinon de Justinien lui-même. — Mais on objecte que le *Dictatum* renferme une authentique du Code (*f*), et alors il faut placer cette authentique bien avant Irnerius, ou donner au *Dictatum* une date beaucoup plus récente. Quant à la première supposition, des monuments fort anciens attribuent expressément cette authentique à Irnerius (*g*) ; et quant à la seconde supposition, on a vu précédemment qu'elle était inadmissible. Au reste on vient de découvrir dans un ancien manuscrit une meilleure leçon de ce passage et qui lève toute la difficulté (*h*).

tam *in libro primo Protorum* quam in libro primo Cod. relatum. » Ici les quatre premiers livres des Pandectes sont considérés comme une division de l'ouvrage (pars prima), ce qui n'eut plus lieu dans la suite.

(*e*) *Dictatum*, p. 62. « Quod si quœratur auo forte ad (lege *an oporteat*) absentem condemnare vel alio modo prægravare legenda erunt constitutio in primo Titulo tertii lib. Cod. relata *e nostri principis constitut.* » C'est la L. 13, § 3, C. de jud. (III, 1) de Justinien. Voyez aussi la note suivante. — Justinien est également appelé *noster Imperator*, ou *Imperator noster* dans Julian. Const. IX, XXIX, LX, LXII, XLVIII, 1, LXVII, 2 et dans les scholies sur Julien publiées par Mirœus p. 77. sur le Cap. 63.

(*f*) *Dictatum*, p. 63. « Non lateat vero te quod Ecclesiis quadraginta annorum præscriptio opponitur, ut cavetur constit. circa centesimam Novellarum posita. Ecclesiæ Romanæ autem centum annorum præscriptio objicitur, *ut est relatum in lib. 1. Cod. Tit. de rebus Ecclesiasticis constit. principis nostri.* » Ici la prescription de quarante ans contre les églises est posée comme règle, et l'on cite Julien, Const. 104 (« circa centesimam. ») Quant à l'exception de cent ans en faveur de l'église romaine, elle se trouve dans l'Auth. quas actiones C. de SS. ecclesiis (I, 2), c'est-à-dire dans le premier livre du Code, que le rédacteur du Dictatum avait par conséquent en vue dans le passage cité.

(*g*) Glossa ad Auth. quas actiones C. de SS. eccl. (I, 2)......« hiæc clausula sumpta est *ab Irnerio* ex illo titulo, etc.» et plus loin : « est ergo hic adjectio falsa jure legum, sed jure canonum valet *quod dixit Irnerius.* »

(*h*) Voici la leçon trouvée par Biener dans un manuscrit de Vienne du Dictatum : *Civitatibus* autem centum annorum perscriptio obicitur ut est relatum libro I. codicis titulo de rebus ecclesiasticis constitutio principis nostri. Ainsi donc il n'est pas question de l'église romaine. Le texte cité se

71. Parmi les travaux scientifiques exécutés en Italie sous la domination grecque le plus important est la glose de Turin, dont j'ai maintenant à parler. Il existe à la bibliothèque royale de Turin, sous le N. 13, h. VI. 4, un manuscrit des Institutes désigné dans le catalogue imprimé, T. II. p. 93, sous le N. CCCLXXII, h. VI. 4. (*a*). Le conservateur de la bibliothèque, l'abbé Bessone, a bien voulu le communiquer, avec un manuscrit de Petrus (§ 48.) à Schrader qui me l'a fait connaître. Ce manuscrit, suivant l'opinion de Kopp, remonte au moins au dixième siècle. Les 96 feuilles qui le composent ne renferment guère plus de la moitié de l'ouvrage original, à cause des nombreuses lacunes qui se trouvent à différents endroits. Les huit feuilles qui suivent la première, faisaient partie d'un manuscrit du douzième et du treizième siècle, et ont été ajoutées à celui-ci pour le compléter. De là vient sans doute la fausse indication du catalogue imprimé qui donne à notre manuscrit la date du treizième siècle. Outre le texte, ce manuscrit contient des gloses de deux espèces, les unes de la même main que le texte, les autres ajoutées beaucoup plus tard, et, comme semble l'indiquer l'écriture, vers le douzième ou le treizième siècle. L'ancienne glose est écrite en marge, la nouvelle, partie en marge, partie entre les lignes du texte. Je donne en appendice (vol. IV, n. III.) tout ce qu'on a pu déchiffrer de l'ancienne glose et seulement quelques passages de la nouvelle que j'ai distingués par le signe [.

L'ancienne glose est certainement d'une époque antérieure à l'école de Bologne et présente beaucoup d'analogie avec le *Dictatum de consiliariis*, etc. D'abord les citations sont indiquées par le mot *invenies*. (N. 113. 129. 241. 276. 297. 313. 425.) et la désignation des sources diffère entièrement de celle adoptée par l'école de Bologne. En effet, d'ordinaire les Pan-

rapporte aux villes et est la L. 23, C. de SS. eccl., et ainsi tombe jusqu'à l'apparence de citation d'une authentique. Cf. Zeitsch. f. gesch. Rechtswiss. V. p. 343.

(*a*) Cf. Schrader prodromus p. 55-57, p. 229-230, p. 232, p. 238.

dectes sont citées d'après le numéro du livre, du titre et du fragment, souvent avec l'inscription complète (n. 129. 130. 313) ; mais quelquefois elles le sont d'après les *partes* de Justinien ; ainsi l'on trouve mentionnés le *liber protorum* (n. 1), le *liber III de judiciis* (n. 113), et le *liber IX de tutelis* (n. 276) ; cette dernière citation est évidemment fausse. Le Code est aussi cité de la même manière (n. 277. 278. 353. 425. 480), et chaque fragment est intitulé *caput* (n. 425). On remarque surtout un fragment désigné comme appartenant au *liber L. constitutionum* (n. 241), et qui faisait précisément partie des cinquante décisions de Justinien. Ainsi l'on ne saurait douter que les cinquante décisions n'aient formé un ouvrage à part, comme plusieurs auteurs l'avaient déjà soupçonné, d'après la manière dont Justinien les cite (*b*). Les Novelles sont ainsi désignées (n. 297) : *post codicem const. XXXII.* (*c*). Pour déterminer la date de cette glose, on pourrait invoquer un passage où une constitution de Justinien est appelée *constitutio domini nostri* (n. 12). (*d*). On y trouve (n. 71. 136. 139. 418) quelques exemples de cryptographie, qui sans être tout à fait inconnus sont néanmoins une curiosité littéraire (*e*).

Cette ancienne glose contient en outre des renseignements utiles. Ainsi à propos du *furtum conceptum* (n. 466), elle donne une description de la recherche de l'objet volé, plus explicite que celle de Festus, v. lance. L'on avait bien pensé qu'il fallait être nu pour aller à la recherche de l'objet volé ; mais on n'avait le témoignage d'aucun auteur ancien sur ce fait, qui maintenant nous est attesté par Gaius, lib. 3. § 192.

(*b*) § 16. I. de obl. quæ ex delicto. L. un. § 10, C. de cad. toll. Voyez Merillius, ad 50 Decisiones in proœmio.

(*c*) Sur les manières de citer les Novelles dans cette glose Cf. Biener Geschichte der Novellen, p. 228.

(*d*) Voyez § 70, *e*.

(*e*) Cf. Grandi, ep. de Pandectis, ed. 2, p. 57, Muratori script. II, p. 517. Mabillon, ann. Ben. T. IV, app. N. 32, et T. IV, appendice XVII.

193. — Patricius (n. 9.) veut dire exarque. A la fin du texte il faut lire *patriciis* au lieu de *patricii*, ce qui donne le sens suivant : Dans les provinces les *Præsides* nomment les tuteurs des enfants des Patricii (*f*). La charge de *Juridicus* d'Alexandrie nous est représentée (n. 11.) comme existante. Ainsi donc cette glose a été écrite avant que les empereurs Grecs eussent perdu Alexandrie, c'est-à-dire avant 640. — L'ancienne forme de la *nuncupatio testamenti* est reproduite (n. 199.) telle que nous la voyons dans d'autres auteurs (*g*).

La nouvelle glose cite les sources du droit, suivant l'usage de l'école de Bologne (n. 112. 365. 404. 413. 424. 433) : l'Épitomé de Julien y est désigné sous le nom de *Novellæ* (n. 180.) On y voit cités des auteurs modernes ; M. (n. 413), P. (n. 262. 304), *Paganus* (n. 295) ; *Magister* (n. 274). Un passage (n. 260.) semble prouver que cette glose a été faite en Italie.

J'indiquerai (Vol. IV. appendice n. III.) les fragments des sources du droit que nous possédons, transcrits mot pour mot ou cités expressément dans l'ancienne et la nouvelle glose. Parmi ces fragments, il en est quatre dans l'ancienne glose qui appartiennent à l'*infortiatum*.

(*f*) Cette remarque et la suivante m'ont été communiquées par Niebuhr.

(*g*) Gaius II, 104. Ulpian, XX. 9. Isidor. orig. IV, 24. Nous ignorons quel auteur le glossateur a suivi, mais ce n'est certainement pas Isidore, car il avait à sa disposition des sources plus anciennes et plus pures.]

CHAPITRE XIII.

DROIT ROMAIN EN ITALIE SOUS LE PAPE ET L'EMPEREUR.

72. L'exarchat et Rome, où la domination grecque se conserva long-temps après la fondation du royaume des Lombards, forment, à partir du huitième siècle, un nouvel État gouverné par le pape, mais sous la tutelle de l'empereur (*a*). Voici les traces de l'existence du droit romain que nous trouvons dans cet État.

A Rome, en 801, Charlemagne juge ceux qui s'étaient révoltés contre le pape, et les condamne à mort suivant la loi romaine, comme criminels de lèse-majesté (*b*).

Bientôt après (en 824) les habitants de Rome eurent à déclarer le droit d'après lequel ils voulaient vivre, et le fameux principe des droits personnels fut alors établi à Rome en faveur de toutes les tribus germaniques : ceux qui étaient d'origine romaine choisirent sans doute le droit romain, qui continua ainsi à être le droit dominant (*c*).

Plus tard, l'existence du droit romain fut mise en péril ; du moins le pape Léon IV, vers l'an 847, crut nécessaire d'adresser à l'empereur une supplique pour sa conservation (*d*).

(*a*) Voyez vol. Ier, § 109.

(*b*) Annales Francorum ad a. 801 (Bouquet, T. V, p. 23). « Post paucos autem dies jussit eos, qui pontificem anno superiore deposuerant, exiberi : et habita de eis quæstione, *secundum legem Romanam ut majestatis rei capitis damnati sunt.* » La loi appliquée ici est la L. 5. C. ad L. Jul. maj. (IX, 8.)

(*c*) Voyez vol. 1, § 45.

(*d*) Ivonis decret. Lib. 4, C. 181. « Vestram flagitamus clementiam, ut

Quelques années après (en 855) l'empereur vint de nouveau tenir à Rome une cour de justice ; et les accusés furent jugés suivant la loi romaine (*e*).

On trouve encore un exemple du même genre sous le règne d'Otton Ier (*f*).

73. Pour Ravenne et l'exarchat, nous n'avons, sur l'état du droit à cette époque, qu'un petit nombre de documents dans le recueil de Fantuzzi, mais tous nous montrent l'application du droit romain. C'est ainsi qu'on trouve des documents depuis le dixième jusqu'au douzième siècle, par lesquels l'église de Ravenne vient faire un bail emphytéotique, et stipuler le droit de retour, dans le cas de non-paiement du canon pendant deux années. L'acte porte que cette clause est conforme aux lois, et désigne ainsi les Novelles ou Julien (*a*). — Un

sicut hactenus Romana lex viguit, absque universis procellis, et pro nullius persona hominis reminiscitur esse corrupta, ita nunc suum robur propriumque vigorem obtineat. » Le même passage se trouve dans Gratien Dist. 10. C. 13. On ignore quel fut le sort de cette demande, mais les correcteurs romains se sont certainement trompés en donnant comme réponse favorable la constitution bien antérieure de Lothaire. Bœhmer ad Can. cit. Biener de orig. j. Germ. P. I, p. 191.

(*e*) Anastasii bibliothecarii vita Leonis IV. (p. 105, ed. Ven. 1729. f.) « Imperator nolens contra instituta veterum Augustorum peragere Romanorum, eos *secundum Romanam legem instituit judicare*..... Leo quartus Papa non post multos di s obdormivit in Domino. » Ainsi donc ce jugement est de l'an 85.

(*f*) Luitprandus in legatione (ap. Murat. Script. T. II, P. 2, p. 480.) « Insurgentes contra se et Dominum apostolicum..... secundum decreta Impp. Romanorum *Justiniani, Valentiani, Theodosii et cæterorum*, cecidit, jugulavit, suspendit et exilio relegavit. » Il ne s'agit pas, dans ce passage, du code Théodosien, mais seulement du code Justinien ; et si l'auteur nomme quelques-uns des empereurs dont il contient des Constitutions, c'est pour le désigner avec plus d'éclat.

(*a*) Document de Ravenne de l'an 953 (Fantuzzi, T. I, p. 134.) « et si non persolverimus multotiens dictam pensionem infra biennium, *ut Leges censent*. tunc post pene solutionis (lege *pœnæ solutionem*) licentia sit Actoribus S. vestre Rav. Ecclesie nos exinde expellere. » Ces *Leges* sont : Nov. 120. C. 8. Nov. 7. C. 3, ou plutôt Julian, III, C. 4 et 7. C. 3. — On

testament de l'an 1062 est un véritable testament romain, quant à ses dispositions et quant aux formes, car il est fait en présence de sept témoins, non compris le notaire rédacteur (*b*). — Enfin la division des terres en onces, dont j'ai parlé p. 100, se retrouve très-fréquemment à cette époque, et jusqu'à la fin du douzième siècle. — Le recueil de Marini fournit encore quelques pièces relatives à cette période, et entre autre deux documents, dont plusieurs expressions sont empruntées à un fragment du code Justinien (*c*).

Je renvoie les détails sur l'école de droit de Ravenne au chapitre où je traiterai de l'école de Bologne.

trouve d'autres exemples semblables dans Fantuzzi, T. I, p. 177. T. II, p. 24. 31. T. IV, p. 243. 291. T. VI, p. 13, 52.

(*b*) Fantuzzi, T. IV, p. 215.

(*c*) Acte de donation fait à Ravenne au neuvième siècle, Marini, Num. 99, lin. 21, sq. Le donateur garantit en ces termes l'irrévocabilité de la donation · « neque adeundo judicia non supplicando Principibus.... atque ideo jurans dico per Deum omnipotentem, etc. » — L'original de ce passage, comme Marini l'a déjà fait observer, se trouve dans la L. 41. C. de transact. (II, 4.) « .... interpellando judicem, vel supplicando principibus.... invocato Dei omnipotentis nomine, etc. » — Un document de Rimini de l'an 1083 (Marini, p. 320, not. 6.), contient des expressions toutes semblables.

CHAPITRE XIV.

DROIT ROMAIN DANS LE ROYAUME DES LOMBARDS.

74. Chez les Lombards comme chez les Francs, les Romains n'eurent pas de nouveau code, et cela pour le même motif. Le Breviarium en France, les compilations de Justinien en Lombardie, répondaient à tous les besoins. Mes recherches auront donc seulement pour objet : 1° les lois lombardes ; 2° les documents ; 3° l'étude du droit et les auteurs. Après avoir tâché de découvrir toutes les traces de l'existence du droit romain, je finirai par un résumé général où j'indiquerai les sources du droit romain connues en Lombardie.

I. LOIS LOMBARDES.

Les lois lombardes nous ont été conservées dans deux recueils d'un genre tout différent, l'un historique, l'autre systématique. Il existe plusieurs manuscrits et plusieurs éditions de ces recueils (*a*).

Le recueil historique suit l'ordre des rois. Quant aux lois rendues sous chaque règne, elles sont rapportées sans aucune méthode (*b*). On y voit figurer cinq rois lombards, Rotharis

(*a*) Voyez surtout Biener de orig. leg. Germ. P. 1, p. 151, et le beau travail de Blume dans : Pertz Italiänische Reise. Hannover, 1824, p. 222, 301.

(*b*) Il a été imprimé d'abord dans la collection de Hérold (Basil., 1557,

(643), Grimoald (668), Luitprand (6 livres 713 — 735), Rachis (746) et Aistulphe (754); postérieurement à la conquête des Francs, Charlemagne, Pepin d'Italie, Louis-le-Débonnaire, Lothaire Ier, Louis II, Guidon, Othon II, Othon III, Henri Ier (c'est-à-dire comme roi d'Italie, communément appelé Henri II), Conrad Ier, Henri II (c'est-à-dire Henri III) et Lothaire II.

75. Le recueil scientifique, appelé aussi *Lombarda*, contient les mêmes matériaux que le précédent, mais disposés d'une manière différente, car les lois y sont rangées avec une espèce d'ordre scientifique (*a*). Ce recueil est divisé en trois livres dont le premier a trente-sept titres, le second cinquante-neuf (60), et le troisième quarante (*b*). Sa rédaction est certainement postérieure au règne de Henri II (III.) († 1056), puisqu'il en contient les lois; on avait cru qu'il contenait une loi de Lothaire II († 1137) (*c*), c'est une erreur aujourd'hui reconnue. Mais il existait déjà au milieu du douzième siècle, puisque Carolus de Tocco (vers 1200) en a fait la glose, et que d'ailleurs il est cité dans le recueil de droit féodal lombard

f.); puis dans les Scriptores de Muratori (T. I, p. 2) et dans les recueils de Georgisch et de Canciani.

(*a*) Editions : (1.) « Leges Longobardorum..... ac novelle constitutiones dni Justinia. (c'est-à-dire Julien)..... per.... Nicolaum boherii. » s. l. et a. (Lugd., 1512, 8°). (2) « Leges Longobardorum cum argutissimis glossis; » in fine : Venet., 1537, 8° (3) dans les recueils de Lindenbrog et Goldast, (4), et dans plusieurs éditions du Corpus Juris avec la glose, telles que Lugd. 1562. f. Lugd. 1600, 4. (Baudoza), Venet. 1592, 1621, 4. (Apud Juntas). — La bibliothèque de Rhediger, à Breslau, possède un très-beau manuscrit de ce recueil.

(*b*) Le second livre dans Boerius et Lindenbrog a 59 titres, 60 dans le texte accompagné de la glose, parce que le 41e titre a été divisé en deux. — Le passage du troisième livre que Boerius et la glose placent le dernier (III, 40, 2.) se trouve beaucoup plus haut dans Lindenbrog, liv. III, 9, 9. Voyez Georgisch, p. 1284.

(*c*) Cette loi, Lomb. Lib. 3, T. 40. L. 2, ne se trouve que dans un petit nombre de manuscrits, et parmi d'autres lois encore plus modernes, celles par exemple de Frédéric Ier; elle n'est pas accompagnée de la glose. Cf. Pertz Archiv. v. IV, p. 370. (par Blume.) v. V, p. 297, 301.

composé vers le milieu du douzième siècle (*d*). La date de 1143 qu'on trouve à la fin d'un ancien manuscrit (*e*) vient à l'appui de mon opinion. Nous ignorons si cette date est celle de la copie du manuscrit ou de la rédaction du recueil, mais dans tous les cas cette rédaction ne peut être postérieure à l'an 1143. Une loi de Charles IV, rapportée dans la *Lombarda* (*f*), pourrait faire croire qu'elle appartient au quatorzième siècle, mais cette loi n'a jamais fait partie de l'ouvrage original, c'est une addition arbitraire du premier éditeur (*g*), qui a passé dans la plupart des réimpressions subséquentes.

On ignore quel est l'auteur de ce recueil. On a cru faussement qu'un manuscrit désignait Petrus Diaconus (ou Casinensis) (*h*), mais Petrus Diaconus, dans un endroit où il parle de sa vie et de ses ouvrages, ne nomme pas la *Lombarda*, qui eût été cependant son plus beau titre de

(*d*) Feud. 10. « et hoc colligitur per legem quæ est in titulo de acquisitione actorum regis in Lombarda. » Voyez encore II. Feud. 22 et 58.

(*e*) Manuscrit de la bibliothèque augustine à Crémone, finissant ainsi : explicit liber longobardorum. Deo gratias. Erant anni Domini millesimo centesimo quadragesimo tertio, mense septembris, indictione septima. Cf. Giov. Andres Lettera al Sig. Ab. Giac. Morelli sopra alcuni codici delle biblioteche capitolari di Novara e di Vercelli Parma, 1802, 8, p. 90, sq.

(*f*) Lomb. lib. 3, T. 1, L. 48.

(*g*) Boerius in marg. L. cit. « Hæc const. Karoli quarti Imp..... *quam hic inscri feci.* » Passage qui ne se trouve pas dans les manuscrits. Georgisch, p. 938.

(*h*) On invoque les manuscrits de Goldast (Muratori, l. c. præf. p. 7.), mais celui-ci, dans la préface de sa Coll. Consuetud. et legum Imper. Francof., 1613, f. dit seulement : « Lotharius II, Imp. in chronico Cassinensi *de compilatore* (*ut putatur*) *harum legum* sic scribit ad Abbatem Cassinensis monasterii, etc. » (Ce qui suit n'a plus rapport à notre sujet.) On ne voit pas qu'il s'appuie sur aucun manuscrit, car il aurait employé d'autres expressions que celles de « ut putatur. » — Dans le recueil même de Goldast (p. 11) la Lombarda est intitulée : « Lombarda s. LL. Long. per Impp. ac reges Romanos latæ et sancitæ in unum corpus congestæ à Petro Diacono Cassinensi, etc. » On reconnaît au style que ce titre n'est pas celui des manuscrits, mais a été composé par Goldast lui-même d'après des conjectures.

gloire (*i*). Carolus de Tocco lui-même ne connaissait pas l'auteur de notre recueil (*k*).

La Lombarda, par sa commodité pour la pratique, par ses rapports avec la composition du Corpus Juris, l'emporta bientôt sur l'ancien recueil, et fut seule citée au moyen-âge. Le recueil historique, au contraire, bien préférable pour les recherches qui nous occupent, sera le seul dont je me servirai.

76. L'empire des lois lombardes survécut à celui de presque toutes les lois germaniques (*a*). Dans la Lombardie proprement dite, à partir du douzième siècle, les coutumes particulières des villes restreignirent, par leur développement progressif, l'autorité du droit lombard (*b*). Néanmoins on le voit encore appliqué beaucoup plus tard. Ainsi à Crème, en 1334, nous trouvons une profession de droit lombard (*c*), et il ne fut complètement aboli à Bergame qu'en 1451 (*d*). La Lombarda

(*i*) Chronicon S. monasteri Casinensis (Muratori Script. T. IV, Lib. 4.) C. 66, 109 sq. 116, 125, où Petrus, auteur de ce quatrième livre, parle de sa vie et de ses ouvrages. — Petri Diaconi opusc. de viris illustr. monast. Casinensis (Muratori Script. T. VI.) Cap. 47 de Petro. Ce chapitre, qui semble ajouté par un écrivain postérieur à Petrus, donne aussi le catalogue de ses œuvres. — On trouve dans le même chapitre, p. 59, la liste de tous les écrits de Petrus, conservés au mont Cassin. Aucun de ces passages ne parle de la *Lombarda*; comment supposer que Petrus en soit l'auteur? — Tiraboschi let. Ital. T. III, Lib. 4. C. 2, § 39, partage mon opinion, mais d'après ce motif erroné qu'au temps de Petrus les lois lombardes étaient déjà tombées en désuétude. En effet, on a vu que la *Lombarda* fut précisément composée à l'époque où vivait Petrus, c'est-à-dire vers le milieu du douzième siècle.

(*k*) Carolus de Tocco ad Lomb. init. « Compositores hujus libri, quorum nomina ignoramus. » — Dans la Gl. *Puniatur* sur Mincuccius VI, 24 (par Columbinus) et dans la Gl. *Legitime puniatur* sur le Lib. II, Feud. 53 (par Accurse) les deux recueils sont nommés à côté l'un de l'autre.

(*a*) Muratori Script. T. I, P. 2, præf. p. 5 et 6 a rassemblé diverses opinions sur l'autorité du droit lombard dans les temps modernes.

(*b*) Voyez vol. Ier, § 51.

(*c*) Voyez vol. Ier, § 42, *g*.

(*d*) Lupi cod. diplom. Bergom. p. 231. Un statut de cette année ordonne que «liber juris Longobardorum, et ipsum jus vacet in totum, et servetur jus commune.

et sa glose étaient encore au quatorzième siècle du nombre des ouvrages que les libraires de Bologne étaient obligés de fournir aux étudiants (*e*). Néanmoins depuis le treizième siècle, et sans doute plus anciennement encore, ce droit n'avait à Bologne aucune autorité (*f*).

Le duché de Bénévent avait toujours suivi les lois des rois Lombards ; mais, lors de la conquête des Francs, il ne se soumit aux lois du vainqueur qu'après une longue résistance (*g*). Le royaume fondé par les Normands se composait de deux parties ayant un droit différent, l'une qui avait dépendu de la Lombardie et suivait le droit lombard ; l'autre qui était restée sous la domination grecque. Depuis leur réunion la personnalité des droits y fut établie ; le droit romain et le droit lombard régnèrent concurremment, appliqués à chacun suivant son origine. Un passage des Constitutiones Siculæ de Frédéric II leur assigne précisément ce caractère (*h*). Comme ce

(*e*) Voyez vol. IV, appendice X, n. 7.

(*f*) Odofredus in Cod. L. *cum multæ* 20. de don. ante nupt. (V. 3.) « Sed segnori hæc erant secundum consuetudinem longobardorum : unde ut non habeat locum longobardum jus in civitate ista : facimus jurare ita potestatem servare leges et rationes. Et ita continetur in statuto hujus civitatis. Cum longobarda non est lex nec ratio : sed est quoddam jus quod faciebant reges per se, etc. »

(*g*) Canciani, vol. I, p. 61.

(*h*) Const. *Puritatem*, c'est-à-dire Const. Siculæ lib. 1, T. 59. L. 1. (Canciani, vol. I, p. 323) : « quod secundum constitutiones nostras, et in defectu earum secundum consuetudines approbatas, *ac demum secundum jura communia, Longobarda videlicet et Romana prout qualitas litigantium exegerit,* judicabunt. » (Canciani attribue cette loi à l'empereur Frédéric, d'autres l'attribuent au roi Guillaume, Asti, Lib. 1, p. 94 sq. Toscani juris publ. Rom. arcana T. III, P. 1, p. 65. — Mais comment faut-il entendre ces mots *jura communia* ? Ce droit ne s'appliquait pas à tous les habitants, car, « prout..... exegerit » désigne un droit personnel ; ce droit n'est pas opposé aux statuts locaux ou coutumes, car « *constitutiones nostræ* » rapproché de *consuetudines* rend ce sens inadmissible. Le droit Romain et le droit Lombard sont appelés *jura communia* parce qu'ils gouvernaient les Romains et les Lombards en Italie comme en France, par opposition aux *constitutiones et consuetudines* qui ne régissaient que le royaume de Naples ou même une partie de ce royaume.

dernier Code national maintenait l'autorité du droit lombard, ce droit devait se conserver dans le royaume de Naples plus long-temps qu'ailleurs. Aux treizième et quatorzième siècle, dans certaines parties du territoire le droit lombard était tombé en désuétude; dans d'autres il s'était conservé comme droit personnel d'une partie des habitants; dans d'autres, enfin, il était devenu droit commun, c'est-à-dire qu'il régissait tous ceux qui habitaient le territoire (*i*); là, il ne fut plus question de la personnalité des droits. Le droit Lombard était le droit du pays, et le droit romain n'était consulté que comme droit subsidiaire. C'est ce que dit expressément un écrivain du treizième siècle (*k*). Nous en avons une autre preuve dans les statuts de Bénévent rédigés au commencement du treizième siècle, et qui établissent la suprématie du droit lombard sur le droit romain (*l*).

Ces différences tiennent sans doute à ce que, dans quelques endroits et même dans quelques familles, le souvenir de l'origine nationale s'était conservé plus long-temps qu'ailleurs. Ainsi s'expliquerait également l'aversion de certains auteurs pour le droit lombard (*m*)—.Les preuves de l'application du

(*i*) Andr. de Isernia in Const. regni Siciliæ, Lib. I, tit. 63 : « Multi tamen non utuntur jure Longobardo in regno, sicut Neapoli et Aversæ.... Salerni etiam quidam vivant jure Romano et aliqui jure Longobardo. » — Andr. de Isernia prælud. Feudorum num. 40. — Lucas de Penna in tres libros L. 10. C. de re milit. (XII, 36.) « Multi utuntur eo jure, alii vero non ; sed et in nonnullis civitatibus alii vivant eo jure, alii vero illud abjiciunt. »

(*k*) Andr. de Barulo Comm. in leges Long. prœm. » Et per quandam inveteratam consuetudinem in regno isto Siciliæ *derogat ipsi juri Romano.*» L'opinion contraire est soutenue par Lucas de Penna in L. un. C. de conductoribus. (XI, 71.)

(*l*) « Ut secundum consuetudines approbatas, et legem longobardam *et eis deficientibus secundum legem romanam* judicetur. » Ce statut fut fait en 1202, confirmé en 1207, et publié en 1230. Stef. Borgia, Memorie istori. di Benevento P. 2. (Roma, 1764, 4.) p. 389, 392, 413.

(*m*) Par exemple : Isernia et Lucas de Penna. On prétend que Bartholomæus de Capua s'était proposé de faire disparaître le droit Lombard. Voyez vol. IV, ch. LIV.

droit lombard ne nous manquent pas, et même le commentaire de la loi lombarde avait force de loi à Bénévent (*n*). Nous trouvons encore un exemple de cette application vers le milieu du seizième siècle (*o*).

77. On a vu que les lois lombardes avaient reconnu l'autorité du droit romain (*a*). Je vais maintenant indiquer plusieurs principes de ce droit qui étaient passés dans les lois lombardes elles-mêmes.

Une loi de Rotharis parle du *peculium castrense* et *quasi-castrense* du fils de famille. Cette disposition était évidemment empruntée au droit romain, quoiqu'elle n'en cite aucun texte (*b*). — La même observation s'applique à l'affranchissement des esclaves dans les églises, adopté par les codes de Théodose et de Justinien (*c*).

La prescription de trente ans est plusieurs fois, et sous divers rapports, représentée comme le droit en vigueur (*d*). —

(*n*) Une partie renonce : « omni juri canonico civili *et longobardo et specialiter glosse ipsius juris Longobardi.* » Documents de Bénévent des années 1353, 1412, 1450, 1460, 1511. Borgia, l. c. p. 395, 396.

(*o*) Canciani, vol. I, præf. p. XV, cite un passage où Juliers Ferretus († 1547) parle d'un procès qui eut lieu de son temps, et il nomme les avocats.

(*a*) Vol. I, § 33, 36, 44.

(*b*) L. Long. Rotharis, 167 (ed. Georgisch). « Si fratres post mortem patris in casa communi remanserint, et unus ex ipsis *in obsequio Regis aut cum Judice aliquas res acquisiverit serviendo* habeat sibi in antea absque portione fratrum, nec *quod foris in exercitu adquisiverit* commune sit cum fratribus quos in communi casa dimiserit. » D'autres manuscrits portent, *et* quod foris, ou *et qui* foris in exercitu *aliquid* adquisierit (Canciani vol. V, p. 5, p. 60) ; avec cette variante, la loi n'admet que le peculium quasicastrense et repousse expressément le peculium castrense. — Les meilleurs manuscrits, et une formule inédite sur la L. Long. Rotharis, 167, confirment la seconde leçon. (Renseignements communiqués par Blume.) — Dans tous les cas, l'expression seule est empruntée au droit Romain, car, après la mort du père, il ne peut y avoir, en droit Romain, aucun pécule, ni castrense, ni quasicastrense.

(*c*) L. Long. Luitpr. II, 3. IV, 5.

(*d*) L. Long. Grimoald. 1, 2, 4. (Voy. Canciani, vol. V, p. 6.) Liutprand, VI, 1, 24, 62. Aistulph. 9.

Les baux emphytéotiques préjudiciables à l'Église sont résiliés suivant le droit romain, disposition qui paraît empruntée à l'Épitomé de Julien (*e*). — Le mot *infiduciare*, dans le sens de mettre en gage, paraît aussi tiré du droit romain, quoiqu'il ne prouve pas l'usage des sources originales, car les documents l'emploient fréquemment, et de là il se sera conservé dans le langage juridique (*f*). — Les biens des mineurs ne peuvent être vendus que pour cause d'absolue nécessité et avec l'autorisation du juge (*g*). Ce principe de droit romain est reproduit dans toutes les sources que nous possédons. — Les Lombards ne peuvent acquérir à titre d'échange les biens de l'Église, qu'après que leur valeur a été constatée, et l'échange reconnu avantageux à l'Église (*h*). Le droit Justinien permettait aux églises d'échanger mutuellement leurs biens, pourvu que le contrat fût avantageux aux deux parties (*i*). Cette disposition semble avoir servi de type à la loi lombarde.

78. Quant aux successions, plusieurs lois anciennes reconnaissent la faculté de tester en termes généraux (*a*). Une loi de Charlemagne annule tout acte de dernière volonté, c'est-à-dire tout acte révocable réglant une succession future, à moins qu'il ne s'agisse d'une *donatio mortis causa*, faite en vue d'un

(*e*) L. Long. Lud. Pii 55. tirée de Julian. Const. III, C. 4. Voyez vol. I, § 37.

(*f*) L. Long. Liutprand VI, 5. « Si infans, dum infra ætatem est, res suas cuicumque vendiderit, aut infiduciaverit, etc. »

(*g*) L. Long. Liutpr. IV, 1. On voit l'application de cette règle dans un document que rapporte Tiraboschi Storia di Nonantola, T. II, p. 152.

(*h*) L. Long. Aistulph. 7, Lothar. 51. Depuis cette époque, les documents font toujours mention de l'estimation préliminaire, quelquefois même ils ajoutent que cette forme est prescrite par la loi ; ainsi on voit dans un document de Parme (a. 905), Tiraboschi, p. 88, « et hanc commutacionem justa legem *et sicut edictus continet* fieri poteret. » Ibidem, p. 161 (a. 1029) « quod meliorates res susciperet ipse dominus rodulfus abbas... et legibus commutacio hec fieri posse. »

(*i*) Nov. 46, 54. C. 2, 120. C. 7. (Julian. Const. 14, 48. C. 2, 111. C. 2.)

(*a*) L. Long. Liutprand I. 6. Aistulph. 3.

péril certain et imminent (*b*). Mais un capitulaire lombard de Charlemagne, qui ne se trouve pas dans la collection des lois, reconnaît la validité des testaments, pourvu que, d'après la loi romaine, ils aient été faits en présence de cinq ou de sept témoins (*c*). On ne saurait donner une explication historique de ces deux lois. La dernière n'existant pas dans le recueil de droit lombard, on pourrait croire qu'elle régissait seulement les Romains, si un autre texte qui suit immédiatement et qu'on ne trouve pas davantage dans le recueil, ne s'appliquait expressément aux Lombards (*d*). — Les ascendants et les descendants ne peuvent être déshérités arbitrairement. Quant aux descendants, la loi énumère trois justes causes d'exhérédation (*e*). Ici on reconnaîtrait au premier coup d'œil l'extrait incomplet d'une Novelle célèbre (*f*), si l'on n'en avait pas la preuve écrite dans une ancienne glose (*g*). — Enfin, la division de l'hérédité en onces, adoptée par les lois lombardes, appartient au langage juridique des Romains (*h*).

79. Voici une ordonnance très-remarquable rendue à Rimini, en 1047, par Henri II (en Allemagne Henri III) sur le *juramentum calumniæ* (*a*). Elle porte que d'un côté les lois ont ordonné ce serment d'une manière générale et sans excep-

(*b*) L. Long. Caroli M. 78, 79.

(*c*) Caroli M. Capitulare art. 1. dans Baluz. I. 245. Canciani, vol. V, p. 15. « .....testamento quod Romani faciunt, firmum non potest, nisi per quinque aut per septem confirmatur. »

(*d*) Caroli M. Capit. cit. art. 2. « .....Et si aliquod Longobardus, aut qualibet homo, propria expontanea voluntate cavaverit, etc. »

(*e*) L. Long. Rotharis, 168, 169, 170.

(*f*) Nov. 115 ou Julian. Const. 107.

(*g*) Glossa ap. Cancian. vol. V, p. 60. « Et probet ingratitudinem ille, qui habet cartam, aut taceat *per Novellam*.

(*h*) L. Long. Rotharis, 158, 159, 160.

(*a*) L. Long. Henrici II. L. I. On trouve des variantes importantes tirées d'un manuscrit de Vérone dans Canciani, vol. V, p. 106, et quelques-unes dans Muratori. Quant au point historique, voyez (Sarti) de claris archigymn. Bonon. Prof. T. 1, P. 1, p. 2.

tion (*b*), mais que d'un autre côté elles ont interdit toute prestation de serment aux ecclésiastiques (*c*); que cette dernière disposition semblerait concerner uniquement les prêtres de Constantinople (*d*) ; mais que comme elle se retrouve dans un décret des conciles, et que Justinien donne force de loi à ces décrets (*e*), le *juramentum calumniæ* ne sera pas à l'avenir prêté par les ecclésiastiques en personne.

Une prétendue constitution de Othon II, en date à Vérone,

(*b*) L. cit. « alibi vero reperitur scriptum, ut omnes *principales personæ in primo litis exordio subeant jusjurandum calumniæ*, » passage qui paraît tiré de la L. 2. C. de jurejur. propter calumn. (II, 59.) « ..... *in primordio litis.....* ipsæ *princi*.*ales personæ subeant jusjurandum*, » ou plutôt de Julien, Const. 122. C. 1. (Nov. 124. C. 1.) — Le manuscrit de Vérone ajoute au texte cité : « ut in novella omnes litigatores, » ce qui paraît décisif pour Julien. (Renseignement communiqué par Blume.)

(*c*) L. cit. « ut nemo clericorum jurare præsumat, » et plus loin : « Clerici jurare prohibentur. » Voyez L. 25, § 1, C. de episc. (I, 3).

(*d*) L. cit. « a Marco Augusto constitutum est ; propterea quia de Constantinopolitanis clericis promulgatum fuisse videtur, idcirco ad alios clericos pertinere non creditur ; et plus loin : « illam Divi Marci constitutionem. » Mais le manuscrit de Canciani porte : « a Theodosio Augusto Tauro Præfecto Prætorio de Constantinopolitanis clericis promulgatum fuisse videtur ; » et plus loin : « illam Divi Theodosii constitutionem. » La loi dont il s'agit est la loi 25. C. de episc. (I, 3.) qui, dans le code Justinien, a pour inscription : « Imp. Marcianus A. Constantino Pf. P. » — Cette ordonnance de Henri II est rapportée dans un ancien recueil des décrétales Coll. I, Lib. I, Tit. 34, Cap. 1, et avec une leçon évidemment préférable. Au lieu de ces mots vides de sens : « a Marco Augusto constitutum est, propterea quia, etc., » on lit : «Marco Augusto Constino præ. præ.» (præfecto prætorio.) — La fausse leçon du manuscrit de Vérone s'appuie sur l'inscription suivante du code dans un manuscrit de Pistoia. Imp. Theod. et val. aa. ad taurum p. p., inscription qui aura été transportée par erreur de la L. 20 à la L. 25. Aussi, dans le manuscrit de Pistoia, on a corrigé anciennement : Imp. Marcus a Constantino pp., et, en marge du manuscrit de Vérone, on lit : « al. Marci. » (Renseignements communiqués par Blume.) — L'ordonnance de Henri II est encore citée dans Rogerius de dissensionibus dominorum Num. 86, p. 35 ed. Haubold.

(*e*) L. cit.. « Nam cum divus Justinianus jure decreverit, ut Canones Patrum vim Legum habere oporteat. » Ce passage est tiré de Julian. Const. 117. C. 1. (Nov. 131.) « Quatuor sanctorum conciliorum canones pro legibus habeantur. »

de 967 (*f*), accorde aux *rei promittendi* le *beneficium divisionis*. Cette disposition semble reproduire en partie une Novelle célèbre de Justinien (*g*). Mais l'authenticité de la constitution me paraît douteuse, car elle ne se trouve que dans le recueil d'ailleurs peu sûr de Goldast, et sans indication de source. J'ajouterai que sa rédaction ne convient pas au siècle où on l'a placée.

II. DOCUMENTS.

80. Les documents qui nous montrent la connaissance et l'application du droit romain sont en Lombardie beaucoup plus nombreux qu'ailleurs. Pour plus de clarté je les diviserai en deux classes : je rangerai dans la première, suivant l'ordre chronologique, les documents dont le texte offre des particularités remarquables ; dans la seconde, je réunirai les documents qui reproduisent les mêmes principes de droit ou les mêmes formules, et je les rangerai par ordre de matières.

Une requête rédigée pour l'évêque d'Arezzo contre l'évêque de Sienne, dans un procès qui s'éleva entre eux l'an 752, cite textuellement plusieurs passages des Pandectes et du Code (*a*).

(*f*) Goldast Imperatorum..... recessus, constitutiones, etc. T. III, p. 309.

(*g*) Nov. 99. Julian. Const. 92.

(*a*) Muratori antiqu. Ital. T. III, p. 888-890. Le texte vient d'être rectifié d'après l'original, par Witte (Rheinisches Museum f. Jurisprudenz Jahrg. 3. H. 3, p. 458-466) : « ut in *Codicis libro Nono, Titulo de Sepulcro violato* : si quis Sepulcrum læsurus attigerit, locorum Judices, si hoc vendicare neglexerint, non minus nota infamiæ quam viginti Librarum auri in Sepulcrorum violatores statuta pena damnari. » (C'est la L. 3. C. de sep. viol. IX, 19.) — « in *eodem Titulo*. Et si forte detractum aliquid de Sepulcro ad Domum ejus Villamque avectum reperietur, villa, sive domus, aut edificium, quodcumque erit, Fisci juribus vindicetur. » (C'est la L. 2. Cod. eod.) « quod ratum habuit, mandasse intelligatur ut *in Digestis ratihabitio mandato comparatur.* » (C'est mot pour mot la L. 12. in f. D. de solut. (XLVI. 3.) ou bien la L. 1, § 14. D. de vi (XLIII. 16). — « Item, in *Octavo Libro Codicis* legitur : Si quis in tanta, etc. » (L. 7. C. unde vi (VIII. 4.), copiée ici textuellement). — *Nonus Codicis Liber* testatur *Titulo*

Dans un acte de donation fait à Ravenne, en 767, la donatrice renonce à divers moyens de révocation tirés du droit romain (*b*).

Dans un bail emphytéotique de l'an 811, l'évêque de Modène stipule le droit de retour en cas de non-paiement du canon pendant deux années, conformément aux lois romaines (*c*).

Un acte de vente fait à Capoue, en 954, porte que suivant le droit romain le vendeur a déjà reçu son prix (*d*). Il ne s'agit certainement pas ici de l'obligation que toutes les législations imposent à l'acheteur, mais de ce principe particulier à l'ancien droit romain, que la propriété n'est transférée qu'après le paiement du prix. Ce principe se trouve souvent exprimé

ad Legem Juliam de vi publica et privata : Si quis ad se, etc. » (C'est en partie la L. 7. C. ad L. J. de vi (IX. 12.) — « *Liber quoque Digestorum* concordat, ut prius de Criminali disceptetur. » (L. 37. D. de judic. (V. 1.) et aussi L. 5. § 1. D. ad L. J. de vi (XLVIII. 6.) « habetur in *Quarto Libro Codicis Titulo de rebus creditis generaliter de omnibus juramentis* intercedere (leg. *inter cetera*) : Si Judex appellationis præsidens, etc. » (d'après la L. 12, § 2. C. de reb. cred. (IV, 1.) — Au reste, le fragment de cette requête que nous possédons est simplement une copie à laquelle Muratori donne six ou sept cents ans. On ne peut prononcer avec connaissance de cause sur l'authenticité de l'original qui n'existe plus.

(*b*) Muratori antiqu. Ital. T. III, p. 889-893. (Fantuzzi) Monumenti Ravennati, T. II, p. 1-4. « Legum benefitia, juris, et facti ignorantia, foris, locisque, prescriptione alia, *Senatoque Consulto quod de mulieribus prestitit*, benefitio retractandi, nec non et de Religiositati abitus et quod de Relictis sunt per Legem indulta donantibus. » Le sénatus-consulte Velleien est clairement désigné ; mais je ne sais ce que signifient ces mots *de Relictis* ; peut-être n'est-ce qu'une inadvertance de copiste, car nous voyons dans un document semblable, et bien plus ancien, Marini p. 154, lin. 34 seq. « excluso..... beneficio legum juris effecti ignoransiæ foris locisque prescripsioneque *de revocandis donationibus sunt per legem indulta* donantibus. »

(*c*) Muratori antiqu. Ital. T. V, p. 957. « ut leges censeunt. » C'est la Novelle 7. C. 3 (Julian. Const. 7. C. 3), ou la Nov. 120 C. 8 (Julian. Constant. 111. C. 4.)

(*d*) Ughelli Tom. I, p. 532. « quia susceptum completum apud me habeo pretium a vos jam nominata donna Maria Comitissa emptrice juxta lege vestra Romanorum. »

dans les sources du droit, sans qu'on puisse citer aucun texte où l'auteur de notre document l'aurait puisé.

81. On voit le droit romain cité dans divers procès du cloître de Farfa, qui par exception suivait la loi lombarde (*a*).

Ainsi, lorsqu'en 999 Othon II vint tenir sa cour de justice à Rome, il fut question de la comparaison des écritures ordonnées par le droit romain (*b*), et du jugement par défaut contre celui qui ne comparaît pas après trois sommations (*c*). — Ce dernier principe fut invoqué dans un procès de l'an 1014, et de plus il fut décidé que la partie ainsi condamnée ne pouvait appeler du jugement (*d*). — Dans deux autres procès (vers 1060 et 1070), deux lois du code Justinien furent citées textuellement (*e*).

(*a*) Voyez vol. Ier, § 40-46.

(*b*) Mabillon annal. Bened. T. IV, p. 119 seq. imprimé dans Muratori Script. T. II, P. 2. p. 499, seq. — Une des parties qui produit un acte dont l'authenticité est contestée, ne veut pas accepter le combat singulier (suivant le droit lombard), « neque ipsam brevem ad manum collationis perducere sicut lex præcipit Romana. » Il s'agit ici de la L. 20 C. de fide instr. (IV, 21.) ou de la Nov. 49 C. 2 (Julian. Const. 44. C. 2) ou de la Nov. 73 C. 7. (Julian Const. 66. C. 7.)

(*c*) Mabillon l. cit. p. 120, « quia Justinianus Imp. præcepit : *contumacem tertia vice vocamus*, datum judicatum firmum est. Item et in alio loco idem Imperator dicit : *Litigator si se subtraxerit, et tertio acclamatus non apparuerit, inter absentes judicium datum firmum est.* » Ce principe se trouve dans la L. 53, § 1. D. de re jud. (XLII, 1.) L. 8, 9. C. quomodo et quando judex (VII, 43). Nov. 112 C. 3. (Julian. Const. 105. C. 3); mais aucune de ces lois n'a été copiée textuellement, comme semblerait l'indiquer la forme de la citation.

(*d*) Mabillon l. c. p. 704. sq. Muratori l. c. p. 517. sq. « Mox Collatis Justinianæ et Langobardorum capitulis legis, talem inde adversus Crescentium dederunt sententiam : Si quis vocatus est ad judicium, et ille per suam superbiam venire noluerit, et judex bene scrutatus fuerit causam, et judicaverit absente illo ; hoc quod ei judicatum est, adimpleat, nec provocare audeat, contumace tertia vice vocato datum judicatum firmum est, etc. » — Sur les trois citations, voyez la note précédente. L'interdiction de l'appel est établie par la L. 1. C. quorum appell. (VII, 65.)

(*e*) Chronicon Farfense ap. Muratori Script. T. II, P. 2, p. 589. « Qui simul ostenderunt hoc Capitulum Codicis Justiniani dicentis : Ejus, qui per

La relation d'un placitum de 1058 nous montre aussi une loi du Code rapportée textuellement, quoique singulièrement défigurée (*f*).

Voici un placitum très-remarquable de l'an 1075 (*g*). Une église réclame plusieurs immeubles. Le possesseur invoque le droit nouveau, la prescription de quarante ans. L'église répond que sa plainte est antérieure à la prescription; le juge prononce en faveur de l'église et la *restitue en entier* d'après un fragment des Pandectes (*h*). Ce document se distingue de ceux de la même époque par une intelligence complète et une saine application du droit.

Dans un acte de reconnaissance de 1079, le débiteur renonce

contumaciam absens, cum ad agendam causam vocatus esset, condemnatus negotio prius summatim perscrutato, appellatio recipi non potest. » C'est le texte de la L. 1. C. quorum appell. (VII, 65). — Ibid. p. 597. « sicut Divus Justinianus imperiali sanctione inquiens indidit : Gesta, quæ sunt translata in publica monimenta, perpetuam volumus habere firmitatem, nec enim morte cognitoris perire debet publica fides. » Texte de la L. 6. de re judic. (VII, 52.)

(*f*) Ughelli T. III, p. 627, 628. (in comitatu Clusino) : « præcepto legis, ubi invenerunt confessos suo jure præjudicatos haberi placeat. » La L. 1. C. de confessis (VII, 59.) porte : « Confessos in jure pro judicatis haberi placet. »

(*g*) « in presenzia Nordilli Missi domine Beatricis Ductricis et Marchionissæ et Johannis vicecomitis. » On lit à la fin : « factum est hoc intus Burgum qui vocatus Martuli prope Plebem Ste Marie territorio florentino. » Ce document fait partie des archives du grand duc de Florence; il a été imprimé dans : Congetture di un Socio Etrusco sopra una carta papiracea. Firenze, 1781, 4 pref. p. LIII, LIV. (Ferdinand Fossi, directore dell' archivio diplomatico à Florence, a seulement composé la préface de cet ouvrage, dont l'auteur est Migliorotto Maccioni, professeur de Pandectes à Pise. Le document que je cite se trouve dans la préface.) Il est aussi dans (Savioli) Annali Bolognesi vol. 1, P. 2, p. 123, 124. Num. 73. Le texte de Savioli est très défectueux et ne paraît pas imprimé d'après celui de Fossi, mais d'après une copie de l'original fort inexacte.

(*h*) « His peractis supradictus Nordillus predicte domine Beatricis, Missus *lege digestorum libris inserta* considerata per quam *copiam magistratus non habentibus restitutionem in integrum Pretor pollicetur.* restituit in integrum Ecclesiam, etc. » La L. 26, § 4. D. ex quib. caus. maj. (IV, 6.) porte : « Sed et si Magistratus copia non fuit, Labeo ait restitutionem faciendam. »

à divers priviléges établis par le droit romain, sans qu'on puisse les rapporter à aucun texte particulier (*i*).

Le placitum tenu à Teramo, en 1108, doit trouver place ici. Une église réclame divers biens dont quelques-uns lui ont été ravis avec violence. Pour ces derniers, elle intente trois actions, l'*actio in rem*, la *condictio ex Lege*, et l'*interdictum de vi*; pour les autres, l'action personnelle et l'action hypothécaire (*k*).

82. Voici maintenant plusieurs documents qui reproduisent les mêmes principes de droit ou les mêmes formules.

Divers actes d'affranchissement déclarent l'affranchi ingénu, car ils le libèrent en termes formels du droit de patronage (*a*),

(*i*) Jo. Lamii Deliciæ Eruditorum (T. XV.) Flor. 1743, 8, p. 1078. « in questo Strumento si renunzia da' debitori *omni privilegio novarum constitutionum, beneficio Epistole divi Adriani*, etc. » (Le document lui-même n'a pas été imprimé.) — La lettre d'Adrien est souvent citée dans les sources ; quant au privilegium novarum Constitutionum, ainsi rapproché de la lettre d'Adrien, ce pourrait bien être la Nov. 99.

(*k*) Ughelli T. I, p. 354, 355. « Ad hæc adversariorum Causidicus petiit edi actionem. Ecclesiæ causidicus de rebus invasis proponit tribus actiones, scilicet in rem, conditionem [lege *condictionem*] ex lege, et interdictum, unde Judex his vero rebus [lege *interdictum unde vi. De aliis vero rebus*] injuste ab eis possessis proposuit actionem in personam, et in re, et hypothecatias [lege *et in rem hypothecariam*] » La *condictio ex lege* dérive sans doute de la L. 7, C. unde vi. L'avocat de l'église commence par demander : « fieri satisdationes judicio sisti, et judicaverunt [lege *judicatum*] solvi. »

(*a*) Lupi Cod. diplom. Bergom. p. 627 (test. fait à Bergame a. 800). « In ea vero ratione ut familias nostras ad nos pertinentes servos et ancillas aldiones et aldianes de personas suas omnes liberis arimannis amundis absolutis permaneant ab omni conditione servitutis *et jus patronatis sint ad eos concesso civemque Romanis* et habeant potestatem *testandi et anulo portandi*. » Ce mélange du droit romain et du droit lombard est très-remarquable. Dans plusieurs documents ou formules *civis* (ici civem) est synonyme de *civitas*. La faculté de tester appartient à l'ancien droit romain, et se trouve exprimée ici parce que le *Latinus Julianus* en était privé. Lupi n'a pas compris ce document — Fumagalli cod. dipl. S. Ambros. Num. 100 (testament fait à Milan, a. 870.) « sit..... concessum..... *jure patronatus et eo que legum auctoritas continet de absolvendis liberta-*

disposition qui se rapporte évidemment à un principe du droit Justinien, dont j'ai parlé § 46. — Plusieurs actes d'échange citent textuellement, quoique dans un style très-corrompu, une loi du Code sur l'analogie que présentent l'échange et le contrat de vente *(b)*. Les contrats de vente et d'échange contiennent, en cas d'éviction, la promesse du double, suivant le droit romain *(c)*; plusieurs même parlent expressément de *stipulatio* et de *sponsio*. — La *mancipatio* et la *fiducia* se retrouvent fréquemment. *Mancipatio* a perdu toute signification, et *fiducia*, comme dans les lois dont j'ai parlé § 77, veut dire gage *(d)*. — Dans les testaments, il est souvent question de la légitime, et toujours sous le nom de *Falcidia (e)*.

tibus. » Fumagalli s'est également trompé en voyant ici l'application du droit lombard. — Tiraboschi, p. 85, rapporte un document de l'an 902, mais dont les expressions ne sont pas aussi décisives.

(*b*) Fumagalli Num. 14, p. 54. (a. 776.) « Commudatio bone fedei nuscitur esse contractum ut vece emptionis obtineat firmidatis. » C'est la L. 2. C. de rerum permut. (IV, 64.) « Permutationem utpote *bonæ fidei* constitutam, sicut commemoras, *vicem emptionis obtinere*, non est juris incogniti. » Cette formule se retrouve mot pour mot dans cinq autres documents, Num. 36, 60, 67, 76, 85 des années 830-861. Dans un document de l'an 885, Num. 125, elle est ainsi conçue : « eodemque nexu ublicant contraentes. » De même, dans plusieurs autres documents des années 885, 892, 897, Num. 126, 128 (ou plutôt 129), 134. — La formule, sans cette addition, existe dans Tiraboschi Num. 27 (a. 826); avec l'addition, ibid. Num. 34. (a. 905.), et dans plusieurs documents des temps postérieurs, Num. 35, 36, 37, 38, 39, 40, 41, 42. Ce dernier est de l'an 1030. — Dans Lupi, p. 635, avec l'addition (a. 805) et p. 1053 (a. 896), et aussi T. II, p. 195, 241, 253; sans l'addition, T. II, p. 87. Cf. Giulini memorie di Milano, P. 2, p. 259.

(*c*) Tiraboschi Num. 27, 29, 64, 90, 92, 96, 103, 125, 131 (sec. 9, 10, 11.) Lupi, p. 605, 695. Maffei Verona illustrata T. I, Append. N. 3, 7, 9. (sec. 8.) Voyez aussi les documents de Fumagalli.

(*d*) Lupi, p. 893 (a. 879) : « vendo et trado *et mancipo* in jura et potestatem tuam. » — Fumagalli Num. 6 (a. 748) « pro quibus uno solido posui tibi loco pigneri *seo fiducia nexo* id est petiola una de prado, etc. » Ibidem, num. 30 (a. 809.) — Voyez aussi deux documents de Milan (a. 1034 et 1055). Muratori antiqu. Ital. T. I, p. 588, 589.

(*e*) Fumagalli Num. 70 (a. 853). « et quod non credimus, si forsitans...... *de parentibus nostris aparuerit* qui contra presente nostra hordinationis agere aut inrumpere quesierint.... accepiant quanti fuerint in tantum ex ip-

83. Il existe une uniformité remarquable dans le nombre des témoins appelés aux testaments, malgré quelques variations apparentes, dont on peut donner plusieurs raisons.

A. Les témoins sont tantôt au nombre de sept, tantôt au nombre de cinq. Cette distinction répondait, dans l'ancien droit, aux formalités diverses exigées pour un testament civil ou pour un testament prétorien (*a*). Mais elle fut abolie par le droit Justinien, qui exigea sept témoins dans tous les cas. Faut-il maintenant voir dans nos documents une conservation inexplicable de l'ancien droit ou bien plutôt l'effet d'une distinction établie par le droit Justinien, qui exige sept témoins pour un testament et cinq pour un codicille. Sans doute on n'avait pas alors des idées bien claires sur la nature de ces deux actes, car dans la plupart des documents il est presque impossible de reconnaître s'il s'agit d'un testament ou d'un codicille.

B. Tantôt on compte tous les témoins présents, tantôt ceux seulement qui savent écrire. L'origine de cette distinction se retrouve encore dans le droit romain. On suivait la première supputation pour un testament oral récité en présence des témoins, et où l'écriture n'était que l'accessoire ; la seconde, pour un testament écrit, et qui tenait toute sa validité de l'écri-

sis rebus nostris *pro falsidiæ nomine* quantumcumque eos plus minus legibus claudere potuerit. » —Lupi p. 627 seq. (a. 800.) Ughelli T. IV, p. 1040 (a. 1064). Ce dernier testament est remarquable en ce que la testatrice, Adelghia Comitissa, vivait d'après le droit salique et non d'après le droit romain ; mais au onzième siècle les différents droits s'étaient déjà bien confondus. — La falcidia avec le sens de légitime se retrouve dans plusieurs documents manuscrits des archives de Lucques dont le conservateur de ces archives, le savant Bertini a bien voulu me donner connaissance. Ainsi, par exemple, on lit dans un document de 797 (Num. † M. 54) : « exceptata una petiola de terra mea.... quam volo, ut post meum decessu sit in potestate de Heredibus meis, qui mihi Legibus in hereditate succedere debent Falcidie nomine : et cum hoc tantum sint sibi contempti ex aliis omnibus rebus meis. » On peut voir aussi les documents de 780 (†† H. 79), 780 († Q. 58), 798 (* C. 48), 803. († C. 4.)

(*a*) Savigny, Heichhorn et Gœschen Zeitschrift für geschichtliche Rechtswissenschaft. V, 1, p. 85, 91 sq.

ture, par exemple quand les témoins n'en connaissaient pas le contenu. — Peut-être aussi faut-il dans plusieurs cas rapporter cette distinction au privilége célèbre que Justinien établit en faveur du *testamentum rusticorum*.

C. Enfin, le notaire qui écrit le testament tantôt figure, tantôt ne figure pas au nombre des témoins. Le droit romain ne défend pas de prendre le notaire pour témoin (*b*); mais on a pu lui réserver la spécialité de ses fonctions pour ajouter à la solennité de l'acte. En effet, on trouve toujours sept témoins outre le notaire dans les testaments de Ravenne rapportés par Marini ; testaments où d'ailleurs les anciennes formes du droit sont conservées dans toute leur pureté (§ 67). — Ces explications admises, les dix testaments que donne Fumagalli et trois de ceux que donne Lupi sont parfaitement réguliers, tandis qu'un seul, rapporté par Lupi, présente des doutes. Pour s'en convaincre, il suffit de jeter les yeux sur le tableau suivant, contenant les pièces non douteuses.

		TÉMOINS QUI SAVENT ÉCRIRE.	TÉMOINS QUI NE SAVENT PAS ÉCRIRE.	NOTAIRE.	TOTAL.
Fumagalli Num.	66	3	3	1	7
— — —	69	1	3	1	5
Lupi p. 871		—	4	1	5
Fumagalli Num.	15	4	1	(1)	5
— — —	32	1	6	(1)	7
— — —	49	3	2	(1)	5
— — —	100	4	3	(1)	7
— — —	124	1	4	(1)	5
— — —	126 (127)	5	—	(1)	5
Lupi p. 527		5	2	(1)	7
— — 627		2	3	(1)	5
Fumagalli Num.	70	6	(2)	1	7
— — —	116	6	(3)	1	7

Une pareille uniformité dans des pièces si nombreuses ne saurait être l'effet du hasard. Cependant Lupi rapporte un

(*b*) C'est ce que décide la glose, tout en rapportant une opinion contraire. Glossa *octavum*. L. 8. C. qui testam. Tel est aussi l'avis des jurisconsultes modernes. Thibaut Pandecten, § 692.

testament qui fait naître des doutes, car on y voit neuf témoins, d'abord trois Romains, puis quatre autres témoins, puis encore un témoin et le notaire (*c*). Les sept premiers témoins ne savent pas signer. Ce que j'ai dit précédemment n'explique pas pourquoi, dans cette circonstance, un aussi grand nombre de témoins fut jugé nécessaire ; peut-être n'eut-on égard qu'au témoignage des Romains.

La même uniformité ne se retrouve pas pour les contrats. Quelquefois on voit appliquer l'ordonnance de Justinien (*d*), d'après laquelle celui qui ne sait pas écrire doit produire un notaire et cinq témoins (*e*). Mais le plus souvent le nombre des témoins est tout-à-fait arbitraire (*f*).

III. ÉTUDE DU DROIT ET AUTEURS QUI ONT ÉCRIT SUR LE DROIT.

84. En Lombardie comme dans les autres États, nous trouvons des témoignages isolés qui établissent la connaissance du droit romain, et des travaux scientifiques ayant le droit romain pour objet.

Parmi ces témoignages, je citerai d'abord un passage où Paul Diacre fait une description si exacte des compilations de Justinien, qu'on ne saurait guère douter qu'il ne les ait eues

(*c*) Lupi, p. 1083 (a. 900.) : « † Ego Aribertus a me facto mea manu subscripsi. — Sig. † † † manibus Andrei Benedicti germanis de Gastello Bucardi de Carpeneto lege Romana vivent. rogat. test. — Sig. † † † † manibus Leoni de Gendubio Raidoni Ardoni patr. et fil. Leoni Garivaldi de Calusco rogat. test. — † Nazarius rogatus subscripsi. — † Auteverto not. scripsi post tradita complevi et dedi.

(*d*) Voyez vol. Ier, § 29.

(*e*) Lupi. p. 673, 893 (a. 829, 879).

(*f*) Ainsi, outre le notaire, on trouve tantôt trois témoins (Lupi, p. 695), tantôt quatre (ibid. p. 759), tantôt sept (ibid. p. 657, 675, 677, 781, 643), tantôt huit ou un plus grand nombre (ibid. p. 685.), tantôt dix (ibid. p. 783).

sous les yeux (*a*). — Au dixième siècle, sur une liste de manuscrits de Bobbio, figure un *liber Pandectarum* (*b*). — Au onzième siècle, parmi les ouvrages que fit copier Desiderius, abbé du Mont-Cassin, on trouve les Institutes et la *Novella*, sans doute l'Épitomé de Julien (*c*). — Enfin, je rappellerai le témoignage déjà cité sur la jeunesse du célèbre Lanfranc, et l'allusion faite dans le poème de Wipo à l'enseignement du droit en Italie (*d*).

85. Je passe maintenant aux ouvrages spéciaux qui ont été composés en Lombardie sur le droit romain.

Ici se place d'abord la *Lex Romana* lombarde ou la rédac-

(*a*) Paulus Diaconus hist. Long. Lib. 1. C. 25. « Leges quoque Romanorum, quarum prolixitas nimia erat, et inutilis dissonantia, mirabili brevitate correxit. Nam omnes constitutiones principales, quæ utique multis in voluminibus habebantur, intra XII libros coarctavit, idemque volumen Codicem Justinianeum appellari præcepit. Rursumque singulorum magistratuum sive judicum (al. add. *jurisconsultorumque*) leges, quæ usque ad duo millia pene libros erant extensæ, intra L. librorum numerum redegit, eumque Codicem Digestorum seu Pandectarum vocabulo nuncupavit. Quatuor etiam Institutionum libros, in quibus breviter universarum legum textus comprehenditur, noviter composuit. Novas quoque leges, quas ipse statuerat, in unum volumen redactas, eundem codicem Novellarum (al. *Novellam*) nuncupari sancivit. » On doit ici préférer la leçon de *Novellam*, car c'est le nom donné ordinairement à l'Épitomé de Julien, que Paul Diacre désigne sans doute dans ce passage. Cf. Biener Gesch. der Novellen p. 46-47. — Witte de Guil. Malmesbur. codice L. Rom. Wisigoth. p. 14, donne sur ce passage des variantes tirées d'un manuscrit de Bodley; la fin y est ainsi conçue : « Novas quoque leges, quas ipse *composuit*, in *corpus unum* redactas, *Novellarum Codicem vocavit*. »

(*b*) Muratori antiq. Ital. T. III, p. 819 : « Librum Pandectarum I. in quo est Expositio cujusdam in Matheum. » Il s'agit ici d'un autre ouvrage copié dans le même manuscrit, comme p. 818, « In Genesi librum I. in quo continetur ars cujusdam de Grammatica. » Je pense que *Pandectæ* doit être pris dans sa signification ordinaire, bien que ce nom ait quelquefois été donné à la Bible. (Ducange T. V. p. 90. Il existe encore sous le titre de Pandectes des ouvrages théologiques de deux Grecs Nicon et Antiochus. Catal. Codd. Mss. Paris. T. II. Num. 876-885).

(*c*) Chronicon Casinense lib. 3. C. 63. (Muratori script. T. V. p. 474). « Instituta Justiniani et Novellam. »

(*d*) Voyez vol. Ier, § 135.

tion nouvelle du Breviarium, faite vers l'an 900, pour les Romains Lombards (*a*). J'ai déjà parlé de ce recueil en traitant de la constitution politique; je ne le considère maintenant que comme un code de droit privé; mais sous ce rapport il est beaucoup moins curieux et beaucoup moins instructif. En effet, il se borne presque toujours à traduire en langage barbare le Breviarium original, et souvent il en défigure le sens. Tout ce qu'il contient de nouveau en matière de droit privé, vient, soit de l'ignorance profonde du rédacteur, soit des institutions et des formes germaniques adoptées par les Romains. Ainsi l'on doit mettre sur le compte du rédacteur les commentaires sur le *furiosus* (*b*), le *fideicommissum* (*c*) et le *furtum oblatum* (*d*); la reproduction de cette loi du Breviarium (*e*) qui défend, sous peine de mort, les mariages entre les Romains et les Germains (*f*), tandis que ces mariages étaient certainement licites chez les Lombards (*g*). — Les

(*a*) Voyez tome Ier, § 123.

(*b*) Voyez tome Ier, § 124.

(*c*) L. Rom. Cajus I, 12. (Canciani vol. IV. p. 505). « *De fidei commissis Intpr.* Si quis homo pro fidemjussoren acceperit, si se ad ipsum fidemjussorem vult, fide quod fecit, solvat. Et quod si illum fidemjussorem dimittere vult, ad suum debitorem se tenere debet, ut suum debitum ei reddat. »

(*d*) L. Rom. Cajus I, 13. p. 505. « ...Oblati actio furtus est, ut si aliqui homo alterius rem sine commiatum domini sui tetigerit. Oblati actio furtus est, ut si quis alterius caballum super convenientiam ipsius longius minaverit, quam inter eos convenerit. Oblati actio furtus est, si quicunque furtum faciat. Oblati actio furtus est, si quicunque homo alicui consilium dederit, ut quicumque furtum faciat. Oblatio actio furtus est, si quicumque homo rem suam in manum suam tenit eam, alter homo si ipsam rem de manum suam excoserit, ut ea perdere debeat. Istas tales causas omnis homo eas pro furtu tenere potest.

(*e*) Voyez plus haut, § 26.

(*f*) L. Rom. Cod. Theod. III, 14. p. 479. « Nullus Romanus Barbara cujuslibet gentes uxorem habere presumat, nec Barbarus Romana sibi in conjugio accipere presumat; quod si fecerint, capitalem sententiam feriantur. »

(*g*) Cette matière était réglée par les lois de Luitprand. Voyez vol. Ier, § 40.

passages sur l'émancipation (*h*), les *jurateurs* (*i*) et la stipulation sont, au contraire, d'origine germanique (*k*). — Certains passages feraient croire que le rédacteur avait sous les yeux des manuscrits du Breviarium plus complets que ceux que nous possédons, si l'on pouvait admettre qu'une compilation aussi barbare reproduise exactement les sources (*l*).

(*h*) Voyez vol. Ier, § 123.

(*i*) Voyez vol. Ier, § 131.

(*k*) L. Rom. Paulus II, 2. p. 509. «.....Stipula hoc est, ut unus de ipsos levet festucum de terra, et ipsum festucum in terra rejactet, et dicat : per ista stipula omne ista causa dimitto : et sic ille alter prendat ipsum illum festucum, et eum salvum faciat; et iterum ille alius similiter faciat.» On reconnaît immédiatement la forme du droit germanique décrite ici par l'auteur. C'est l'action de jeter et de relever une baguette comme symbole de la tradition d'où est venu le mot *effestucatio* et la formule : *stipulatione subnixa*, si fréquente dans les documents. Voyez Eichhorn deutsche Rechtsgeschichte Th. I, § 59. Grimm Rechtsalterthümer p. 129, 130, 604. Capitulare 8. a. 803. (Baluz. I, 408). — Isidore fait dériver le mot *stipulatio* de *stipula* (orig. IV, 24) : « veteres enim quando sibi aliquid promittebant, stipulam tenentes frangebant : quam iterum jungentes, sponsiones suas agnoscebant.» On a souvent invoqué ce passage d'Isidore sur l'origine du mot *stipulatio* et sur l'ancienne forme de la stipulation romaine. Mais si cette coutume eût jamais existé chez les Romains, comment Varron, qui vivait plus de six siècles avant Isidore, l'aurait-il ignoré, et aurait-il cherché au mot stipulatio une autre origine? En effet, Varron (de L. L. 4, 36), comme Festus (v. stipem), fait dériver stipulatio de *stips*, pièce de monnaie. *Stipula* désigne une petite pièce de monnaie, *stipulatio* l'action de tenir cette pièce, c'est-à-dire la *nexi obligatio*, dont l'ancien nom fut ensuite donné à la forme plus libre des contrats (*verba* sans *æs et libra*) : c'est un fait dont je n'ai pas à m'occuper ici. Le rédacteur lombard de la Lex Romana et Isidore se trompent également sur la racine du mot *stipulatio*, mais le Lombard, homme simple, la trouve dans la coutume germanique de son temps, tandis que le savant Isidore crée l'hypothèse d'une étymologie historique. Sans doute il n'aura pas eu en vue la forme de droit germanique, mais l'usage des tailles adopté dans les classes inférieures, et qui n'a jamais été un symbole de droit. En tout cas, le passage d'Isidore ne peut être considéré comme un témoignage historique, et en fait la stipula et la festuca des Allemands n'ont rien de commun avec la stipula et la festuca des Romains (Gaius IV, 16).

(*l*) L. Rom. Cod. Theod. III, 15. de fidejussoribus docium. Le texte ancien défend, dans une constitution spéciale, de donner caution pour sûreté de la restitution de la dot. L'ancien commentaire défend les cautions *pro*

86. Nous trouvons encore en Lombardie un ouvrage très-remarquable intitulé : *Quæstiones ac monita*, et que Muratori a publié d'après deux manuscrits milanais des lois lombardes (*a*). C'est une suite d'observations diverses sur le droit de différents peuples germaniques et sur le droit romain, composées vers l'an 1000, c'est-à-dire après le règne d'Otton II, et avant la fin du règne de Henri II. En effet, les vingt-quatre cas où a lieu le combat judiciaire sont, pour la plupart, tirés textuellement, sauf de légères variantes, des

muliere. Voilà une fausse interprétation du texte, ou du moins une expression obscure, si après *muliere* on veut sous-entendre *creditrice* : notre recueil renferme là-dessus deux passages dont le dernier est conforme à l'ancien texte, mais le premier permet à la femme de prendre des cautions pour sûreté de la dot *qui lui est promise*, cas dont ne parle pas le texte ancien. — De même, on ne sait si les L. Rom. Paulus I, 17, 18. p. 508, existaient dans Paul tels que nous les connaissons d'après l'ancien Breviarium. Cependant le second fragment a beaucoup de ressemblance avec Paulus I, 13. B. surtout avec le § 4 de ce titre. Un pareil doute suffit pour montrer que l'auteur, par son ignorance et la barbarie de son langage, a corrompu les sources de manière à en faire un tout méconnaissable.

(*a*) Muratori Script. rer. Ital. T. I, P. 2. p. 163-165, et réimprimés dans Canciani Vol. I. p. 221-224. On ignore si les deux manuscrits étaient complets, ou si Muratori a dû les réunir pour composer son texte. Quoi qu'il en soit, l'édition imprimée présente dans toutes ses parties un caractère uniforme et paraît appartenir au commencement du onzième siècle, date que Muratori assigne aux manuscrits eux-mêmes. Le titre est l'ouvrage de Muratori.— On vient de publier sur cet ouvrage des renseignements plus exacts. Les *quæstiones ac monita* se trouvent dans les manuscrits O. 53 et 55 de la Bibliothèque Ambrosienne à Milan. (Dissertation de Blume, dans Pertz, Italiänische Reise, p. 277). D'après le témoignage de Clossius, qui a vu ces manuscrits, l'un renferme le commencement des *quæstiones* jusqu'à ces mots : « quando ad sacramentum venerit » (p. 223 ed. Canciani); l'autre commence à ces mots : « Ille notarius, » et va jusqu'à la fin. Ainsi donc le texte de Muratori se compose de la réunion des deux manuscrits ; au reste Muratori ne les a pas publiés en entier et Blume doit en faire une nouvelle édition. La partie des *quæstiones* qui traite du combat judiciaire (p. 222. ed. Canciani) se trouve aussi dans un manuscrit des Institutes de Bamberg D. II, 5 au § 4. J. de jure cognat. avec des leçons très-différentes de celles du manuscrit de Milan, et plusieurs interpolations. Je dois ces renseignements à Schrader.

lois d'Otton II (*b*). Ensuite, Muratori observe que les manuscrits des *Quæstiones* semblent appartenir au commencement du onzième siècle, et qu'on ne trouve dans leur texte aucune loi postérieure à Henri II.

Cet ouvrage, par la barbarie du style et des idées, est comparable à la *lex Romana* dont je viens de parler, et sous ce rapport encore on ne saurait lui supposer une date plus récente; néanmoins on y reconnaît quelquefois une saine intelligence des Pandectes. Les *Quæstiones* ont pour nous beaucoup d'importance; car elles établissent d'une manière incontestable la connaissance de toutes les parties du droit Justinien. Ainsi, en parlant des divers âges, d'une manière, il est vrai, qui n'est pas absolument conforme au droit romain, elles citent les Institutes et transcrivent les premiers mots du texte (*c*). — Un autre passage relatif aux successions ab intestat expose, en les défigurant, les principes de la Novelle 118, et cite la *Novella* de Justinien : forme de citation qui sans doute désigne l'Épitomé de Julien (*d*). — Conformément aux prescriptions du droit Jus-

(*b*) Canciani l. c. p. 222. Les cas où a lieu le combat judiciaire, Num. 14, 15, 16, 18, 19, 21 sont prévus dans la L. Long. Ottonis II. Num. 1, 2, 4, 5, 6, qui est de l'an 983. Sur la fixation de cette date voyez Canciani l. c. p. 228. note 8. — Dans le manuscrit de Bamberg, le Num. 15 sur le combat judiciaire finit ainsi : nunciū valens solid'. XX. p. Cāp. Ottōi. Ensuite on lit : octo *X*a si quis mallaverit quem infra treviam vel post osculum pacis aliquem interfecisset *p. cap. enricus*. Ces mots qui manquent dans le manuscrit de Milan sont la L. Long. Henrici I. (II.) L. 3.

(*c*) Canciani l. c. p. 224. « Et de ætate dicitur, secundum hic declaratur, et juxta illud, quod dicitur in Lege Romana in libro, qui nominatur *Instituta* in Lege, quæ inchoat sic : « *Nunc transeam fideicommissa*. » C'est évidemment le pr. J. de fideic. hered. cité d'après la méthode des glossateurs. Comme ce titre des Institutes ne parle point de l'âge, l'auteur a copié cette citation d'après un autre ouvrage qu'il n'entendait pas, ou bien Muratori a donné lieu à cette citation erronée en réunissant deux passages différents, erreur facile à concevoir, car les anciens manuscrits n'offrent aucune division.

(*d*) Canciani l. c. p. 222. Le chapitre est intitulé *Supercessio lege Romana*, et plus loin on trouve *supercedere* pour *succedere*; il finit par ces

tinien, l'inventeur d'un trésor en doit la moitié au propriétaire du terrain (*e*), tandis que d'après le code Théodosien il ne lui en doit que le quart (*f*). — Voici plusieurs dispositions empruntées aux Pandectes : lorsqu'un esclave dépositaire vient à être affranchi, celui qui a fait le dépôt n'a contre lui l'*actio depositi* que quand la chose se trouve encore dans sa possession (*g*). — Si la chose prêtée périt par cas fortuit, le commodataire n'en doit pas la valeur (*h*). — Nous voyons exprimé en termes d'ailleurs fort obscurs, que celui qui soustrait un titre de propriété doit restituer la valeur de la chose, si la preuve de la propriété périt avec le titre (*i*). — Lorsqu'un esclave s'enfuit après avoir commis un vol, le propriétaire de l'objet volé peut actionner le maître de l'esclave, si celui-ci a autorisé ou du moins

mots : « sic præcepit lex Romana *in Libro qui nominatur Novella*, quem egit Justinianus imperator temporibus suis. »

(*e*) Canciani, l. c. p. 223. « Si homo invenerit Scazo in terra aliena, medietatem habeat qui invenerit, et medietatem cujus terra est, quia Lex Romana dicit. » Il est ici question de la L. un. C. de thesauris (X, 15), ou, ce qui est plus vraisemblable, du § 39. J. de div. rerum, (II, 1), car on ne voit dans les *quæstiones* aucune autre citation des trois derniers livres du code.

(*f*) L. 2. C. Th. de Thesauris (X, 18).

(*g*) Canciani l. c. p. 223. Si « homo commendaverit servo aliquas res et postea ipse servus fuerit dimissus liber, et veniens ille, qui ipsa res commendavit requirere, respondeat ille : Ab illo die, quando tu mihi commandasti, servus eram, et ipse dominus meus mihi tulit. Quomodo possim contradicere quia dominus meus erat ille ? Lex est, ut postquam ipse manifestat quod commendasset, reddat ei quod dicit Lex ad res alienas commendatas. » Ici l'auteur a réuni deux fragments des Pandectes : L. 1, § 18. D. depositi (XVI, 3.), et à partir de ces mots *Lex est*, L. 21. § 1. D. eod.

(*h*) Canciani l. c. p. 223. « Si quis commendaverit aliquas res cuilibet, et ipse *perdiderit postea aut per incendium aut per*.... (lege *ruinam*) justum est nihil reddat etc. » — L. 1. § 4. D. de oblig. et act. (XLIV, 7) «.... si majore casu, cui humana infirmitas resistere non potest, *veluti incendio, ruina naufragio rem, quam accepit amiserit*, securus est etc. ? » — Ou bien encore L. 5. § 4. D. commodati (XIII, 6.) «.... Proinde et *si incendio, vel ruina aliquid contigit*, vel aliquod damnum fatale, non tenebitur, etc. »

(*i*) Canciani l. c. p. 223. « ..... Lex est, ut si perdiderit res, quas aliter charta ipsa reddere debet, caput tantum, res. » Les fragments des Pandectes sont : L. 27. pr. L. 32. pr. D. de furtis (XLVII, 2).

connu le délit, et sur ce point lui déférer le serment (*k*). — En matière criminelle, le plaignant doit fournir caution, sous peine d'être lui-même emprisonné, disposition rapportée expressément au droit romain (*l*).

87. On trouve souvent, dans les manuscrits des lois lombardes, des formules et des gloses explicatives du texte (*a*). Comme la plupart sont postérieures à l'École de Bologne, je n'en parlerai pas ici. Mais un manuscrit de Vérone contient des formules et des gloses rédigées à deux époques différentes, dont quelques-unes, les plus anciennes, rentrent dans le sujet de ce chapitre (*b*). Canciani place avec beaucoup de vraisem-

(*k*) Canciani l. c. p. 224. « Recordare, quoniam si servus ambulaverit a mansione alterius, et dixerit : Homo ille mandat vobis domino meo, præsta talem rem ; et præstaverit, et ipse servus fugierit, et ipse qui servo res dederit, pulsaverit dominum : justum est, dominus nihil ei rendat, nisi præbeat sacramentum (c'est-à-dire, nisi actor deferat jusjurandum) *nec suæ voluntatis*, *nec suæ conscientiæ ejus fuisset*, quod servus suus hoc malum fecisset, et fiat solutus. Et si voluerit, habet spatium ad requirendum eum habere. » — On trouve dans ce passage une juste application de plusieurs principes : 1° on a l'*actio noxalis* contre le maître s'il peut représenter l'esclave ; mais non si l'esclave a pris la fuite, L. 21. pr. § 2, 3. L. 22. D. de nox. act. (IX, 4.) ; 2° le maître complice de l'esclave est tenu d'une manière absolue, *suo nomine*, par opposition à l'*actio noxalis*, L. 2, 3, 4. D. eod. ; 3° on peut déférer le serment sur le fait de la complicité, parce que ce genre de preuve est applicable à tous les cas.

(*l*) Canciani l. c. p. 221. « Quæstio de lege Romana. Homo, qui ad Placitum wadiam dederit, et non habet fidejussores paratos, Comes comprehendat et faciat mittere in carcerem, quia Lex Romana præcepit. » Je ne connais aucun texte du droit romain où ces dispositions se trouvent ainsi réunies. Il est question des cautions dans la L. 7, § 1. D. de accus. (XLVIII, 2.) L. 3, C. de his qui acc. (IX, 1) ; de la prison dans la L. 2. in f. C. de exhib. reis (IX, 3.). L. 17, C. de accus. (IX, 2). La L. 1. D. de cust. et exhib. (XLVIII, 3) parle de caution et d'emprisonnement au sujet de l'accusé, mais ce n'est pas ce dont il est question.

(*a*) On peut sur les formules lombardes consulter l'écrit de Seidensticker, cité plus haut, § 44. note *a*.

(*b*) On trouve des extraits des anciennes gloses dans Canciani, Vol. II, p. 463-471, Vol. V, p. 54. sq. et des extraits des gloses nouvelles, Vol. V, p. 472 sq.

blance la rédaction de ces anciennes gloses peu après le règne de Henri II (*c*). En effet, elles rapportent en partie le texte d'une loi de Henri II, et ne parlent pas d'une loi de Henri III qui prononce la peine de mort contre les empoisonneurs (*d*). On ignore si elles sont toutes du même auteur; mais on y voit souvent des diversités d'opinions et des réfutations en termes fort énergiques (*e*). Le droit romain y est fréquemment cité, toujours sous le nom de *Lex Romana*, et sans indication des sources (*f*). Néanmoins quelques passages renvoient au code Justinien (*g*) et à l'Épitomé de Julien (*h*). Ici encore le droit Justinien paraît seul mis en usage, et une phrase où Canciani voit la désignation du Breviarium, suivant moi se rapporte au Code (*i*).

(*c*) Canciani vol. V, p. 4.

(*d*) L. Long. Henrici I (II) N. I, citée dans la Glossa L. Luitprand II, 8. (Canciati, vol. V, p. 77). — La peine de mort est prononcée contre l'empoisonneur par la L. Long. Henrici II (III) N. 2. tandis qu'avant il n'était passible que d'une simple amende. L. Long. Rotharis 141 (où Georgisch, par une erreur évidente, lit « mortuus non fuerit, » au lieu de mortuus fuerit »). L'auteur de la glose sur cette loi de Rotharis ne parle que de l'amende (Canciani, vol. V, p. 57); il ne connaissait donc pas la loi de Henri III.

(*e*) Par exemple : Canciani, vol. V, p. 56. « Si vero os tale non egredietur, emendabitur ut plagæ. — *Secundum asinos.* » On pourrait citer plusieurs exemples du même genre.

(*f*) Voyez trois fragments ainsi conçus dans Canciani, vol. V, p. 66, 67, 68.

(*g*) Canciani, vol. V, p. 102. not. 1. (sur la L. 67. Lotharii I). « Qui testes non debent compelli à Comitibus dicere testimonium, nisi XV diebus, ut in his observent judicium, *ut legitur in IIII libro Codicis.* » C'est la L. 19, C. de testibus (IV, 20).

(*h*) Voyez plus haut, § 78. *g*.

(*i*) Canciani, vol. V, p. 65. (Monitum sur la L. Rotharis 227). « Scito si quis Longobardus servo communi libertatem dederit, quod pars adcrescit socio non danti : *ut legitur in antiquo jure Romano*, quod lex Longobarda sequitur. » Canciani, vol. V, p. 9. indique les sources anciennes dont le glossateur aurait eu connaissance, par exemple : Paul. IV, 12, 1. ou Ulpien I, 18; mais c'est prêter au glossateur beaucoup trop d'érudition. Ce passage fait littéralement allusion à la L. 1, § 7, C. de communi servo manum. (VII, 7). « Jus autem accrescendi, *quod antiqua jura in communibus servis manumittendis introducebant*, nullius esse momenti, nec id posterum frequentari penitus concedimus. »

Il y a aussi un passage qui semble faire allusion aux Topiques de Cicéron (*k*).

88. Je terminerai par l'ouvrage connu depuis plusieurs siècles sous le nom de *Brachylogus*, et dont il existe encore quatre manuscrits.

A. A la bibliothèque de l'Université de Kônisberg, un manuscrit in-4° écrit sur parchemin vers la fin du treizième siècle; il est sans titre et sans divisions de livres; il fait suite au *Roffredi libellus de jure canonico* (*a*).

B. A la bibliothèque de Vienne, un manuscrit in-8° écrit sur parchemin vers la fin du douzième ou du treizième siècle; il est divisé en livres, et intitulé : *Summa novellarum constitutionum Justiniani imperatoris* (*b*).

C. A la bibliothèque du Vatican, un manuscrit du treizième siècle N. 441, contenant le Brachylogus et Petrus. Ce manuscrit, composé de vingt feuilles, renferme une glose où l'on voit citer saint Augustin, Sénèque, Isidore, et une fois seulement le commentaire sur Paul, c'est-à-dire le Breviarium (*c*).

D. Un manuscrit du treizième siècle à la bibliothèque de l'Université de Breslau. Ce manuscrit est incomplet car il renferme seulement le premier livre, et à peu près la moitié du second (*d*).

J'avais indiqué comme manuscrit du Brachylogus un ma-

(*k*) Canciani, vol. II, p. 464. « Nobiles sunt, quorum majorum parentum suorum nemo servituti subjectus sit. » Je crois voir ici une allusion à un passage des topiques, Cicero top. § 6. « Gentiles sunt.... quorum majorum nemo servitutem servivit. »

(*a*) Böcking p. LXXXIX.

(*b*) Codex, ms. jur. civ. Num. 290, autrefois à Tegernsee, puis à Ambras. Lambeck dans son ouvrage sur les manuscrits de Vienne, observe avec raison (Lib. 2. p. 645. éd. Kollard) que notre manuscrit contient plutôt un extrait des Institutes que des Novelles; mais il a ignoré que ce fût le Brachylogus imprimé depuis long-temps. Cf. Böcking p. LXXXIV.

(*c*) Niebuhr. Zeitschrift f. gesch. Rechtswiss. Vol. III, p. 412, 418, 420. Böcking p. LXXXVI.

(*d*) Böcking p. XC.

nuscrit de Munich, autrefois de Regensberg, mais il contient uniquement un extrait de la glose sur le décret de Gratien *(e)*.

89. Voici la liste des différentes éditions du Brachylogus.

(1). La première, ayant pour titre : *Corpus legum per modum institutionum (a),* fait suite aux *Institutiones* Lugd. ap. Sennetonios 1549 f.

(2). *Corpus legum....* Isagoge D. Joannis Apelli in quatuor lib. Inst. Lovanii ex off. Barth. Gravii 1551, in-8°.

(3). *Brachylogus totius juris civilis, sive corpus legum*, etc. (renfermant Caius et Ulpien) Lugd. ap. Maur. Roy et Lud. Pesnot. 1553. in-8° *(b)*. Ici pour la première fois paraît le nom de Brachylogus, nom qui ne se trouve probablement pas dans les manuscrits, mais est, comme le reste du titre, la composition de l'éditeur. D'ailleurs il ne se trouve pas répété au commencement de l'ouvrage lui-même, et c'est le titre de l'édition de 1549 qui y est reproduit, sauf quelques abréviations.

(4). A la suite des *Institutiones* Lugd. ap. H. a Porta 1553. f.

(e) Dans le catalogue de la bibliothèque de St-Emmeran (Bibl.... ad S. Emm. P. 2. p. 126), on trouve un manuscrit intitulé : Summa Novellarum Const. etc. J'ai été trompé par la ressemblance de ce titre avec celui du manuscrit de Vienne. M. le docteur Niethammer, qui a examiné ce manuscrit à la bibliothèque de Munich où il est à présent, m'a signalé cette erreur. Au reste, le titre inexact ne se trouve que sur la couverture du manuscrit.

(a) Le Corpus legum se trouve déjà indiqué en tête des Institutes. Cette indication est répétée dans la préface qui suit immédiatement le frontispice, ainsi que dans la seconde préface à la fin des Institutes, datée « pridie Kal. Oct. 1548. » Cette édition est partout représentée comme la première, et il paraît d'après les préfaces que ce titre est celui de l'ancien manuscrit. Un privilége royal pour l'impression de tout le *corpus Juris*, en date du 12 septembre 1548, fait aussi mention du *corpus legum*. — C'est par erreur que Püttmann miscell. p. 34 et Stockmann ad Bachii hist. juris ed. 6. p. 635, parlent d'une édition antérieure à 1543.

(b) Hugo Index edit. (à la suite de Paulus. Berol. 1795, 8), Num. 9. p. 140. — Il est assez singulier que le privilége de l'imprimeur soit daté du 12 septembre 1548, comme celui de l'édition de Senneton. Voyez la note précédente.

(5). *Brachylogos*, etc. Lugd. ap. Lud. Pesnot 1557. in-8°, avec Caius, Ulpien et Paul que le titre annonce hardiment comme inédit. Réimpression de l'édition Num. 3. Il existe une édition de 1559 (*c*), mais c'est celle de 1557 dont le titre seul a été changé.

(6). A la suite des *Institutiones* Lugd. ap. H. a Porta 1558 f.

(7). A la suite des *Institutiones*. Lugd. 1562 f.

(8). Lugd. 1567 f. Simple réimpression de l'édition de 1562 (*d*). — Les éditions (Num. 2—6) semblent faites d'après celle de 1549, au lieu que les deux autres (Num. 7 et 8) renferment de nombreuses variantes, qui toutefois ne paraissent reposer sur aucun manuscrit nouvellement découvert. En effet, dans ces deux éditions, Pratejus s'est proposé d'indiquer en marge les sources du Brachylogus, et il a voulu profiter de l'occasion pour corriger le texte d'après les sources, industrie malheureuse qui ôte à ces éditions toute valeur critique. Une preuve que la première édition, celle de 1549, est l'original de presque toutes les autres, c'est que la préface de Senneton a été reproduite dans les éditions Num. 4. 6. 7. 8.

(9). *Enchiridium juris instar imperialium Institutionum*, etc. cum præf. Jo. Boniati. Heidelbergæ excud. Jo. Major, 1570. in-8°. L'éditeur avait découvert à Bourges, en 1560, un

(*c*) Hugo l. c. Num. 14. p. 145. — Cette circonstance n'est pas indifférente, car l'édition de Paul par Cujas en 1558 n'a pu évidemment être consultée, ce qui, en 1559, eût été d'une négligence inconcevable. Déjà le titre de 1557 représentait impudemment Paul comme inédit. — Böcking p. C. prétend que l'édition est réellement de 1559, et que la date de 1557, imprimée d'abord par erreur, a ensuite été corrigée dans la plupart des exemplaires. Mais cette explication est détruite par la remarque déjà faite que l'édition de Cujas n'a pas été consultée.

(*d*) Ces deux éditions font partie du *corpus Juris* complet. L'image du lion debout nous indique qu'elles ont paru chez les frères Gabiano. La seconde est une véritable réimpression de la première ; le titre n'a pas été seul changé comme dans l'édition de Pesnot, de 1559.

manuscrit qu'il publia le croyant inédit. Néanmoins ce manuscrit n'était autre que le Brachylogus, mais sans divisions de livres et avec des leçons très-différentes de celles des diverses éditions. Sous ce rapport, cette édition, jusqu'ici entièrement ignorée, est d'une grande importance, car elle tient lieu d'un manuscrit. Ce nouveau titre donné au Brachylogus est l'ouvrage de l'éditeur, car il est évident que le manuscrit n'en portait aucun.

(10). A la suite des *Institutiones*. Lugd. 1575 f. C'est encore une réimpression des éd. Num. 7 et 8 (*e*).

(11). A la suite des *Institutes* avec la glose. Taurini ap. heredes Nic. Belivaquæ. 1576 fol. (Bibliothèque de Munich).

(12). A la suite des *Institutes* avec la glose. Lugd. 1580. fol. (Bocking p. CVI.).

(13). A la suite des *Institutes* avec la glose, p. 499—543. Lugd. 1585. fol. (Bibliothèque de Munich).

(14). *Institutionum s. Elementorum j. civ. enucleati libri IIII....* cura Nic. Reusneri. Francof. ex. off. Nic. Bassæi 1585. in-8°; et avec le titre seul de changé, Francof. 1590. in-8° (*f*). On voit par la dédicace de Reusner au comte de Hanau (*g*), qu'il n'a consulté aucun manuscrit, et qu'il a fait ses corrections de sa propre autorité et d'après le texte du *Corpus Juris* (*h*), comme il a aussi changé arbitrairement les divisions : absurdité choquante pour une composition de ce genre.

(*e*) J'ai examiné moi-même les éditions Num. 7 et 8, mais je ne connais celle Num. 10 que d'après Cramer dispunct. p. 100 ; néamoins leur conformité ne me paraît pas douteuse, car dans toutes le Brachylogus commence à la page 499. — Plusieurs pensent qu'il existe deux éditions de 1575, l'une qui serait une réimpression des éditions 7 et 8, l'autre par Hugo à Porta, toutes deux faisant suite aux Institutes. Böcking p. CV.

(*f*) Senckenberg præf. ad Brachylogum, p. III.

(*g*) Réimprimée par Senckenberg l. c. p. XXX. sq.

(*h*) L. c. p. XXXI. « totum hunc libellum a capite ad calcem semel atque iterum relectum, atque recognitum, non solum *ex libris juris civilis fideliter ac diligenter restitui, et ab innumeris erroribus vindicavi* etc. »

(15). Venet. ap. Juntas 1592. 4. à la suite des Institutes (volumen) p. 779—836 (Bibliothèque de Munich).

(16). Venet. ap. Juntas 1598. 4° (comme Num. 15. Böcking p. CVIII.).

(17). Venet. ap. Juntas 1606. 4 (comme Num. 15. Böcking p. CIX.).

(18). Taurini 1620. fol. à la suite des Institutes (Böcking p. CIX.).

(19). Venet. ap. Juntas 1621. 4 (comme Num. 15. Böcking p. CX.).

(20). Brachylogus juris civilis ed. Senckenberg. Francof. et Lips. 1743. 4. Senckenberg a suivi l'édition de Reusner, son texte n'a donc aucune autorité.

(21). Lovan. ed. Nelis typ. acad. 1761. 12 mo. réimpression de l'édition Num. 2 (*i*).

On voit d'après ce qui précède qu'il existe au moins sept manuscrits différents du Brachylogus, celui d'Apel, celui de Senneton, celui de Boniatus, et les quatre auparavant connus, dont aucun n'est entièrement conforme à ceux-ci. On voit aussi que nous n'avons que deux éditions originales, celle Num. 1 et celle Num. 9. Leur texte et celui des manuscrits pourraient seuls servir pour une édition nouvelle, d'où il faudrait rejeter les prétendues corrections des éditeurs et même leurs divisions par chapitre (*k*). Au reste, les textes originaux diffèrent entre eux non-seulement dans les détails, mais dans l'ensemble de l'ouvrage. Ainsi, par exemple, le manuscrit de Königsberg et l'édition de 1570 présentent de nombreuses lacunes qui n'existent pas ailleurs et ne renferment aucune division de livres.

(*i*) Senckenberg præf. ad Begeri corpus juris reconcinnatum, § 17. Cf. Rhein. Museum f. Jurispr. Vol. IV, p. 164.

(*k*) Si l'on admet qu'aucun manuscrit n'a servi pour les autres éditions, leurs variantes sont ou des fautes d'impression, ou des conjectures des éditeurs, qui, comme je l'ai déjà dit, ont eu la malheureuse idée de rectifier le Brachylogus d'après le texte du Corpus Juris.

Ce plan d'une nouvelle édition a été depuis exécuté très-heureusement. La nouvelle édition a pour titre : Corpus legum sive Brachylogus juris civilis.... ed. Eduardus Böcking Berolini 1829. 8. L'éditeur a établi son texte d'après tous les manuscrits et toutes les éditions connus, en le purgeant des interpolations maladroites. Il a en outre rassemblé toutes les préfaces, dissertations, gloses, remarques, auxquelles le Brachylogus a donné lieu, et qui étaient dispersées dans une foule d'ouvrages très-divers. Il donne enfin un apparat fort commode qui dispense le lecteur de recourir aux éditions précédentes.

90. Nous avons une description du Brachylogus antérieure de plusieurs années à la première édition. Jean Apel, né à Nuremberg où il mourut en 1536, pendant le long séjour qu'il fit à Kœnisberg découvrit un manuscrit qu'il jugea être du douzième siècle (*a*), et y vit un *libellus Institutionum* réformé. Ce titre et la description qu'il en donne conviennent parfaitement à notre Brachylogus. Cette paraphrase des Institutes, dit-il, est divisée en quatre livres comme les Institutes, mais le troisième commence au titre *de obligationibus*, et le quatrième au titre *de actionibus*. Tous ces détails s'appliquent très-bien au Brachylogus imprimé (*b*). L'ordre des titres pré-

(*a*) Jo. Apelli dialogus isagog. in Inst. Justiniani, imprimé pour la première fois à la suite du Ulr. Fabricii processus judiciarius. Basil. s. a. 8°. (1542). (Notre passage se trouve p. 168.) Depuis, souvent réimprimé, tantôt seul (par exemple : Lugd. 1543 ; Colon. 1564, 12), tantôt dans des recueils, et entre autres dans l'édition du Brachylogus, faite à Louvain, en 1551.

(*b*) Apellus l. c. « ..... libellus Institutionum, annos abhinc quadringentos conscriptus..... ad eum modum qui sequitur. Primus in ordine liber erat qualis etiam hodie circumfertur, sic tamen ut titulus de jure personarum primum sibi locum vendicaret, reliqui duo tituli qui præcedunt essent universæ tractationis præludia. Deinde secundus liber usque ad tit. de obligationibus protendebatur : tum tertius ab eo loco usque ad titulum de actionibus... titulus de actionibus, cum his quæ sequuntur liber quartus erat... Nuper inveni eum apud mare Balticum et sinum Codanum, in bibliotheca quadam haud ita magna a tineis corrosum, et pulveribus bene obsitum. » Plus loin, il nomme expressément Kœnisberg. — Ce passage a donné lieu à

sente, il est vrai, quelques différences, mais on n'en doit rien conclure contre l'identité des deux ouvrages; c'est une variante des manuscrits (*c*). On pourrait croire, au premier coup d'œil, que le manuscrit d'Apel est le même que celui qui existe encore à Kœnisberg (§ 88); mais il suffit d'observer que la division en livres et l'ordre particulier des titres, qui distinguent le manuscrit d'Apel, ne se trouvent pas dans celui de Kœnisberg.

91. J'ai maintenant à rechercher dans quel pays et à quelle époque fut composé le Brachylogus. La citation d'une loi lombarde de Louis-le-Débonnaire, citation dont l'authenticité n'est pas douteuse, car elle existe dans tous les textes originaux du Brachylogus (*a*), semble établir qu'il fut rédigé dans l'Italie lombarde. La même loi sert également à déterminer la date de notre ouvrage. D'abord il ne saurait être antérieur à Louis-

une foule de méprises; d'abord, Baudoin a représenté notre *libellus* comme un manuscrit des Institutes (Comm. ad Inst. proleg. gen. et Lib. 3. T. I. proleg.), ce dont Apel ne parle pas. Depuis il a passé pour un manuscrit très-ancien des Institutes trouvé sur les bords de la mer Baltique, et l'on ajoute que Baudoin l'a connu, l'a fait imprimer, etc. Koch a relevé ces erreurs (progr. de Cod. Ms. Inst. ad mare Balticum reperto. Giessæ 1772, 4.) sans savoir néanmoins qu'il s'agissait ici du Brachylogus et non des Institutes. Plus tard, on a rapporté au Brachylogus le passage d'Apel, mais en tombant dans une nouvelle méprise dont je parlerai bientôt.

(*c*) Apellus l. c. « ..... ita ut principium tituli de donationibus titulum de legatis, reliquum vero titulum de mandato sequeretur... Præterea titulus quib. mod. toll. obl. titulum de actionibus præcederet, ultimoque loco libro tertio poneretur. » Cette disposition et la séparation des deux premiers titres dont parle la note précédente ne se trouvent dans aucune édition, ni dans les manuscrits de Vienne et de Kœnisberg. On pourrait, en argumentant de ces différences, se refuser de les attribuer à une erreur de copiste. Néanmoins la conformité me paraît si grande, et la différence si légère, que je ne saurais y voir deux ouvrages distincts dans un siècle si pauvre en travaux scientifiques.

(*a*) Brachylogus, Lib. 4. T. 4. § 18. (ed. Bôcking) « Quod autem clericus adversus laicum testis esse non possit vel econtra, in capitulari legis Longobardicæ cautum est. » Ce texte, sauf de légères variantes, est celui des manuscrits et des éditions. — Le fragment cité appartient à la L. Long. Ludov. Pii 4. « ..... Testimonium clerici adversus laicum nemo recipiat. »

le-Débonnaire, il doit même appartenir à des temps bien plus modernes. En effet, si on le compare à la *lex Romana* lombarde, rédigée vers l'an 900, et aux *Quæstiones* composées un siècle plus tard (§ 85, 86), la différence est frappante. Il leur est tellement supérieur par le style, le raisonnement et la mise en œuvre des sources, qu'on ne peut le croire du même temps, et qu'on est forcé de lui assigner une date postérieure au onzième siècle. D'un autre côté, il est certainement antérieur à l'école des glossateurs, car on n'y reconnaît pas la méthode de cette école qui exerça son influence sur tous les ouvrages des jurisconsultes. Ainsi donc, le Brachylogus dut être composé au commencement du douzième siècle, c'est-à-dire du temps d'Irnerius ; sans avoir, à cet égard, de raison positive, je serais même tenté de l'en croire l'auteur, et alors il serait également antérieur à l'école de Ravenne (*b*).

Il s'est élevé sur la date du Brachylogus deux opinions très-opposées. Senckenberg le place sous le règne de Justinien ou peu après. Il prétend même que c'est une loi de Justinien rendue pour l'Italie et l'Afrique (*c*). Ses raisonnements sont d'une faiblesse incroyable et au-dessous de la critique. La loi de Louis-le-Débonnaire, qui suffisait pour ruiner son système, l'embarrasse peu ; il la déclare une interpolation, bien qu'elle se trouve dans tous les manuscrits et dans toutes les éditions du Brachylogus (§ 91 *a*). — Saxe voit au contraire dans le Brachylogus une composition apocryphe du seizième siècle et dont Apel serait le véritable auteur (*d*). L'existence de plusieurs manus-

(*b*) Dans ma première édition, j'avais parlé d'une recomposition du Brachylogus faite vers le milieu du douzième siècle, et dont le manuscrit existe à la bibliothèque de Tubinge. Mais on a reconnu que ce manuscrit est un compendium de droit romain original, et qu'il n'a aucun rapport avec le Brachylogus. Cf. Böcking l. c. p. 243 sq. où ce compendium est imprimé en entier.

(*c*) Senckenberg præf. ad Brachylogum § 9, 10, 13 ; et Methodus jurisprudentiæ, append. 3, § 14.

(*d*) Saxii Onomasticon T. II, p. 537, 538. Son opinion est adoptée par

crits bien antérieurs au seizième siècle réfute complètement cette opinion, fondée d'ailleurs sur des erreurs de fait matérielles. Saxe prétend que l'édition de Louvain, de 1551 (§ 89), est la première, et qu'elle a pour éditeur Apel, professeur à Louvain. Or, il trouve singulier qu'Apel parle d'un manuscrit de Kœnisberg, tandis que le libraire représente cet ouvrage comme venant de France. Cette contradiction et la conformité remarquable existant entre le Brachylogus et l'exposition méthodique du droit par Apel, lui font soupçonner le professeur d'avoir inventé la fable du manuscrit pour donner du poids à ses doctrines. Mais d'abord, comme la première édition est celle de Lyon, de 1549, elle ne pouvait venir que de France. Ensuite Apel n'a jamais été professeur à Louvain, et il était mort depuis long-temps, lorsqu'en 1551 un libraire imprima son ouvrage avec le Brachylogus. Ainsi s'explique la contradiction et tombe l'hypothèse de Saxe (*e*).

92. Notre ouvrage est connu depuis long-temps sous le titre de *Brachylogus*, titre arbitraire puisque aucun manuscrit n'a été consulté pour l'édition de 1553, où il paraît pour la première fois. Le manuscrit de Kœnisberg, et probablement aussi le manuscrit imprimé en 1570, ne portaient aucun titre : le manuscrit de l'édition de Senneton est intitulé *Corpus Legum*; le manuscrit de Vienne, *Summa novellarum*; le titre de notre ouvrage reste donc incertain, et l'on peut conserver celui déjà connu de *Brachylogus* (*a*).

Püttmann Miscellanea Cap. 7, et par (Siebenkees) Allg. lit. Anzeiger. Leipzig, 1798, p. 1217 sq.

(*e*) L'opinion de Saxe a été réfutée savamment par Cramer dispunct. Cap. 12, et mieux encore par Weis progr. de ætate Brachylogi. Marburgi, 1808, 4. (préface du Catalogue des leçons de l'Université), qui fait ressortir en même temps la fausseté du système de Senckenberg.

(*a*) Hugo pense que le titre du manuscrit de Vienne : Summa Novellarum Const. est le titre original, que *novellæ* désigne ici le droit nouveau, c'est-à-dire le droit Justinien (civ. Mag. V, 424, VI, 36.), et que déjà l'abbé d'Ursperg a employé le mot de *novellæ* dans le même sens. Ce dernier fait est d'abord très-douteux ; mais n'est-ce pas prêter à ce siècle une idée bien

Le plan du Brachylogus est une exposition systématique du droit romain, d'après les compilations de Justinien. L'auteur a pris les Institutes pour base de son travail, mais quelquefois il en a changé l'ordre, et tantôt il abrège le texte, tantôt il y ajoute des fragments empruntés aux autres sources du droit. C'est ainsi qu'il a mis à contribution les Pandectes (*b*), le Code (*c*) et les Novelles. Quant aux Novelles, l'Épitomé de Julien paraît seul consulté, car il est souvent copié mot pour mot, sauf quelques omissions (*d*). Plusieurs passages dont le sens, et en partie les expressions, ne se trouvent que dans Paul, montrent que l'auteur a aussi connu le Breviarium (*e*). J'ai déjà parlé (§ 91) de la citation d'une loi lombarde : des noms de la guerre de Jugurtha font présumer qu'il connaissait Salluste (*f*).

abstraite, un rapport historique bien éloigné. D'ailleurs, on montrerait difficilement que le titre *Summa* ait été donné à un ouvrage de droit avant le milieu du douzième siècle. Cf. Böcking Rhein. Museum f. Jurispr. v. IV, p. 142-164.

(*b*) Par exemple : Brachylogus, Lib. 2, T. 9, § 2. La définition de l'usucapion est tirée de la L. 3 D. de usurp. (XLI, 3). — Lib. 12, T. II, § 8. « ex Digestorum libris. » Lib. 4, T. 32, § 20. « in libris Digestorum s. Pandectarum » (ed. 1570. « Lib. ff. »). — J'avais d'abord mis en doute que l'auteur eût connu l'Infortiatum, mais voici un passage qui le prouve : Lib. I, T. 15, § 7 : « Sunt et aliæ multæ causæ excusationum, *quas in libris Digestorum* et institutionum facile est cognoscere. » Ainsi donc il connaissait le Dig. XXVI, 1.

(*c*) Par exemple Brachyl. Lib. 2, T. 11, § 2. L'usucapion extraordinaire est tirée de la L. 8, C. de præscr. XXX. vel. XL. ann. (VII, 39.)

(*d*) Par exemple : Brachylogus, Lib. 1, T. 9, § 4 est tirée de Julian. const. 108. C. 7, 8, 11 ; Brachylogus, Lib. 2. T. 23, § 2, de Julian. const. 107, C. 3.

(*e*) Par exemple : Brachyl. Lib. 4, T. 31, § 1, a bien plus de ressemblance avec Paul, V. 17, § 3, qu'avec la L. 28. D. de pœnis.—Brachyl. Lib. 4, T. 32, § 10, reproduit Paul. V. 30. — Cf. Böcking præf. p. CXXI. J'avais mis ce fait en doute dans ma première édition, mais à tort.

(*f*) Brachyl. Lib. 4, T. 9. § 4. « Metellus Judex Jugurthæ. Notum sit tibi Atherbalem questum mihi de te fuisse, etc. » Tel est aussi le texte du manuscrit de Könisberg et de l'édition de Senneton ; celle de 1570 ne donne aucun de ces noms.

On fait ordinairement peu de cas du Brachylogus, et sans doute on ne doit pas y chercher de nouvelles lumières sur le droit romain ou des commentaires supérieurs à ceux des temps plus modernes; mais, comme monument historique, le Brachylogus a une grande valeur. Si, d'après les motifs exposés dans ce chapitre, on admet avec moi qu'il a été rédigé en Lombardie entre le onzième et le douzième siècle, il précède immédiatement l'école des Glossateurs, et nous donne un monument assez recommandable des connaissances du droit que du moins quelques individus possédaient alors. On pourrait même, par une étude plus approfondie, découvrir dans le Brachylogus une nouvelle source d'intérêt. Plusieurs principes de la jurisprudence moderne, attribués ordinairement aux glossateurs, pourraient remonter jusqu'au Brachylogus et y avoir leur véritable origine. Néanmoins on ne doit pas s'attendre, d'après la nature même de cet ouvrage, à trouver ici, comme dans Petrus, des résultats pratiques, mais ce qui est plus particulièrement du domaine de la science, des définitions, des divisions et des terminologies (*g*).

93. Je finirai ce chapitre en résumant en peu de mots les résultats auxquels je suis arrivé. Le droit Justinien a été de tout temps connu et appliqué dans l'Italie lombarde. Le besoin du Breviarium ne s'y faisait donc pas sentir; aussi dans les anciens temps n'en trouvons-nous aucune trace. Mais depuis Charlemagne, il dut s'introduire chez les Lombards avec les Francs qui vinrent en Italie revêtus de fonctions civiles ou de dignités ecclésiastiques. La *lex Romana* lombarde en est une preuve irrécusable (*a*). Mais l'autorité du droit romain ne reçut par là aucune atteinte, il continua toujours à régner. En effet, outre les témoignages que j'ai cités, les glossateurs prirent dès l'origine le droit Justinien pour objet exclusif de leurs travaux;

(*g*) Cramer en a signalé des exemples. Voyez Zeitschrift für geschicht. Rechtswiss. B. 1 Heft 3. S. 313. Cf. Böcking præf. p. CXXIV et p. 296 sq.

(*a*) Voyez vol. Ier, § 123.

choix difficile à concevoir, si alors le Breviarium eût été supérieur ou seulement égal au droit Justinien.

L'autorité respective des sources répond parfaitement à la place qu'elles occupent dans les manuscrits. Ainsi, depuis Charlemagne, on trouve seulement réunis le Breviarium et l'Épitomé de Julien (*b*), quelquefois encore Julien et les lois lombardes (*c*), tandis que l'existence d'un prétendu code, où à côté des principales lois germaniques figurait une *Lex Romana*, recomposition nouvelle du droit romain, n'est fondée que sur une méprise (*d*). Au reste, l'autorité ne s'est jamais inquiétée du choix des sources qui devaient servir à l'application du droit romain en Lombardie, et plusieurs auteurs se sont singulièrement trompés quand ils ont cru que des rois, soit Lombards, soit Francs, aient pris parti pour tel ou tel recueil de droit romain, distinction beaucoup trop subtile pour le temps.

(*b*) Par exemple . dans le Codex Utinensis (vol. I, § 123, *a.*) et dans un manuscrit de Turin (Codd. Mss. Taurin. P. 2. p. 95. N. 392 écrit sur parchemin au quatorzième siècle).

(*c*) Par exemple, dans le Ms. Paris. Num. 4566 ; et dans celui d'après lequel Boerius a donné la première édition des lois Lombardes et de Julien. Voyez plus haut, § 75, *a*.

(*d*) Muratori antiqu. Ital. T. II, p. 223, parle d'abord en termes généraux de plusieurs manuscrits : « Antiqui Codices msti, ac præsertim Mutinenses, quibus ego usus sum, Salicam Langobardicam, Alamannicam, Bavaricam, Ribuariam, atque *ipsam Romanam, contractam tamen ac breviatam*, distinctó ordine complectebantur. » Ensuite il parle d'un manuscrit de Modène fort ancien, mais sans ajouter que ce manuscrit ni aucun autre renferme toutes les lois ci-dessus énumérées. C'est cependant ce qu'on lui a fait dire quand on a représenté ce manuscrit de Modène comme une espèce de corps du droit du moyen-âge (Senckenberg Methodus, append. 3, § 14. Biener de orig. j. Germ, P. I, p. 280). Mais Senckenberg s'est évidemment trompé, car Muratori dans sa dissertation italienne (T. I, P. 1, p. 342) ne parle nulle part de la *lex Romana*, comme faisant partie d'aucun manuscrit de droit germanique. Tiraboschi (Storia, T. III, Lib 3, C. 5, § 5.) donne une description plus exacte du manuscrit de Modène, où l'on voit qu'il renferme les droits Salique, Allemand, Ripuaire, Bavarois et Lombard, mais aucun recueil de droit Romain. Senckenberg s'imagine que le Brachylogus devait se trouver dans le manuscrit de Modène, et veut prouver par ce fait supposé qu'il avait force de loi.

94. Ces observations peuvent servir à réfuter plus d'une opinion bizarre sur ce sujet. Ritter prétend que depuis Charlemagne le Breviarium a régné exclusivement en Italie, et il en donne pour preuves les mentions nombreuses de la *Lex Romana*, qui, suivant lui, désignent toujours le Breviarium (*a*). Canciani va plus loin, car il fait remonter l'autorité du Breviarium en Italie à la domination des Ostrogoths, et il pense que le droit Justinien ne servait que comme complément du Breviarium (*b*). Toscano, qui ne parle que du royaume de Naples, a imaginé un système tout nouveau. S'il faut l'en croire, on aurait suivi jusqu'au treizième siècle, en partie le code Théodosien, en partie le droit antérieur, tel que celui qui existait à Rome avant le sénatus-consulte Orphitien; le droit Justinien aurait été introduit pour la première fois dans les universités par Frédéric II, et dans la pratique par les rois de la maison d'Anjou (*c*). Sans combattre des allégations aussi futiles, comment, dans une province isolée de l'Italie, des fragments isolés de l'ancien droit eussent-ils traversé tout le moyen-âge, quand le droit romain n'avait alors, pour échapper à une ruine totale, que les recueils écrits.

(*a*) Ritter præf. T. II, Cod. Theod. Voyez la réfutation de cette opinion, vol. Ier, § 37.

(*b*) Canciani, vol. V. præf p. 8, 9, 10, l'a dit, mais sans le prouver. Les raisons qu'il donne en passant sont d'une extrême faiblesse.

(*c*) Toscani juris publici Rom. Arcana, T. III, p. 46 sq. p. 59 sq.

CHAPITRE XV.

DROIT ROMAIN CONSERVÉ PAR LE CLERGÉ.

95. Jusqu'ici j'ai différé de parler du droit romain comme régissant le clergé. Tel sera l'objet spécial de ce chapitre, où je réunirai tous les monuments épars que nous offrent sur cette matière les divers États germaniques. Si l'on considère l'Église comme un gouvernement spécial, mais embrassant l'Europe entière, les ecclésiastiques comme une nation à part, indépendamment des circonstances extérieures où ils se trouvent (et tel paraît être au moyen-âge le véritable point de vue), l'Église a une vie politique, les ecclésiastiques ont une organisation, un régime que l'on peut étudier. Sans doute on doit reconnaître que les ecclésiastiques étaient toujours soumis à la double influence de l'origine nationale et de la prêtrise; mais le caractère sacerdotal l'emportait de beaucoup sur l'origine: c'est pourquoi j'ai réuni dans le présent chapitre tous les auteurs ecclésiastiques, sans distinction de nation. Deux circonstances viennent encore justifier l'ordre ici adopté: 1° les églises de tous les pays, les ecclésiastiques de toutes les nations suivirent le droit romain (*a*); 2° on ne saurait déterminer avec certitude dans quel pays furent rédigés plusieurs recueils qui sont ici les sources du droit.

Pour plus de clarté, je diviserai mon sujet en deux parties, dont l'une comprendra les pièces détachées, l'autre les recueils

(*a*) Voyez vol. Ier, § 40.

de droit. Dans la première on trouvera rangés, et seulement d'après l'ordre chronologique, les lois de l'Église, les lettres papales et les fragments des auteurs canoniques.

I. PIÈCES DÉTACHÉES.

96. Le droit romain occupe une place très-importante dans les lettres de Grégoire-le-Grand (*a*) († 604). Une de ces lettres ne renferme qu'un seul passage du Code (*b*); mais en voici une autre beaucoup plus intéressante pour nous.

Lors des débats qui s'élevèrent en 603, à l'occasion de Januarius, évêque de Malaga, le pape envoya un commissaire en Espagne pour connaître de ces débats et y mettre fin. Ce commissaire, le *defensor Johannes*, reçut une instruction composée en grande partie de passages empruntés textuellement au droit Justinien (*c*). Ainsi on y trouve un fragment des Pandectes cité par les premiers mots du texte, suivant la méthode des glossateurs (*d*), plusieurs fragments du Code cités par les numéros du livre, du titre et de la constitution (*e*),

(*a*) Gregorii M. Epistolæ in opp. Paris. 1705. f. T. II. (Voy. vol. I, § 108, *a*).

(*b*) Gregorii M. Epist. Lib. 9. Ep. 7, p. 932 (a. 599). Ce passage est tiré de la L. 5 C. de leg. (I, 14).

(*c*) Gregorii M. Ep. Lib. 13. Ep. 45 ad Johannem Defensorem. L'instruction qui l'accompagne, p. 1252 sq., a pour titre : Capitulare II. Legum Imperialium pro immunitate Clericorum. — Ce passage se trouve aussi dans la Collectio can. Cæsaraugustana. Lib. 5. C. 54. (Renseignement communiqué par Blume).

(*d*) l. c. p. 1254 « liber Pandectarum XLVIII ad L. Jul. maj. scribit Modestinus, lege *Famosi*, paulo post principium : Hoc tamen crimen, etc. » C'est la L. Famosi 7, § 3. D. ad L. Jul. maj. (XLVIII, 4). Cette citation s'arrête après le premier mot dans la coll. Cæsaraug., d'où Blume conclut que ce pourrait bien être une addition des éditeurs. La chose me semble peu probable. Il faudrait là-dessus consulter les manuscrits de Grégoire-le-Grand.

(*e*) l. c. p. 1253 « Codicis libro primo tit. sexto constitutione decima Imperatores, etc. » C'est la L. 10. C. de episc. (I, 3). — Plus loin L. 2 et et deux fragments des Novelles. Ces derniers ne sont pas tirés de l'Épitomé de Julien, mais du texte même des Novelles. L'un d'eux est la traduction encore en usage aujourd'hui (*f*), l'autre une traduction toute différente (*g*).

97. Au second concile de Séville, en 619, on cita deux textes qui se trouvent également dans le Breviarium et dans le code Justinien (*a*). Mais comme il n'existe dans le royaume des Visigoths aucune trace du droit Justinien (§ 25), ce passage se rapporte probablement au Breviarium (*b*). — Un autre

L. 6. C. de his qui ad eccl. (I, 12). — p. 1254 L. 4. C. si a non compet. (VII, 48). — Ibid. L. 20. C. de his qui accus. (IX, 1). — p. 1255. L. 3. C. de sent ex peric. (VII, 44.)

(*f*) l. c. p. 1252 « De persona presbyteri... hæc Novellarum const., etc. » C'est la Nov. 123. C. 21, et non Julian. 115. C. 34. — De même, plus loin, Nov. 123. C. 19, et non Julian. 115. C. 32. — p. 1253 « prædicta Novellarum constitutio... Sed neque pro qualicunque pecuniaria... deportandum. *Item post multa*. Si autem et a Clerico... præbeat finem. » C'est la Nov. 123. C. 8 et C. 22, et non Julian. 115. C. 10 et C. 37.

(*g*) l. c. p. 1255 « constitutione novella quæ de testibus loquitur C. 16. Hoc quoque sæpius... probationes factæ. » C'est une traduction différente de la Nov. 90 C. 9, et non Julian. 83. C. 7.

(*a*) Concil. Hispal. II a. 619. Can. 1 (Mansi T. X. p. 557). « .... Sicut enim per legem mundialem his quos barbarica feritas captiva necessitate transvexit postliminio revertentibus redditur antiqua possessio, etc. » C'est la L. 2. C. Th. brev. de postlim. (V, 5) ou L. 20 C. de postlim. (VIII, 51). — Ib. Can. 3. p. 558. « scribitur enim in lege mundiali de colonis agrorum, ut ubi esse jam quisque cæpit, ibi perduret. » Je ne connais pas de texte dont ce passage soit la reproduction littérale ; quant au sens, il se retrouve dans la L. 23. C. de agric. (XI, 47) citée ordinairement, et aussi dans la L. 1. C. Th. brev. de inquilinis (V, 10).

(*b*) Altesera rer. Aquitan. lib. 3. C. 15, rapporte ce passage au droit Justinien, mais sans en donner aucune preuve. Il cite encore, et sans plus de raison, le IXe concile de Tolède Can. 13. (a. 655 Mansi. T. II, p. 29), dont un passage est ainsi conçu : « Igitur sicut legum reverenda sanctio censuit.... ut in nullo aliena commixtio maculet quod per totum generositas propria decoravit. » Ce passage se rapporte, suivant lui, à la L. 44 D. de ritu nup. Mais il pourrait aussi bien se rapporter à la nov. Marciani, Tit. 4, ou à Paul. II. 19. § 9. Je croirais plutôt qu'il s'agit ici d'une loi visigothe, sans pouvoir néanmoins indiquer la loi.

passage reproduit littéralement un texte, non du Breviarium, mais du code Théodosien original, texte qui a été inséré dans le recueil des Agrimensores (§ 69) (*c*).

Dans une lettre d'Alcuin († 804), on voit cités littéralement quatre textes du Breviarium (deux du code Théodosien et deux de Paul) (*d*).

Agobardus († 840), dans un de ses écrits, semble faire allusion à un fragment des Pandectes (*e*).

A un synode tenu à Troyes, en 878, du temps du pape Jean VIII et du roi Louis II, des Goths, sujets de l'empire Franc, se plaignirent que leur loi ne prononçait aucune peine contre le sacrilége (*f*); alors on cita une constitution du code Justinien (*g*) et une loi de Charlemagne, dont l'une condamne le sacrilége à une amende de cinq livres d'or, et l'autre à une amende de trente livres d'argent.

On trouve dans les lettres du pape Jean VIII († 882) divers

(*c*) Concil. Hispal. II. a. 619. Can. 2. (Mansi. T. X, p. 557) : « .... ita ut sit in diocesi possidentis (si tamen basilicam *veteribus signis limes* præfixus monstraverit) ecclesiæ... æternum dominium... Hoc enim et secularium principum edicta præcipiunt », etc. Le texte cité est la L. 4. C. Th. *finium regund.* (II, 26.) « .... si *veteribus* finem cum *signis limes* inclusus congruum erudita arte præstiterit » etc. — Plus tard, ce canon a été inséré dans divers recueils, mais avec des variantes. Burchardus I, 69. Ivo III, 99. Enfin, dans le c. 6. C. 16. 9. 3.

(*d*) Alcuini ep. 118, in opp. ed. Froben. T. I. Ratisb. 1777. fol. p. 172.

(*e*) Agobardus de dispensatione ecclesiast. rerum Cap. 18 (Bibl. max. Pat. Lugd. 1677 f. T. XIV, p. 298). « Nam cum alicui homini de proprio thesauro aliquid furari procul dubio reatus sit; multo major *de publico* quod et *leges seculi sacrilegium vocaverunt.* » Cette phrase semble faire allusion à L. 9 § 1. D. ad L. Jul. pecul. (XLVIII, 13) « Sunt autem *sacrilegi, qui publico* sacro compilaverunt. »

(*f*) Sinodus Tricassina ou Capitul. Ludovici II. dans Baluz. T. II, p. 277, et dans Mansi, T. XVII, 351 et appendice du vol., p. 189.

(*g*) L. c. « inspectis legibus Romanis.... invenimus ibi *a Justiniano Imp. legem....* constitutam, etc. » Cette loi est la L. 13, C. de episc. d'Honorius, qui d'ailleurs se trouve dans le code Théodosien (L. 34, C. Th. de episc. XVI, 2), mais non dans le Breviarium.

fragments du droit Justinien ; l'un est tiré du Code (*h*), et plusieurs de l'Épitomé de Julien (*i*).

98. Les œuvres d'Hincmar, archevêque de Rheims, qui mourut en 882, sont surtout riches en citations de droit romain (*a*). Ces citations sont tirées pour la plupart du Breviarium (*b*), plusieurs du code Théodosien complet (*c*) et de l'Épitomé de Julien. Les numéros des chapitres de ce dernier ouvrage, cités par Hincmar, répondent parfaitement à ceux de nos éditions modernes (*d*). Déjà nous avons vu ces mêmes sour-

(*h*) Joannis VIII epist. 108 (Mansi T. XVII, p. 88) « .... sancientibus Joanne papa Romano et Justiniano Imp. scriptum est, *spurios satis injuriosos satisque acerbos et nostris temporibus semper indignos esse dijudicamus.* » Ce passage est répété epist. 129, p. 98. Ce sont les expressions de la L. 5, C. ad Sc. Orfit. (VI, 57).

(*i*) Joannis VIII epist. 129, p. 98. « Nonne Joannes papa Romanus et Justinianus inclitus Imperator legem Romanam facientes scripserunt ita ? Capitali crimine damnatorum bona non ad lucrum præsidis sed cognatis punitorum reddi oportet. (C'est Julian. 21 C. 10.) Et alibi : Omnibus gradibus cognatorum in hereditate sumenda præferendi sunt filii, etc. » (C'est pour le sens, Julian. 109. C. 1.) — epist. 163, p. 112 « in *secundo Novellarum Justiniani libro* ut nemo episcopus aut presbyter aliquem excommunicet antequam causa probetur. C'est Julian. 115. C. 15.

(*a*) Hincmari Opera ed. Sirmond. T. I, 11. Paris. 1645. f. On trouve vol. IV, appendice, N. IV, l'indication exacte de tous ces textes. — Hincmar (Opp. T. I, p. 637) dit en invoquant la Lex Romana : « actio, quæ ab auctore inchoata est, ut ab heredibus peragenda est ; » principe que je ne retrouve dans aucun texte.

(*b*) Hincmar, T. II, p. 232, cite un passage du code Grégorien (XIX, 2) qui a été rétabli dans les éditions modernes de ce code.

(*c*) Hincmari Opp. T. II, p. 318, 319, 320, 326, 327, 328, où sont cités les L. 8, 16, 26, 29, 30, 31, 34, 41, 47, 38. C. Th. de epis. (XVI, 2.) — p. 501, 527, L. 1, C. Th. de sent. ex peric. (IV, 17), qui manque dans les manuscrits du Breviarium, quoiqu'elle fasse partie des cinq premiers livres. — p. 786, se trouve encore reproduite la L. 41 C. Th. de epis. (XVI. 2). — p. 325 on trouve la fausse Extrav. 3. de episc. jud. (Cod. Theod. et Ritter T. VI. P. 1, p. 348).

(*d*) Par ex. : Hincmari Opp. T. II, p. 509 : « legalem sententiam Justiniani catholici Imp. quam probat et servat Ecclesia catholica, qua constitutione CXVIII, capitulo CCCCXLI. decrevit, Ut nemo Episcopus.... ipse juste patiatur. » C'est textuellement Julian. Const. 115. C. 15, ou si l'on compte

ces du droit employées dans d'autres ouvrages, mais Hincmar seul fait usage de la *Collatio* dans un écrit spécial qu'il a composé sur le divorce de Lothaire II, roi de Lorraine, et de Terberge.

La reine était à la fois accusée du crime contre nature et d'inceste avec son frère ; Hincmar nous dit que ces deux crimes ont été prévus par la *lex Romana* au livre 1er, chap. 6 et 7. Il est évidemment question ici de la *Collatio* ; seulement Hincmar, par une légère inadvertance, a cité les chapitres 6 et 7 au lieu des titres 5 et 6, ces matières ne se trouvant rapprochées de la même manière dans aucun autre recueil de droit (*e*). Hincmar a commis encore une erreur. Trouvant la *Collatio* au commencement du Breviarium, il prit le tout pour un recueil de droit romain dont la *Collatio* faisait le premier livre. Cette conjecture ne saurait être douteuse, car déjà Hincmar avait cité le premier de ces chapitres de la *lex Romana*, en le rapprochant d'un passage du troisième livre de Moïse ; or, dans la *Collatio*, ce passage de Moïse ouvre précisément le titre cité par Hincmar (*f*). De même encore,

de suite tous les chapitres, cap. 441, comme l'indique Hincmar. Quelquefois il cite Julien sous les différents titres de : leges Romanæ a Justiniano Imp. promulgatæ ; liber Constitutionum Justiniani ; lex Justiniani. — On trouve (Opp. T. II, p. 501) le passage suivant : « leges... illud sanciunt, *Ut vilissimis testibus sine corporali discussione credi non debeat.* » Ici Hincmar a suivi Julian. 83. C. 1 « *si vilissimus* in judicio productus fuerit, etc. » ou bien encore la L. 21, § 3. D. de testibus : «... *sine tormentis* testimonio ejus *credendum non est.* » Mais comme il ne fait pas usage des Pandectes, l'original de ce passage paraît être l'Épitomé de Julien.

(*e*) Hincmarus de divortio Lotharii et Tetbergæ Interrog. 12. Opp. T. I, p. 634. Il se plaint que le frère de la reine n'ait pas été mis en jugement, et il ajoute qu'ils doivent être absous ou condamnés ensemble «... aut in punitione illius legaliter puniatur, sicut *in primo libro legis Romanæ capitulo sexto de stupratoribus, et in capitulo septimo de incestis et turpibus nuptiis* præcipitur. » La *Collatio* traite du crime contre nature, Tit. V *de stupratoribus*, et de l'inceste, Tit. VI *de incestis nuptiis.*

(*f*) Hincmar. l. c. p. 627 « Et scriptum est in libro Levitici. Qui dormierit cum masculo coitu femineo.... morte moriantur. Unde et *leges Ro-*

Hincmar place au sixième livre du code Théodosien un passage qui, dans nos manuscrits et dans nos éditions, se trouve au quatrième livre (*g*). En effet, son manuscrit renfermant la *Collatio*, puis un autre ouvrage, par exemple les Novelles de Julien, puis enfin le code Théodosien, il prenait l'une pour le premier livre, l'autre pour le second livre de la *lex Romana;* à moins toutefois qu'on n'aime mieux voir ici une erreur du copiste.

99. Dans un écrit d'Atto, évêque de Vercelli, composé vers le milieu du dixième siècle, on trouve des fragments du droit Justinien emprunté aux Institutes, au Code et à l'Épitomé de Julien (*a*).

Dans un procès élevé à Rome, sur l'étendue du diocèse de Tours, outre le droit canon, les évêques invoquèrent aussi le droit Romain, mais sans citer aucun texte (*b*).

Voici deux décisions très-remarquables du concile de Pavie, tenu en 1022 sous le pontificat de Benoît VIII. On commence par rapporter que, d'après Julien, le prêtre qui se marie doit être incorporé dans la curie de sa ville, et l'on ajoute qu'il n'est pas soumis à toutes les charges de la curie, mais seule-

manæ decernunt *in capitulis de stupratoribus*, quod legens quisque inveniet. » La loi de Moïse, ici invoquée, se trouve dans la Coll. tit. V. de Strupratoribus, au commencement du titre.

(*g*) Hincmar. Opp. T. II, p. 501 « et item in *libro sexto*, *titulo decimo nono,* inter alia præcipitur, Ut sententia, si sine scripto dicta fuerit, nec nomen sententiæ habere mereatur. » Il s'agit ici de la L. 1 C. Th. de sent. ex peric. (IV. 17).

(*a*) Atto episc. Vercellensis epist. ad Azonem episc. dans Dachery spicil. et nov. T. I, p. 435, 436. « Romani quoque principes.... quorum legem etiam nobis Sacerdotibus in multis convenit observare talia instituta de conjugiis loquentes dedere : Sed si qua per adoptionem, etc. » (C'est le § 2 et § 12 J. de nuptiis I, 10). Plus loin : « Legitur etiam in libro Codicum, quod est Romanæ legis, ita : Nihil aliud sic inducere potest, etc. » (L. 26, in f. C. de nupt. V. 4) Enfin : Item ex Novella : Si qui nefarium, etc. (Julian. 32, C. 1, 2).

(*b*) Mabillon ann. ord. S. Bened. T. IV, p. 223.

ment à celles qui concernent son église (*c*). — Plus loin, on cite une constitution de Justinien qui n'existe ni dans les Novelles ni dans Julien, mais a été découverte et publiée par Miræus (*d*).

Saint Damien († 1072), dans son huitième *Opusculum*, intitulé : *De Parentelæ gradibus*, cite textuellement plusieurs passages des Institutes, mais aucun paragraphe entier (*e*).

(*c*) Concil. Ticinense a. 1022 dans Mansi T. XIX, p. 347 « quicumque ex clero cum qualibet muliere habitaverit... Lege... Justiniana æque deponitur, et curiæ civitatis cujus est clericus traditur... Servient itaque cum filiis patres in curia, id est, curam super his tantum in publico habebunt, quæ ad solam ecclesiæ utilitatem forensem pertinebunt... serviant foris, id est in publico, ut laici. » De même, dans la confirmation de Henri II. « Quod si fuerit, servata Justiani Aug. æquitate, curiæ civitatis tradatur cujus est clericus. Jure etenim manebit miser in curia, quem ecclesiæ regula depositum ejecit ab ecclesiæ. » Le passage cité ici est Julian. 115 C. 21. — J'ai déjà rapporté cette décision du concile (vol. Ier, § 122) comme une preuve de la conservation du régime municipal en Lombardie, c'est même la plus décisive de toutes. En effet, on ne saurait voir ici la lettre morte d'une loi dont le sens a disparu, quand nous voyons la chose si clairement, et même l'ancien droit arbitrairement modifié. Le décurionat, qui, sous Justinien, pouvait encore être imposé comme une peine (voyez vol. Ier, § 8), n'avait plus rien alors d'oppressif ni d'accablant. Quelques expressions de la constitution impériale sur la confirmation du canon sembleraient faire entendre que le décurionat avait conservé son caractère, mais on ne doit les regarder que comme des figures de rhétorique. Le nouvel ordre de choses pouvait avoir dans la pratique de bons résultats. On voulait surtout éloigner du sacerdoce les prêtres mariés, et procurer en même temps à l'Église des protecteurs dans la curie ; ce but principal une fois rempli, on s'inquiétait peu que le moyen de répression, renvoyer à la curie les transfuges du clergé, fût plus ou moins efficace.

(*d*) Concilium Ticinense l. c. p. 350 « Legant denique vel si legere fastidiunt legentem intelligant Justiniani Aug. viri christianissimi ad Dominicum Præfectum pro Lugdunensibus, etc. » — C'est la constitution de adscriptitiis, publiée pour la première fois par Miræus à la suite de Julien (1561) et qui, dans la plupart des éditions modernes du *Corpus Juris*, est placée après la *Sanctio pragmatica*. Elle se trouve aussi dans le Cod. Ms. Paris, N° 4568.

(*e*) Voyez sur St Damien, vol. IV, chap. XXVI. Les passages des institutes cités par lui sont rapportés vol. IV, appendice N° IV.

Une lettre du pape Alexandre II († 1073) renferme un passage des Institutes (*f*).

Les lettres d'Ivo devraient trouver ici leur place, mais j'aime mieux les renvoyer au chapitre suivant où je parlerai de ses Recueils de droit.

II. RECUEILS DE DROIT.

100. Les recueils de droit canon sont de deux espèces (*a*). Les plus anciens, qui suivent l'ordre des sources, c'est-à-dire des conciles, présentent pour nous peu d'intérêt; car ils se réduisent aux sources canoniques et négligent le droit séculier. Mais les recueils composés par ordre de matières sont extrêmement instructifs. Ces recueils datent du neuvième siècle, et au onzième ils se multiplièrent tellement que dès lors ce sont presque les seules sources de droit canon dont on fasse usage. — Les anciens recueils devinrent alors la matière d'une foule de compilations et d'extraits la plupart sans valeur. Aussi parlerai-je seulement ici de ceux qui offrent quelque intérêt, et je passerai sous silence ceux qui ne se distinguent par aucune originalité. Le premier dont je m'occupe

(*f*) Alexandri II, epist. 38 ad episcopos clericos et judices Italiæ (Mansi T. XIX, p. 966) « seculares leges quas Justinianus Imp. promulgavit de successionibus consanguineorum, etc. » Et plus loin, p. 967 « hactenus ostendissé subiciat quemadmodum gradus cognationis numerentur... numerare debeamus. » C'est le § 7, J. de grad. cogn. (III, 6).

(*a*) Les meilleurs auteurs qui aient écrit sur cette matière sont : P. Coustant. diss. de antiquis Canonum collectionibus, et surtout : Pet. et Hier. fratrum Balleriniorum de collectionibus Canonum tract. Ces ouvrages se trouvent dans Galland, de collectionibus canonum tractatus, et dans le premier volume de la réimpression de Mayence (Mog. 1790, 4), dont je fais usage. — Voyez aussi Salmon de l'étude des conciles et de leurs collections. Paris, 1724, 8, un fragment posthume de l'histoire du droit canon de Spittler (Spittler Sammtlichen Werkew, Stuttgart, 1827, vol. I, p. 271, sq., et A. Theiner über Ivo's vermeintliches Decret. Mainz, 1832, 8.) Ce dernier ouvrage, malgré la spécialité de son titre, renferme des recherches neuves et profondes sur plusieurs recueils de droit canon.

suit l'ordre des conciles ; tous les autres suivent, du moins en partie, un ordre systématique.

A. Codex vetus Canonum, en 98 chapitres, avec une préface : Beatissimo Silvestro, etc. (*b*). Quelques auteurs placent ce recueil au cinquième siècle, et alors il n'appartiendrait pas à notre sujet ; d'autres lui donnent une date plus récente (*c*). Il renferme plusieurs rescrits impériaux sur les matières ecclésiastiques, rescrits qui ne se trouvent pas ailleurs, et quelques fragments du code Théodosien (*d*).

B. Recueil inédit divisé en douze parties et dédié à l'Archipræsul Anselmus (*e*). Ce recueil fut composé en Italie ; on le reconnaît à plusieurs passages qui se rapportent particulièrement à ce pays, à l'absence totale des Capitulaires, sauf deux

(*b*) Publié pour la première fois par Quesnel à la suite des Leonis Magni Opera. Paris, 1675, 4. T. II, et depuis, dans les éditions modernes des œuvres de Léon. Sur les manuscrits de ce recueil, voyez Coustant. l. c., § 88, p. 87. Ballerinii ad Dissert. Quesnelli l. c., p. 794. J'en connais deux à Vienne (Mss. j. canon. n. 42 et n. 39 : l'un est du huitième, l'autre du neuvième siècle).

(*c*) Coustant l. c., § 74, p. 77. Ballerinii ad Dissert. Quesnelli l. c., p. 793.

(*d*) Les rescrits détachés se trouvent Cap. 14, 16, 19, 25, 26, 27, 28. — Le Cap. 54 « Leges ex corpore Codicis Theodosiani de fide catholica » renferme quatre fragments du code Théodosien : L. 2, C. Th. de fide cathol. (XVI, 1). L. 2, C. Th. de his qui super relig. (XVI, 4). L. 6 et L. 62, C. Th. de hæreticis (XVI, 5).

(*e*) La préface commence ainsi : Magnifico... Archipræsuli Anselmo... Laudabilis providentiæ vestræ, etc. Le premier morceau est intitulé : « Quod Simon Petrus veræ fidei, etc. » — Voyez sur ce recueil : Coustant l. c., § 169, 170. Salmon l. c., p. 2, Ch. 1. Lebeuf, Histoire de l'Acad. des Ins., T. XVIII. Paris, 1753, 4°, p. 346. Ballerinii de coll. Can. P. 4. C. 10. Tiraboschi lett. Ital. T. III, Lib. 4. C. 7, § 36, et les additions de la seconde édition. Theiner, p. 10.—14. — Les manuscrits connus de ce recueil sont celui de la Sorbonne, Num. 841, celui de Modène et celui de Vercelli. Il existe au Vatican une copie moderne du manuscrit de Modène et deux courts fragments d'un ancien manuscrit. (Cf. Sarti II, 189). Je me suis servi d'un manuscrit complet et fort beau, qui appartient à la bibliothèque de Metz.—Notre recueil se trouve encore dans un manuscrit de la bibliothèque de Bamberg, P. I., 12, in-fol. dont le texte, sauf de légères variantes, s'accorde parfaitement avec le manuscrit de Metz. (Schrader prodromus, p. 150-152).

fragments (*f*), et enfin à l'usage exclusif du droit Justinien. Cette supposition admise, il reste à choisir entre trois archevêques de Milan qui ont porté le nom d'Anselme. Le premier vivait au commencement et le second à la fin du neuvième siècle, le dernier au milieu du onzième. Celui-ci est évidemment trop moderne, car nous avons plusieurs manuscrits de notre recueil du neuvième et du dixième siècle ; d'un autre côté, le premier serait trop ancien, car notre recueil contient plusieurs fragments du faux Isidore et deux constitutions de Lothaire (*g*). Le second Anselme est donc le seul auquel notre ouvrage ait pu être dédié, ce qui en place la rédaction entre 883 et 897 (*h*).

101. Ce recueil paraît avoir été très-répandu, et pendant long-temps en usage, comme le prouvent plusieurs manuscrits (*a*) qui n'en sont évidemment que des extraits, et une citation énigmatique du plus ancien recueil des décrétales, qu'on explique en la rapportant à notre recueil (*b*).

Cet ouvrage a pour nous une grande importance à cause des nombreux fragments du droit romain qu'il renferme. Ces fragments se retrouvent, dans presque toutes les parties du re-

(*f*) Le recueil d'Anselme, évêque de Lucques, composé certainement en Italie, renferme, il est vrai, les capitulaires. Mais on citerait difficilement un recueil fait en France, où manqueraient les capitulaires ; ainsi donc leur absence trahit une origine italienne, quand on n'a à hésiter qu'entre la France ou l'Italie.

(*g*) Les Capitulaires de Lothaire se trouvent au septième livre, parmi des fragments de droit Romain, Cap. 126 et Cap. 138.

(*h*) Sur ces questions, voyez surtout Ballerin, l. c. § 6, 7, 8.

(*a*) Par exemple : deux manuscrits de la bibliothèque de Bamberg : P. I, 9 in-fol. et P. I, 10 in-4°. Tous les passages de droit romain y ont été omis.

(*b*) Le C. 2, X de præbendis se trouve aussi dans la Coll. ant. 1, marqué Cap. 2 de præbendis (III, 5), mais avec cette inscription énigmatique que Bœhmer entre autres ne savait comment expliquer : « In corpore Canonum Parte V. ex Novellis. » Voici le sens de cette inscription : Le passage est pris de la Collectio Anselmo dedicata P. 5, qui elle-même l'avait tiré de Julien. Or ce passage existe dans notre recueil, P. V. Cap. 194, et est emprunté à Julian. Const. 5 Cap. 2. (Remarque de Biener).

cueil (*c*), rejetés à la fin de chaque partie et séparés des autres sources. Le rédacteur a mis à contribution les Institutes, le Code, Julien et le texte complet des Novelles, mais il n'a pas fait usage des Pandectes. Il cite ordinairement les Institutes d'après les numéros du livre et du titre (*d*). Il donne souvent les fragments du Code avec leurs inscriptions, quelquefois il indique aussi les numéros du livre et du titre, mais très-rarement la rubrique (*e*). On voit un fragment du Code avec une longue addition dont l'authenticité est fort douteuse (*f*). L'Épitomé de Julien est toujours appelé *Novella*, et les numéros des chapitres sont tantôt les mêmes, tantôt presque les mêmes que ceux des éditions modernes (*g*). Le texte des Novelles n'a été

(*c*) Les parties 8, 9 et 10 sont les seules qui n'en renferment aucun ; la partie 7 est la plus riche de toutes. Dans quelques livres, les chapitres du droit Romain ont des numéros particuliers, d'après lesquels je cite.

(*d*) Par exemple : P. 7, fragments de droit Romain, Cap. 3. « ex eo lib. I. Inst. tit. 3. Summa divisio de jure personarum..... aut. libertini sunt. » C'est le tit. J. de jur. pers. (I, 3).

(*e*) Par exemple : P. 7, Cap. 35 des fragments de droit Romain « ex libro VIII. cod. tit. 4. l. VII. imp. valent theod. et arcad. aaa ad marsianum com. rer. priv. Si quis.... compellatur. Datum XVII. kl. jul. triberi timasio et promoto css. » C'est la L. 7. C. unde vi (VIII, 4). — P. 11. premier fragment de droit Romain : « de feriis l. VI. impp. valent. theod. et arcad. albino papa. omnes dies..... exactio. d. IV. Jd. aug. romæ timasio et promoto conss. » C'est la L. 7, C. de feriis (III, 12).

(*f*) P. 7. Cap. 36 des fragments de droit Romain, « ex libro VII ; cod. tit. 38. *Qui percussorem ad se venientem ferro repulerit non habeatur homicida quia defensor propriæ salutis videtur in nullo peccasse.* Et qui ad possessionem alienam violentus advenerit cum multitudine congregata si aut ipse aut aliquis ex eodem numero casu dum pellitur violentia occisus fuerit is qui pro necessitate hoc fecit a metu pœnæ liber habeatur. Datum VIIII. kl. oct. just. opimo. » (Ce texte est aussi celui des manuscrits de Metz et de Bamberg). — Le commencement, imprimé en lettres italiques, est tiré de la L. 3, C. ad L. Corn. de sic. (IX, 16), la suite n'existe textuellement dans aucune source connue, mais le sens en paraît emprunté à la L. 2. C. Th. ad L. Corn. de sic. Le passage entier se trouve, mot pour mot, dans l'edictum Theodorici, art. 15 et 16, sauf l'inscription et la souscription qui paraissent avoir été ajoutées arbitrairement. Ainsi l'origine de ce passage demeure toujours douteuse.

(*g*) Ex. : P. 1. Cap. 129 « de ordine patriarcharum ; ex novella lege ro-

cité qu'une seule fois (*h*). On y trouve (*i*) aussi la constitution de Justinien *de adscripticiis* (*k*).

102. *C.* Regino, abbé de Prüm († 915), dans le Recueil célèbre dont il est auteur (*a*), a rapporté plusieurs fragments du Breviarium. Il cite aussi deux fragments de Julien, non d'après le texte original, mais d'après le Recueil des Capitulaires d'Ansegis (*b*).

D. Abbo, abbé de Fleuri († 1004). Son petit Recueil, composé de 52 chapitres, renferme un fragment du Breviarium et plusieurs fragments de Julien, cités en partie d'après les numéros des chapitres (*c*).

E. Recueil manuscrit divisé en neuf livres, et composé vers

mana. lib. 1 kap. D. VIII. papa.... archiepiscopus.» C'est Julian. const. 119. C. 2 ou Cap. 507. — Ailleurs on lit · ex novellis (ou novella) legis Romanæ, ou ex libro novelle. Quelquefois aussi le numéro de la Constitution est indiqué; par exemple : P. 2 Cap. 291 « ex primo libro novellarum kap. xxv. constitutione vi. hæc constitutio.... episcopum.» C'est Julian. const. 6, C. 1. ou Cap. 24.

(*h*) P. 7. Cap. 24 se trouve la Novelle 143 (de muliere raptum passa) dont Julien n'a pas fait l'extrait. Outre l'inscription complète, on y voit aussi une souscription conforme à celle de l'édition de Cujas; seulement au lieu de a. xxxvi on y lit anno xxxvii.

(*i*) P. 7. Cap. 5 des fragments du droit Romain : « de ascript. et colono. Imp. Just. Aug. Dominico præfecto. Docuerunt..... ligdinensium...... Jd. April.... anno XIIII. austino consule. » Sur cette constitution, voyez plus haut, § 99. *d*.

(*k*) J'avais signalé d'autres passages des Novelles, de Julien et du code. J'ai reconnu depuis que ces passages étaient tirés non des sources elles-mêmes, mais des scholies sur Julien publiées par Miræus. Ces indications inexactes ont disparu de la présente édition. voyez Vol. IV. appendice N. IV.

(*a*) Reginonis Abb. Prumiensis libri duo de ecclesiastica disciplina ed. Baluz. Paris. 1671, 8. Cf. Spittler § 12. L'ouvrage commence ainsi : Inprimis inquirendum est, etc.

(*b*) Regino Lib. 1. C. 360, 361 qui semblent tirées de Julian. const. 7, C. 1, 2 sont réellement empruntés aux Capitul. Lib. II, C. 29, 30.

(*c*) Abbonis Floriacensis Coll. Canonum, imprimé dans Mabillon vetera analecta ed. 2. Paris. 1723. f. p. 133-148. Cf. Spittler § 13.

le neuvième ou le dixième siècle; il renferme entre autres chosés des fragments du droit Justinien (*d*).

F. Burchard de Worms († 1025). Son Recueil ne contient qu'un très-petit nombre de fragments de droit romain, tirés du Breviarium et de Julien (*e*).

103. *G*. Anselme, évêque de Lucques († 1086). Son Recueil, divisé en treize livres, n'a jamais été imprimé; il est très-célèbre, et a été souvent cité par les compilateurs qui ont écrit après lui (*a*). Le droit Justinien et même le droit antérieur, c'est-à-dire les Institutes (*b*), le Code, Ju-

(*d*) Ballerin. P. 4, C. 18, § 6. tiré du Cod. Ms. Vatic. N. 1349. Le premier livre traite de ordine clericorum vel ordinatione. Je n'ai jamais eu ce recueil entre les mains.

(*e*) Burchardi Wormaciensis Decretorum libri 20. Paris, 1549, 8. La préface commence ainsi : A multis sane diebus etc. — Dumoulin, dans la préface de son édition du décret d'Ivo, prétend que ce manuscrit n'est qu'un extrait d'un ouvrage de Burchard, divisé en douze livres et qu'il se proposait de publier. Mais peut-être n'est-ce qu'une méprise de Dumoulin. — Sur le caractère et l'importance du recueil de Burchard voyez Spittler § 14. La note mise par erreur à la fin de ce paragraphe appartient au § 16, et celle du § 16 appartient au § 18. — Voyez aussi Theiner p. 13-14. et surtout : S. Anselmi.... epistola.... nunc primum vulgata, acc. in decretum ms. S. Anselmi... animadversiones Mich. Ang. Monsacrati Lucæ 1821. 8. (L'auteur voulait faire une nouvelle édition de ce recueil).

(*a*) Voici comment il commence : In trin. nom... inc... hujus libri series quem sanctus ex Italia Anselmus quique pontifex Lucanæ fuit ecclesiæ.... carpsit ex toto canonum patrum sanctorum corpore, etc.—On peut consulter Ballerinii l. c. P. 4, C. 13. Tiraboschi lett. Ital. T. III. lib. 4, C. 2, § 29. Baluz. ad Augustin. de emend. Grat. ed. 1672 præfat. et p. 641. Spittler § 15, 16. — Il y a à Rome six manuscrits de ce recueil, un à Polirone et un à Milan. (Ballerin. l. c. Sarti P. 2. p. 191-194. Montfaucon, bibl. Mss. p. 507). Je me suis servi de deux manuscrits de la bibliothèque de Paris (Num. 1444 et manuscrit de Saint-Germain, N°. 9392, ou, d'après les anciens numéros 765, 766. Voyez à ce sujet Baluz. l. c.). Ces manuscrits sont modernes et en grande partie des copies de ceux de Rome. L'ancien manuscrit de Saint-Germain est perdu depuis long-temps. — Augustinus s'est servi de ce recueil dans ses travaux sur Gratien, ce qui sans doute a donné lieu à l'erreur de ceux qui l'en regardent comme l'éditeur.

(*b*) Par exemple : Anselm. Luc. lib. 5, Cap. 55. « Justiniani Imperatoris

lien (c), le texte complet des Novelles (d), et quelquefois aussi le code Théodosien original (e), figurent dans ce Recueil. On n'y trouve aucune trace des Pandectes ni du Breviarium. Les fragments du code Justinien et du code Théodosien sont accompagnés de leurs inscriptions et de leurs souscriptions, mais sans indication de la source originale (f). Anselme cite encore des constitutions que je ne trouve dans aucun recueil connu (g).

lib. Institutorum II. Nullius autem sunt res sacræ... qui aliquid in muros deliquerint. » Ce sont les § 7-10 J. de div. rerum (II, 1.)

(c) Par exemple : Anselm. Luc. lib. 6. C. 3. « Ex Novella Justiniani Imperatoris. » C'est Julian. const. 115. C. 2.

(d) Anselm. Luc. Lib. 6. C. 4. C'est la Novelle 6 pr. et C. 1, d'après notre Vulgate. — Lib. 1. C. 93. le commencement de la Novelle 6.—Liv. 1, C. 92. — C'est la Nov. 132. — Lib. 7, C. 205-210 se trouve reproduite la Nov. 5, mais avec une traduction particulière que j'ai publiée dans la Zeitschrift für Geschichtl. Rechtswiss. Vol. II, p. 128 sq. — Augustinus (opp. II, p. 269. 379.) cite plusieurs fois Anselme, mais ses citations ne s'accordent pas avec les miennes par exemple pour la Nov. 6 (Ans. Lib. I, C. 50.) et pour la Nov. 132. (Ans. Lib. I, C. 8.) Ainsi, il paraît que les divisions ne sont pas les mêmes dans tous les manuscrits.

(e) Anselm. Luc. Lib. 4. C. 14-17 renferment les L. 16, 26, 29, 30 C. Th. de episc. (XVI, 2), qui n'existent ni dans le Breviarium, ni dans le code Justinien. — Lib. 4, C. 13 est la L. 8. C. Th. cod., qui se trouve aussi dans Justinien. L. 1. C. J. cod. — L. 3. C. 109, est un fragment de la fausse L. 3. C. Th. de episc. judic. (ed. Ritter T. VI, P. 1, p. 348.)

(f) Par exemple : Anselm. Luc. Lib. 2, C. 3. « Impp. Valentinus et Valens Augusti ad Julianum Comitem Orientis. Si clericus..... erogari. » C'est la L. 2. C. de episc. aud. (I, 4.)

(g) Anselmi Luc. Lib. I, C. 94. « Imp. Constantinus in privil. quod Ecclesiæ Romanæ contulit inter cœtera. Justum quippe est ut ibi lex sancta... et rebus diversis eas ditavimus. » (Il s'agit probablement de la fausse constitution dans Anastasius vit. pontif. ap. Murator. III, 1, p. 104, quoique les expressions ne soient pas entièrement les mêmes. Voyez aussi Haubold monum. legalia, p. CXIII, Num. CXXIX.) — Lib. 3, C. 106. « Victores Valentinianus et Marcianus semper. Aug. Deo amabili Synodo inter cœtera. Licet plurimarum rerum publicarum nobis sit remorandi necessitas.... Sanctitati hoc placeat. » — Lib. 12, C. 31. « Hormisdæ Justinus Imperator. Sacratissimo ac beatissimo Archiep. almæ urbis Romæ et Patriarchæ Hormisdæ Justinus Imp. Scias affectu nobis pater religiosissime quod diu summis studiis occultabatur patefactum et antequam advenerint qui a nobis destinati sunt, quod Joannes vir beatissimus antistes novæ Romæ nostræ cum clero vobis

Peu de temps après la mort d'Anselme on fit un extrait de son ouvrage, où les citations de droit romain sont en grande partie reproduites (*h*).

104. *H.* Recueil manuscrit qui paraît également appartenir au onzième siècle (*a*). Il ne renferme que quelques fragments de l'Épitomé de Julien attribués d'une manière assez singulière à l'empereur Théodose (*b*).

I. Recueil manuscrit du onzième siècle, divisé en cinq li-

consentiunt, nullis variantis ambiguitatibus, nullis divisi discordiis. Scias libellum ab eo scriptum quem afferendum judicaveras. Negatum est ab eis inter divina mysteria memoriam in posterum fieri Acatii prævaricatoris quondam hujus urbis episcopi, nec non et aliorum sacerdotum, qui vel primi contra statuta venerunt apostolica, vel successores erroris facti sunt, et nulla usque ad ultimum diem sunt pœnitentia correcti. » (Ce texte existe déjà dans les recueils de conciles imprimés, Labbe IV: 1491. Mansi, VIII, 456, et dans des recueils de canons plus anciens et inédits. Ballerin. II, 12, § 4. N. 161 et III, 5, sect. 5, N. 89.)

(*h*) Manuscrit de ma bibliothèque venant de celle de Meermann. Cf. Theiner, p. 58-61. Le dernier texte recueilli est Lib. I, Cap. 125. Urbanus ad Gebhardum de l'an 1089, peu après la mort d'Anselme. (Cf. Ballerin. p. 670.)

(*a*) On peut aisément distinguer ce recueil de ceux du même genre par la préface qui commence ainsi : « Cum operis hujus necessariam..... collectionem..... inspexeris, etc. » Ballerin. P. 4 C. 18, § 7, donne la description d'un manuscrit du Vatican. (Ms. Palat. N. 584.) Je possède un manuscrit du onzième siècle, mais où manquent les Lib. 2, 7, 8, 12, et une partie du Lib. 11. J'ai consulté en outre un manuscrit complet de la bibliothèque de Bamberg. (P. I, 13.) Biener en a trouvé à Vienne un beau manuscrit du onzième siècle. (Salisb. 313, maintenant 2136.)

(*b*) Lib. 1. C. 75 : « ex novellis theodosii Cap. xxv. « C'est Julian. const. 6. C. 1, » ou en comptant de suite les chapitres Cap. 24. — Lib. 10, C. 64 : « ex Novellis Theodosii. » (Bamberg. ex *dictis* Theodosii.) C'est-à-dire Julian. const. 122, C. 1. — Lib. 10, C. 223 : « ex novellis Theodosii Capit. ccccxl (Bamberg, ex libro novellarum capitulo cccxl.) Julian. const. 115, C. 15 ou Cap. 441. — D'un autre côté, on trouve au commencement du neuvième livre « ex Novellis legis romanæ. Canon grece latine regula nuncupatur, etc. » Mais, dans le fait, cela est tiré de Isidor. orig. VI, 16. — Peut-être l'auteur de ce recueil avait-il un manuscrit du Breviarium immédiatement suivi de l'épitomé de Julien, qu'il aura pris pour la continuation des novelles du Breviarium. Ainsi s'expliqueraient ces fausses citations.

vres, et qui, dit-on, renferme des fragments de droit Romain (*c*).

K. Recueil manuscrit du cardinal Deusdedit, composé à la fin du onzième siècle et divisé en quatre livres (*d*). On y trouve des fragments du droit Justinien.

L. Recueil manuscrit de la fin du onzième siècle, divisé en quinze livres, connu sous le nom de *collectio Cæsaraugustana* (*e*). Il contient des fragments des Institutes, des Pandectes, du Code et de Julien. Les fragments des Pandectes sont tous tirés du *Digestum vetus* à l'exception d'un seul tiré du *Digestum novum*. La plupart sont cités par le numéro du titre (*f*), quelques-uns avec l'inscription complète (*g*).

(*c*) Ballerin P. 4, C. 18, § 4, qui parle du Ms. Vatic. N. 1339. La préface commence par ces mots : « In Christi nomine.... omnia dilectissimi fratres, etc. » — Un autre manuscrit de ce recueil existe au mont Cassin, N. 216. (Renseignement communiqué par Blume.)

(*d*) Ballerin P. 4. C. 14. Zaccaria de duabus antiquis canonum collectionibus P. 2, dans Galland, l. c. T. II, p. 743. Spittler, § 18 et la note mise par erreur sous le § 16. Voici les premiers mots de la préface : « Beatissimo.... Victori tertio... Novit beatitudo vestra, etc. » J'ai déjà cité, vol. Ier, § 45, un passage très-remarquable de ce recueil.

(*e*) Ballerin. P. 4. C. 18, § 11, fait la description de deux manuscrits romains de ce recueil. Le manuscrit de Saragosse, d'où ce recueil tire son nom, a servi à Augustinus (voyez par exemple : de emend. Gratiani l. 5.) J'ai consulté deux anciens manuscrits de Paris, Ms 3875, 3876, dont le premier a 108 feuilles et d'après lequel je cite. — Le premier livre commence ainsi : « de ratione et auctoritate, et quæ cui sit præponenda, Augustinus in 2 libro de ordine, ad discendum dupliciter ducimur auctoritate atque ratione, etc. » — La date de ce recueil n'est pas douteuse, car il ne renferme aucune décrétale postérieure à Urbain II qui fut pape de 1088 à 1099. — On ignore dans quel pays il a été composé.

(*f*) Par exemple : fol. 72 « pandectarum lib. XXIII. Tit. 1. In sponsalibus... desideratur. » C'est la L. 7, § 1. D. de spons. (XXIII, 1.)

(*g*) Ces fragments sont au nombre de quatre : fol 4. « Proculus lib. III, epist. Licet his qui..... debeat. » C'est la L. 12. D. de off. præs. (I, 18.) — Ibid. « Paulus, lib. I. quæst. si de interpr..... consuetudo. » L. 37. D. de legibus (I, 3.) — fol. 10. « Ulpianus fideic. lib. IIII. In rebus.... visum est. » L. 2. De const. princ. (I, 4.)— Ibid. « Julianus lib. LV, dig. Non omnium... potest. L. 20. De legibus (I, 3.) — On trouve fol. 72 une inscription incomplète : « Ulp. in Dig. C'est la L. 30. D. de R. J.

La même remarque s'applique aux fragments du Code (*h*).

105. *M.* Recueil manuscrit du onzième siècle divisé en trois parties (*a*). Ce recueil a cela de particulier qu'il est divisé d'après la nature des sources. La première partie renferme les décrétales rangées par ordre de dates, la seconde les décisions des conciles, et la troisième les fragments des Pères de l'Eglise, du droit Romain, etc., rangés par ordre de matières. Ce recueil semble appartenir à la même époque que le précédent, car on n'y trouve aucune décrétale postérieure à Urbain II, et cette circonstance est décisive, car ici les décrétales sont rapportées suivant l'ordre chronologique.

Le droit Romain occupe dans ce recueil une place plus im-

(*h*) Exemples : fol. 4. « Codicum lib. 8. Cap. 52 tit. 1 consuetudo præcedens.... præses provinciæ. » tiré de la L. 1. C. quæ sit longa consu. (VIII, 53.) — Fol. 45. « Imp. Just. Aug. Demostheni pp. prætorii. Sancimus res ad venerabiles... sopitis optineri. » L. 22. C. de sacros eccl. (I. 2.)

(*a*) La préface commence ainsi : « Quoniam quorundam Romanorum decreta pontificum. » — On trouve la description de ce recueil d'après un manuscrit du Vatican, dans Ballerin. P. 4. C. 18, § 2. — J'ai consulté quatre manuscrits de Paris, N. 3858, 3858 [a], 3858 [b], 4282, mais je me suis surtout servi du premier. — Il existe un très-beau manuscrit de ce recueil à la bibliothèque royale de Berlin. Num. 197 des manuscrits latins, et non N. 104 comme le cite Theiner, p. 18. Sur la première page on trouve le titre suivant, d'une écriture plus moderne que le manuscrit : « Liber Monast b. M. Virg. in lacu in quo continentur modus de observatione sinodi Item liber canonum *Ivonis* de ordine regularium B. Aug. Carnotensis ep. ex sententiis summorum pontificum et generalium consiliorum atque sanctorum patrum in unum collectus distinctus *in decem libris.* » (Je parlerai plus bas de cette division en dix livres. On trouve ensuite, fol. 1-18, une table des chapitres ; fol. 19-22 ordo celebrandi consilii ; fol. 23-24 une liste des papes jusqu'au pape Urbain II, et continuée par une autre main jusqu'à Adrien IV. († 1154) ; fol. 24-28 : « Prologus sequentis operis. Exceptiones ecclesiasticarum regularum, etc. (C'est-à-dire la préface d'Ivo) ; fol. 28 : Explicit prologus primus. Item prologus sequentis operis. Quoniam quorumdam Romanorum decretalia pontificum, etc. » C'est-à-dire la préface du recueil ; enfin, fol. 29-189, l'ouvrage lui-même. — Theiner, p. 17-26, p. 63-80, traite de ce recueil dont il donne la préface ; il parle aussi d'un manuscrit incomplet de la bibliothèque de Vienne (à partir du Lib. 3, T. 22, c'est un code théolog. 355, in-fol.) ; enfin, il examine quel usage Gratien a fait de ce recueil.

portante que dans tous ceux dont je viens de parler. Les Institutes, les Pandectes, le Code et Julien y ont été mis à contribution. Les Pandectes sont cités d'après le numéro du livre et du titre (*b*). Le *Digestum vetus* a fourni un grand nombre de fragments, le *novum* un seul (*c*), et l'*infortiatium* aucun. Quant aux constitutions impériales, la place qu'elles occupent dans le titre du Code est ordinairement indiquée (*d*). Les inscriptions, soit des Pandectes, soit du Code, ne se trouvent rapportées nulle part. Julien est cité sous le nom de *Novellæ* et d'après le numéro des Constitutions, non d'après celui des chapitres (*e*). Le rédacteur de notre recueil a souvent fait usage du texte et du commentaire du Breviarium, surtout en citant des fragments de Paul et quelquefois aussi ceux du Code Théodosien (*f*). Il a aussi consulté le recueil des capitulaires de Benedictus Levita (*g*).

106. *N.* Ivo, qui étudia au cloître de Bec, sous Lanfranc (*a*), devint évêque de Chartres en 1090, et mourut en 1115 (*b*).

(*b*) Par exemple : Tit. de conjugatis : « pandectarum lib. XXIII, titulo I, ex eodem. In sponsalibus, etc. » C'est la L. 7. § 1. D. de spons. (XXIII, 1.)

(*c*) Au tit. de off. et causis laicorum se trouve la L. 15, § 1. D. de usurp. (XLI, 3.)

(*d*) Par exemple : Tit. de scriptis autenticis : « Codicum lib. VIII, Cap. LII. titulo I. Consuetudo præcedens, etc. » C'est la L. 1. C. quæ sit longa consu. (VIII, 53.) — Tit. de officiis et causis laicorum : « codicum lib. III. cp. XXII. tract. XX. non servum..... perspicis. » (Au lieu de tract. les autres manuscrits portent Cap.) C'est la L. 20 C. de rei vind. (III, 32.)

(*e*) Par exemple : Tit. de conjugiis : « Novellarum constitutio XXXII. cap. III. si quis cum muliere..... procreati. » C'est Julian. const. 32. C. 3.

(*f*) Par exemple : Tit. de appellationibus : « excerpta de legibus theodosianis quas interpretatur paulus cap. XXXV. Propter superfluam..... computetur. » C'est interpr. Pauli V, 33, § 1.

(*g*) Par exemple : Tit. de off. et causis laic. « libro VII. Cap. CCVII. si servi.... majestati. » C'est le Capitul. Lib. 7, C. 208.

(*a*) Vol. Ier, § 135, *d*.

(*b*) Parmi les ouvrages composés sur Ivo et ses écrits, on remarque : Hist. lit. de la France, T. X, p. 102. Gallia christ. T. VIII, p. 1126 ; et

Outre les deux recueils dont il est l'auteur, ses lettres ont encore pour nous beaucoup d'intérêt (*c*).

Ces deux recueils diffèrent totalement pour l'étendue et la disposition des matières. Le plus court est connu sous le nom de *Pannormia*, le plus étendu sous celui de *Decretum*; le premier a huit livres, le second dix-sept. On a souvent attribué à d'autres auteurs le premier de ces recueils, que l'on prenait pour un abrégé du Décret fait postérieurement à Ivo. D'anciens témoignages relatifs à de semblables extraits ont donné lieu à cette opinion. Ainsi, on raconte que Hugues de Châlons a extrait l'ouvrage d'Ivo et en a fait un abrégé portatif (*d*). — Un autre auteur ancien dit que Haimo de Châlons a composé un extrait de la Pannormie d'Ivo (*e*); mais c'est un

surtout Ballerin. P. 4, C. 16. Voyez aussi Spittler, § 20. Grandi et Tanucci dans leur polémique sur les Pandectes ont donné des détails sur Ivo et les sources dont il a fait usage, mais ces détails sont pour la plupart de peu d'intérêt.

(*c*) Il existe deux éditions de la Pannormie : 1) Basil. 1499, 4°. (Liber Decretorum sive panormia,) 2.) Lovan. 1557, 8°. Je cite d'après la première. La Pannormie ne se trouve pas dans les œuvres complètes d'Ivo. — Il existe aussi deux éditions du Décret : 1) Decretum Ivonis. Lovan. 1561. f., 2). OEuvres complètes, Paris, 1647. f. P. 1, 2. Je cite d'après la seconde. — Ces lettres ont été souvent réimprimées, je me suis servi de l'édition des œuvres complètes.

(*d*) Vincentius Bellovac. spec. histor. XXVI, 84 : « liber decretorum Yvonis... qui, quoniam ipse quoque non parvæ quantitatis, non est facile portatilis, Hugo Catalaunensis ex eodem volumine abbreviato libellum portatilem legitur composuisse, qui et ipse apud nos est. et *Summa decretorum Jvonis* appellatur. » — Theiner, p. 50, 51, dit qu'un extrait de la Pannormie par Hugues existe sous le titre de : Summa decretorum Ivonis à la bibliothèque de Berlin, Cod. lat. Num. 106, in-4; mais le manuscrit de Berlin a pour titre : Incipiunt collectiones canonum Ivonis carnotensis epi. Ce ne peut pas non plus être l'ouvrage dont parle Vincentius, car le recueil d'Ivo dont Hugues a fait l'extrait n'était pas portatif, et cette désignation convient au décret non à la Pannormie. On pourrait plutôt attribuer à Hugues l'extrait du décret d'Ivo dont Theiner décrit deux manuscrits, p. 55-58.—Cramer prétend que l'ouvrage de Hugues existe à la bibliothèque de Vienne, j. can. 84, in-4; mais Theiner, p. 50, dit que ce manuscrit est un autre ouvrage inédit d'Ivo, et non une coll. canonum.

(*e*) Albericus trium Fontium ad a. 1151 in Leibnit. access. histor. T. II,

écrivain inconnu qui le premier a abrégé la Pannormie d'Ivo, et l'a divisée en dix livres (*f*). Haimo de Châlons a pris cet extrait pour l'ouvrage original, et en a fait un abrégé, celui dont parle Albericus (*g*). — Maintenant ces anciens témoignages se rapportent-ils tous au même écrit, c'est ce qu'on ne saurait déterminer avec certitude. Si l'on regarde la Pannormie comme cet extrait, on explique très-naturellement son origine et ses rapports avec le décret; mais cette supposition est détruite par les témoignages même allégués. Ainsi Albericus nomme la Pannormie comme l'original de l'extrait, et attribue la Pannormie à Ivo. D'ailleurs, chacun de ces recueils, le Décret et la Pannormie, ont la même préface (*h*), et le nom d'Ivo est répété dans chacun d'eux (*i*). On ne saurait donc dou-

p. 320 : « electus est in episcopum (Catalaunensem) Haimo archidiaconus vir nobilis et religiosus de Basochiis qui fecit enchiridion in decretis *secundum Pannormiam Yvonis Carnotensis.* »

(*f*) Theiner, p. 31-39. Il a trouvé cet ouvrage dans un manuscrit de Vienne, jus. can., Num. 91, in-4. Ce manuscrit renferme d'abord la préface d'Ivo, puis une autre préface, réimprimée par Theiner, où l'auteur dit expressément que son travail est un extrait du recueil d'Ivo. Theiner place la composition de cet ouvrage en 1130 ou 1131, et l'attribue, non sans vraisemblance, à Hildebertus Senamonensis; il ajoute, p. 37, que ce pourrait bien être le recueil original d'Ivo, et explique ainsi la mention des decem libri que porte le titre du manuscrit de Berlin, Coll. trium partium (§ 105, a); mais il se trompe quand il attribue ce titre à l'auteur même du manuscrit. Voyez § 105, a.

(*g*) Theiner, p. 51-55 d'après le Ms. de Paris, Num. 4377, dont la préface imprimée par Theiner commence ainsi : Haimo dei gratia id quod est. Plus loin on lit : « Ivo carnotensis... de prætaxatis canonum regulis quodam capitula ordinavit, *et ad minimum decem librorum* laudabili redegit compendio. Sed quoniam ille liber immensus est.... temptari ego summarium illius facere, et ejus volumen in libellum redigere manualem, etc. » Ainsi, on voit comment Haimo a pris l'extrait divisé en deux livres pour l'ouvrage original d'Ivo, et ainsi s'explique comment Albericus a cru qu'Haimo l'avait abrégé le premier.

(*h*) La préface commence ainsi : « Exceptiones ecclesiasticarum regularum. » Voyez plus haut, § 49, b.

(*i*) Ballerin. P. 4, C. 16, § 7.

ter qu'Ivo n'ait composé ces deux ouvrages (*k*); je crois même pouvoir expliquer leur origine.

107. Si l'on compare ces deux recueils, on voit que le Décret est beaucoup plus complet que la Pannormie, et beaucoup plus riche en fragments de droit Romain. La Pannormie, au contraire, ne renferme que peu de morceaux qui ne se trouvent pas dans le Décret, et peut-être encore ces différences tiennent-elles au mauvais état du petit nombre de nos manuscrits du Décret. La division et la disposition des matières y sont aussi très-différentes. Il paraît donc que la Pannormie est moins un abrégé du Décret que le Décret une recomposition de la Pannormie, entreprise sur un plan beaucoup plus vaste et enrichie d'une foule d'additions. En voici, suivant moi, une preuve décisive. Si l'on compare ces deux recueils à celui décrit (§ 105), on n'y voit aucune ressemblance avec la Pannormie, mais une analogie frappante avec le Décret. Des séries entières de fragments empruntés au droit Romain paraissent dans les deux collections précisément dans le même ordre (*a*). La disposition des matières offre la même analogie. Le recueil décrit § 105, a vers la fin un chapitre uniquement destiné aux matières juridiques, intitulé : *De officiis et causis laicorum*. Or, le même chapitre existe avec le même titre au seizième livre du Décret. Une pareille concordance ne saurait être accidentelle, et il faut nécessairement qu'un des deux récueils ait servi de modèle à l'autre.

Voici l'explication qui me semble la plus naturelle. Ivo rédigea d'abord la Pannormie; à la même époque parut sans doute l'autre recueil beaucoup plus étendu, circonstance qui

(*k*) Voyez Spittler, § 20. Baluzii præf. ad ant. Augustinum de emend. Gratïan. § 21, 24.

(*a*) Par exemple : dans Jvo, Decret. XVI, 60-195 ; de ces 136 chapitres, 114 sont des fragments de droit Romain, tirés de diverses sources et rangés dans un ordre arbitraire. Les mêmes fragments, avec la même disposition, se retrouvent dans le recueil décrit, § 105, Tit. de off. et causis laicorum, à l'exception de quatre fragments de Julien et d'un fragment des Pandectes rapportés par Ivo.

engagea Ivo à faire son Décret en partie d'après la Pannormie, et en grande partie d'après l'autre recueil. Ainsi s'expliquent à la fois les ressemblances que j'ai signalées et le motif qui détermina Ivo à composer deux recueils de droit. En effet, il faut admettre, tant l'analogie est frappante, que le Décret d'Ivo a servi de modèle au recueil, décrit § 105, ou réciproquement, mais le recueil § 105, est divisé suivant la nature des sources, ordre simple et grossier, tandis que le Décret est exécuté sur un plan systématique beaucoup plus travaillé. Tout porte donc à croire que le Décret d'Ivo est le dernier en date, et l'imitation de l'autre recueil.

108. Les deux recueils d'Ivo contiennent des fragments des Institutes, des Pandectes, du Code, de Julien et du Breviarium. — Le *Digestum vetus* est très-souvent cité dans le Décret, le *Digestum novum* une seule fois (*a*), l'*infortiatum* jamais. Les fragments sont désignés par le numéro du livre et du titre, et sans inscription (*b*). Le texte suivi par Ivo présente des variantes notables, et sous ce rapport, mériterait un examen critique approfondi (*c*). — Les fragments du Code sont désignés

(*a*) C'est la L. 15, § 1, D. de usurp. (XLI, 3), également rapportée dans l'autre recueil, voyez § 105, C. ; elle se trouve dans Ivo, Décret. et dans la Pannormie lib. 5, fol. 108.

(*b*) Par exemple : Ivonis, Decret. VIII, 62 et 68. « Pandect., lib. 23, tit. 2. » et « Pandectes, lib. 1, tit. 5 ». Le premier est la L. 24. D. de ritu nupt. (XXIII, 2), le second la L. 19. D. de statu hom. (I, 5).

(*c*) On peut donner pour preuve la L. 15, § 1. D. de usurp. (XLI, 3), rapportée dans le Décret. XVI, 75. « Si servus quem possidebam fugerit, etiamsi (pannorm. *et si* Flor. *si*) pro libero gerat (pannorm. et Flor. *se* gerat), videbitur a domino possideri. Sed hoc tunc intelligendum est, cum si is (*is* se trouve dans la Vulgate et manque dans la Pannorm. et les Florent.) apprehensus fuerit, nolit pro libertate sua (pannorm. *non sit pro libertate sua paratus*, Flor. *non sit paratus pro sua libertate*) litigare : nam si paratus est Flor. *sit*) litigare, non videbitur a domino (pannorm. domino *suo*) possideri, cui se adversarium præparavit (pannorm. *paravit*). » On voit que le Décret s'éloigne beaucoup de la Pannormie. Mais comme ces ouvrages n'ont été soumis à aucun examen critique, on ne peut juger la valeur des textes.

par les numéros du livre, du chapitre et du titre, mais sans inscription (*d*). — L'Épitomé de Julien est cité d'après les numéros des Constitutions (*e*), et sous le nom de *Novellæ*. — On y voit plusieurs fragments de Paul rapportés dans le Breviarium, quelques passages du code Théodosien et du code Hermogénien empruntés soit au texte, soit au commentaire du Breviarium. Ce qui est particulier à Ivo, c'est que la *Consultatio* paraît avoir été mise à contribution dans le Décret et non dans la Pannormie (*f*).

109. On a proposé dernièrement une opinion différente de la mienne sur l'histoire du recueil divisé en trois parties, de la Pannormie et du Décret (*a*). J'ai conservé l'ordre adopté dans ma première édition, comme le plus propre à éclairer la marche de la discussion. Je passe maintenant à l'examen de l'opinion de Theiner. — Theiner montre le rapport existant entre le recueil divisé en trois parties et la Pannormie, en comparant des textes isolés, et surtout plusieurs suites de fragments; il ajoute que ce recueil est antérieur à la Pannormie, et qu'ainsi donc Ivo l'a pris pour guide (p. 27-31). Le Décret aurait été composé beaucoup plus tard (p. 26), néanmoins peu de temps après la mort d'Ivo (p. 48), seulement l'auteur inconnu aurait eu soin de n'admettre aucun texte dont la date aurait pu le trahir (p. 48). L'absence de plan et de nombreuses répéti-

(*d*) Par exemple : Jvo Decret. IV, 201. « Codicum, lib. VIII, cap. LII, tit. 1. » C'est la L, 1. C. quæ sit longa consuet (VIII, 53). — Decret. VIII, 113 et 114. « Codicum, lib. IX, tractatu V », et « tractatu XI ». Ce sont les L. 5 et 11. C. ad. L. Jul. de adult. (IX, 9).

(*e*) Par exemple : Jvo Decret. VI, 1422. « Const. XXXVII, cap. XXVIII ». C'est Julian. const. 36, c. 29. La plupart de ces citations sont incomplètes.

(*f*) Jvo Decret. XV, 201 : « Pacta quæ ab invitis contra leges constitutionesque fiunt, nullam vim habere, indubitati est juris. Item, pactum quod mala fide est factum, irritum esse debet. Privata conventio juri publico nihil derogat. » Ce chapitre est composé de trois fragments qui ne se trouvent ainsi réunis que dans la Consultatio § 1, 4 et d'après laquelle on les a restitués ailleurs. Voyez Paulus I, 1. § 6. Cod. Gregor. I, 1. const. 2.

(*a*) Theiner dont l'ouvrage roule tout entier sur cette question.

tions prouvent d'ailleurs, que le Décret n'est pas l'ouvrage d'Ivo, mais d'un compilateur inhabile (p. 44-46).

Pour porter un jugement sûr, il s'agit de bien préciser les faits. Nous possédons trois recueils qui ont entre eux tant de rapports que l'un ou l'autre est nécessairement original ou copie. Mais à quelle époque et par qui ces recueils ont-ils été composés? ces questions sont difficiles à résoudre, d'abord à cause de la confusion qui règne dans les manuscrits, où souvent chacun de ces trois recueils est mis sous le nom d'Ivo, et avec la même préface (*b*); ensuite à cause de nombreux extraits qui ont été faits de ces divers recueils, ce qui augmente encore la confusion des manuscrits, et la difficulté de nos recherches (*c*). — Il serait très-aisé de déterminer l'ordre de leur rédaction, si les textes les plus récents dont chacun se compose appartenaient à des époques différentes, mais Theiner reconnaît lui-même que tous appartiennent au même temps (*d*). Le recueil divisé en trois parties semble au contraire le plus ancien, car on conçoit que d'après un recueil chronologique, on ait fait un recueil systématique et l'inverse paraît peu probable. Si on considère le recueil divisé en trois parties comme le plus ancien, la Pannormie serait antérieure au Décret, où l'auteur aurait voulu réunir les avantages des deux recueils précédents, donner tous les matériaux du premier et adopter l'ordre systématique du second, en doublant le nombre des divisions (*e*). Ainsi la Pannormie serait l'extrait systématique de l'ancien

(*b*) Dans un manuscrit du recueil divisé en trois parties, on trouve le nom d'Ivo et sa préface (§ 105, *a*). Je parlerai tout à l'heure de la Pannormie et du Décret.

(*c*) Theiner, p. 48. (Voyez § 106.)

(*d*) Theiner, p. 48, suppose que l'auteur du Décret aurait voulu tromper ainsi ses lecteurs. Mais alors il aurait deviné que sept siècles plus tard on devait attacher de l'importance à la question d'ancienneté, tandis que ses contemporains lui eussent su beaucoup de gré d'avoir continué le recueil jusqu'au temps où il vivait.

(*e*) Sauf une petite addition. (Theiner, p. 39-41.)

recueil chronologique, et un autre recueil systématique, le Décret, aurait été formé de la fusion des deux premiers.

Reste maintenant la question de savoir par qui ces divers recueils ont été composés. Quant au plus ancien, celui divisé en trois livres, l'auteur nous en est tout-à-fait inconnu. Ivo est certainement l'auteur de la Pannormie; Albericus le dit expressément (§ 106, *e*), et la plupart des manuscrits renferment la préface et portent le nom d'Ivo (*f*). Quant au Décret la chose présente plus d'incertitude. On en connaît six manuscrits. Celui qui a servi pour la première édition contenait sans doute la préface d'Ivo et portait son nom. Son nom et sa préface ont été ajoutés plus tard à la fin du manuscrit de Saint-Victor; l'un et l'autre manquent dans le manuscrit du Vatican, N. 1357 (*g*). Le manuscrit de Paris, N. 3874 est intitulé: Pannormia Ivonis Carn. ep. (*h*) et renferme probablement la préface. Enfin la préface se trouve dans un manuscrit de Vienne et dans un manuscrit de Londres, mais d'après l'intitulé on pourrait croire que cette préface a été tirée d'un autre ouvrage d'Ivo (*i*). Nous avons donc beaucoup moins de motifs pour attribuer à Ivo la rédaction du Décret que celle de la Pannormie. Mais je ne saurais partager l'opinion de Theiner qui regarde le Décret comme au-dessous du talent d'Ivo. En effet, quelle règle avons nous pour apprécier le mérite que l'on cherchait alors dans une composition de ce genre? Comment juger la valeur de ces recueils, quand leurs auteurs s'occupaient sans doute plus d'adopter un plan commode pour la pratique et de

(*f*) Ballerini, p. 4, C. 16, § 7. Theiner, p. 51. Je possède un manuscrit du treizième siècle avec la préface, mais sans le nom d'Ivo.

(*g*) Ballerini, l. c. Baluz. præf. ad A. August. § 24.

(*h*) Theiner, p. 47. Mais il a oublié d'indiquer si ce titre, assez remarquable, est de la même écriture que le manuscrit, ou d'une écriture plus moderne, ce que sa rédaction pourrait faire supposer; ce témoignage perdrait alors toute valeur.

(*i*) Theiner, p. 46: « Incipit prologus d. Ivonis Carn. ep. *ante collectionem ecclesiasticarum regularum* de convenientia et dispensatione earundem. »

donner des matériaux complets, que de faire un choix sévère des textes et d'éviter les répétitions.

Si on compare ces résultats avec ceux obtenus dans ma première édition, on trouve que le recueil divisé en trois parties est probablement antérieur à la Pannormie, et a servi pour sa rédaction ; que la Pannormie est l'ouvrage d'Ivo, mais qu'on ne peut rien déterminer quant à l'auteur du Décret. — Mes autres résultats subsistent. Ainsi je n'ai rien à modifier à ce que j'avais dit sur l'origine du Décret. Sa composition d'après l'ancien recueil et la Pannormie était surtout importante à constater, quelqu'en soit d'ailleurs l'auteur, Ivo ou un de ses contemporains.

110. Il me reste à parler des lettres d'Ivo. Le droit Romain n'y figure que d'une manière accidentelle, et plus rarement que dans ses deux recueils. Cependant les principales sources du droit, les Institutes, les Pandectes, le Code, Julien et le Breviarium y sont cités, quelquefois même avec indication des originaux. Quant aux Pandectes, les lettres ne rapportent rien de l'*Infortiatum*, un seul passage du *Digestum novum* (*a*), mais une foule de morceaux empruntés textuellement au *Digestum vetus*.

(*a*) Ivo Epist. Num. 124 (avec ces mots du commencement De pacto). « De pacto conjugali quod factum est inter duos nobiles, ita ut qui filiam habebat, juraverit se eam traditurum uni de filiis alterius nobili cui vellet... lex tam ecclesiastica *quam mundana* firmavit.... Quidquid.... juraverit.... etiam vivente patre *secundum leges irritum erit.*» C'est à peu près l'espèce rapportée L. 134. pr. D. de verb. oblig. (XLV, 1.) et à laquelle Ivo fait allusion, comme le prouve, suivant moi, l'expression de *lex mundana*.

FIN DU TOME DEUXIÈME.

TABLE DES MATIÈRES

CONTENUES DANS CE TOME.

Pages.

PRÉFACE de la deuxième édition. I

CHAPITRE VII.

Droit romain dans le royaume de Bourgogne. 1
I. Recueil des lois bourguignonnes. . . . . *Ibid.*
II. Lois romaines. (Le Papien.). 6
Tableau comparatif des deux lois.. 9

CHAPITRE VIII.

Droit romain dans le royaume des Visigoths. 24
I. Code des Romains. (Le Breviarium.). . . . . *Ibid.*
Texte du *Commonitorium* du Code des Romains. 25
II. Lois des Visigoths. 42

CHAPITRE IX.

Droit romain dans l'empire franc. 52
I. Lois germaniques. . . . . *Ibid.*
II. Documents. 65
III. Enseignement du droit et auteurs qui ont écrit sur le droit. 75

CHAPITRE X.

Droit romain en Angleterre. 101

CHAPITRE XI.

Pages.

Droit romain dans le royaume des Ostrogoths. 104

CHAPITRE XII.

Droit romain en Italie sous la domination grecque. 110

CHAPITRE XIII.

Droit romain sous le pape et l'empire. 124

CHAPITRE XIV.

Droit romain dans le royaume des Lombards. 127
I. Lois lombardes. . . . . *Ibid.*
II. Documents. 137
III. Étude du droit et auteurs qui ont écrit sur le droit. . . . 145

CHAPITRE XV.

Droit romain conservé par le clergé. 167
I. Pièces détachées. 168
II. Recueils de droit. 175

FIN DE LA TABLE DES MATIÈRES DU TOME DEUXIÈME.

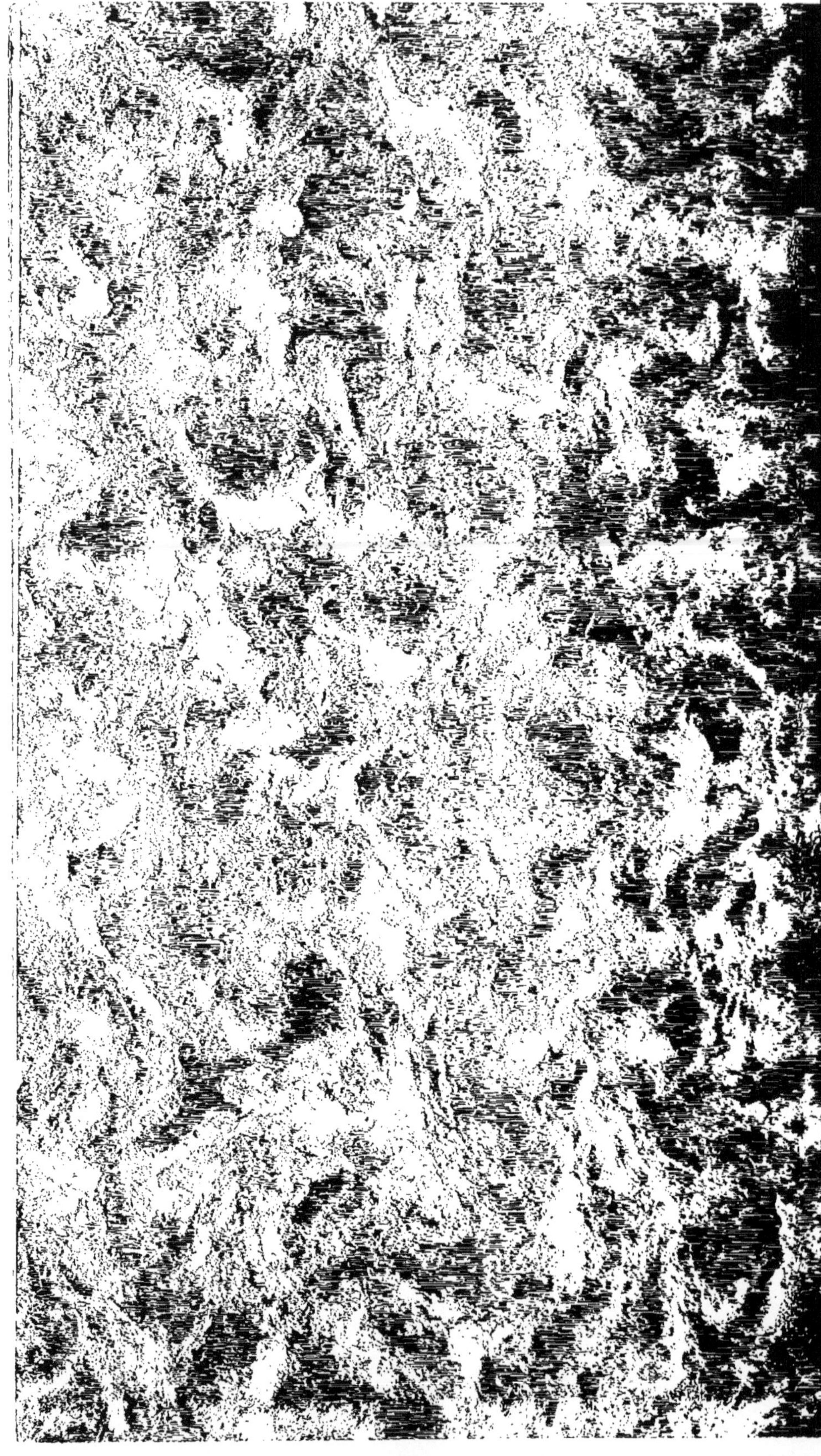

www.ingramcontent.com/pod-product-compliance
Ingram Content Group UK Ltd.
Pitfield, Milton Keynes, MK11 3LW, UK
UKHW020323230726
13925UKWH00002B/593

9 782014 432428